Les mutations juridiques dans le système OHADA

5-7, rue de l'Ecole polytechnique ; 75005 Paris

http://www.librairieharmattan.com
diffusion.harmattan@wanadoo.fr
harmattan1@wanadoo.fr

ISBN : 978-2-296-09876-3
EAN : 9782296098763

Sous la direction de
André AKAM AKAM
Agrégé des Facultés de Droit

Les mutations juridiques dans le système OHADA

Préface du professeur Paul Henri Amvam Zollo

L'Harmattan

Coordination

Athanase FOKO

Avec la collaboration de

Paul-Gérard POUGOUE

Yvette-Rachel KALIEU ELONGO

Joseph FOMETEU

Spener YAWAGA

Pascal NGUIHE KANTE

Monique-Aimée NJANDEU

SOMMAIRE

PREFACE

Près de quinze ans après l'entrée en vigueur du traité instituant l'Organisation pour l'Harmonisation en Afrique du Droit des Affaires (OHADA) et plus de dix ans après l'adoption des premiers Actes Uniformes, le moment est venu de s'interroger sur les mutations induites par cette œuvre juridique gigantesque.

Au sujet de ce droit uniforme, beaucoup de choses ont déjà été dites ; mais tout n'a sûrement pas encore été débattu, ce d'autant plus que l'application quotidienne de ces normes suscite très souvent de nouvelles interrogations et de vives réactions de la part des professionnels du droit. Il est alors tout à fait normal et légitime qu'à un moment donné, des universitaires et les milieux professionnels s'interrogent sur ce droit vivant qu'ils observent et pratiquent quotidiennement.

C'est dans ce contexte que la Faculté des Sciences Juridiques et Politiques et la Faculté des Sciences Economiques et de Gestion de l'Université de Ngaoundéré ont organisé les 02 et 03 juin 2008 à Ngaoundéré, un important colloque international sur le thème : « *Les mutations Juridiques, économiques et comptables, et les préoccupations de développement dans le système OHADA* ». Ce sont les meilleures contributions de cette riche rencontre qui sont aujourd'hui présentées au grand public.

S'agissant du présent ouvrage consacré aux « **Aspects juridiques** » de ces mutations, la diversité à la fois théorique et pratique des thèmes est révélatrice de son importance et de la pertinence des sujets traités.

C'est le lieu pour moi de féliciter le Doyen André AKAM AKAM, de la Faculté des Sciences Juridiques et Politiques pour cette heureuse initiative. Mes félicitations vont également aux éminents Enseignants qui ont accepté de faire de précieux apports au débat.

Puissent les résultats de leurs réflexions contribuer non seulement à une meilleure connaissance du droit OHADA, mais aussi à son effectivité et son attractivité ?

Pr. Paul Henri AMVAM ZOLLO,
Recteur de l'Université de Ngaoundéré

NOTES SUR LES CONTRIBUTEURS

Paul - Gérard POUGOUE, Agrégé de droit privé, Professeur titulaire, est Vice Recteur chargé de l'Enseignement, de la Professionnalisation et du développement des technologies de l'information et de la communication de l'Université de Yaoundé II.

André AKAM AKAM, Agrégé de droit privé et diplômé de l'Intitut d'Etudes Politique d'Aix-en-Provence (France), est Doyen de la Faculté des Sciences Juridiques et Politiques de l'Université de Ngaoundéré.

Yvette - Rachel KALIEU ELONGO, Agrégée de droit privé, est Vice Doyen chargé de la scolarité et du suivi des étudiants de la Faculté des Sciences Juridiques et Politiques de l'Université de Dschang.

Joseph FOMETEU, Docteur d'Etat en droit privé, Maître de conférences, est coordonnateur du Master II de Droit Privé de la Faculté des Sciences Juridiques Politiques de l'Université de Ngaoundéré.

Athanase FOKO Docteur d'Etat en droit privé, Chargé de cours, est Vice Doyen chargé de la scolarité et du suivi des étudiants de la Faculté des Sciences Juridiques et Politiques de l'Université de Ngaoundéré.

Spener YAWAGA, Docteur Nouveau Régime en droit privé, Chargé de cours à la Faculté des Sciences Juridiques et Politiques de l'Université de Ngaoundéré, est Directeur des affaires académiques et de la coopération de l'Université de Maroua.

Pascal NGUIHE KANTE, Docteur d'Etat en droit privé est Chargé de Cours à la Faculté des Sciences Juridiques et Politiques de l'Université de Dschang.

Monique-Aimée NJANDEU, Docteur d'Etat en droit privé est Chargée de cours à la Faculté des Sciences Juridiques et Politiques de l'Université de Yaoundé II.

TITRE PREMIER

ASPECTS GENERAUX

PRESENTATION GENERALE DU SYSTEME OHADA[1]

par

Paul - Gérard POUGOUE

Agrégé de droit privé

Vice Recteur chargé de l'Enseignement, de la Professionnalisation et du développement des technologies de l'information et de la communication de l'Université de Yaoundé II (Cameroun)

1. Quinze années se sont écoulées depuis la signature du Traité de Port Louis créant l'Organisation pour l'Harmonisation en Afrique du Droit des Affaires (OHADA).

Dix années se sont écoulées depuis l'adoption des premiers Actes Uniformes.

L'Université de Ngaoundéré entend contribuer à une certaine évaluation de l'ambitieux programme de l'OHADA. L'initiative est heureuse et doit être saluée. La formule retenue qui rassemble juristes, économistes, gestionnaires et autres praticiens et concepteurs de politiques publiques, est originale. Un tel dialogue est la seule manière d'apprécier l'entreprise de l'OHADA.

2. En effet, l'OHADA est conçue dès le départ comme un outil pour moderniser le droit des affaires dans un espace intégré. Deux missions lui sont assignées : créer un climat propice à l'investissement privé ; favoriser l'intégration en vue, à terme, de créer un vaste marché. C'est donc à l'aune de ces deux missions qu'il faut sonder l'entreprise OHADA. Le droit nouveau est-il vivant ? Le modèle de l'intégration est-il efficace ? À ces deux questions, je vais tenter de poser des jalons pour stimuler l'effort collectif de réflexion.

I- LE DROIT OHADA

3. Le droit OHADA existe et est vivant. La moisson est abondante avec plus de 2000 articles répartis dans huit actes uniformes et le règlement de l'arbitrage de la CCJA. Et d'autres chantiers sont ouverts.

---

[1] Le présent travail est issu d'une communication délivrée à l'Université de Ngaoundéré au mois de juin 2008. Le ton oral a été conservé.

C'est un droit moderne qui tente d'apporter des réponses aux réalités de la vie des affaires conformément à la lettre et à l'esprit du Traité fondateur de l'OHADA.

A- La modernité s'apprécie essentiellement dans l'apport scientifique du droit OHADA

4. Ce dernier est en effet à l'avant-garde sur bien de points. Ainsi, le nouveau droit OHADA apporte une contribution intéressante aux différents débats en cours de théorie générale du droit. Certaines classifications classiques sont revisitées. C'est d'abord le cas de la distinction entre droit privé et droit public, cette *summa divisio*. Avec le droit OHADA, l'on assiste à son décloisonnement voire à son dépassement. La manifestation la plus nette de ce dépassement est la soumission plus affirmée des personnes morales de droit public aux différents actes uniformes de l'OHADA (traitement des entreprises en difficulté, arbitrage, voies d'exécution, sociétés commerciales) ainsi que la limitation progressive des prérogatives de puissance publique de l'Etat, les règles du droit OHADA étant pour la plupart d'ordre public. C'est ensuite le cas de la distinction droit civil/droit commercial. L'abandon progressif de cette distinction imprègne tout le droit uniforme OHADA. On le trouve déjà dans la conception retenue du droit des affaires. Plus spécifique, on le trouve dans l'uniformisation de la réforme des sûretés, l'élargissement des fonctions du registre du commerce et du crédit mobilier, la nouvelle conception du bail commercial, l'extension du champ de l'arbitrage. Le droit OHADA, à la pointe de l'évolution des idées, tout en s'éloignant de la distinction droit civil /droit commercial, amorce une autre distinction entre le droit des professionnels et celui des non-professionnels.

5. L'apport du droit OHADA ne s'arrête pas là. En règlementant la vente commerciale, l'acte uniforme sur le droit commercial, enrichit considérablement la théorie contemporaine du contrat. La théorie de l'offre est renouvelée avec la consécration de deux types d'offre : d'une part l'offre, irrévocable, qui constitue un acte juridique et, plus précisément, un engagement unilatéral de volonté ; d'autre part, l'offre, révocable, qui n'est qu'un fait juridique. De même, le législateur OHADA tranche clairement la controverse classique sur la formation des contrats entre absents ou par correspondance en prenant nettement position pour la théorie de la réception. Les règles relatives à l'exécution des contrats sont profondément aménagées, par la consécration du principe du transfert de propriété à la livraison de la chose vendue et l'instauration de la coopération contractuelle. Ce dernier point est capital. De façon générale, les parties doivent œuvrer au maintien du contrat. On n'est pas loin du principe de « *favor contractus* » d'après lequel, lorsque c'est possible, le maintien du contrat doit être favorisé au détriment de sa rupture prématurée sur l'initiative d'une des deux parties. Le traitement des manquements au contrat connaît des avancées notables dans le droit OHADA, dans deux hypothèses. La première concerne la résolution par anticipation. Si la résolution du contrat de vente organisée en droit OHADA est une sanction judiciaire, sa particularité tient en ce qu'elle peut être demandée de manière anticipée, de façon préventive. On est très éloigné des articles 1184 et suivants du code civil qui supposaient que l'inexécution soit définitivement acquise. Au cœur du mécanisme particulier des articles 246 et 248 de l'AUDCG, se trouve une notion importante et nouvelle, celle de « manquement essentiel ».

6. La seconde avancée est relative à l'exception d'inexécution. L'innovation est introduite par l'article 245 de l'AUDCG qui prévoit qu'une partie au contrat de vente peut demander à la juridiction compétente l'autorisation de différer l'exécution de ses propres obligations lorsqu'il apparaît que l'autre partie n'exécutera pas.

Le traitement des manquements au contrat met en avant le souci grandissant de prendre en compte les attentes légitimes du contractant. Un chantier nouveau est ainsi ouvert dans le champ de l'exécution du contrat. L'attente légitime se substitue subrepticement à l'obligation voulue par le créancier (art. 1804 C.C.) comme fondement de la force obligatoire du contrat.

On peut, pour clore ce point, marteler que le droit OHADA est un droit d'avant-garde. De là, à ce qu'il soit attractif, il n'y a qu'un pas à franchir.

B- L'attractivité du droit OHADA peut aisément être mise en exergue

7. L'ambition des règles secrétées par l'OHADA est d'apporter la sécurité juridique et judiciaire aux investisseurs privés. Ceux-ci ont deux principales préoccupations : la prévisibilité et la sensibilité économique.

La prévisibilité est la première attente des investisseurs.

8. Nous le savons tous à la suite de Georges Ripert : la sécurité est liée à l'idée même du droit (« les forces créatrices du droit »). La sécurité suppose avant tout que l'on puisse prévoir la solution des situations juridiques et compter sur elle grâce à des moyens de contrainte garantissant la réalisation des droits. Sans prévisibilité donc, il n'y a point de sécurité juridique.

La prévisibilité est largement satisfaite avec le nouveau droit OHADA. Ce dernier est un corpus juridique qui se substitue aux droits d'avant, plutôt divers, parfois obsolètes, trop souvent difficiles à identifier. La codification proposée est véritablement un assemblage méthodique et raisonné des règles. On ne peut que savoir gré au législateur OHADA de moderniser les règles du droit des affaires et de faire preuve de cohérence en assurant la coïncidence des dispositions retenues avec les objectifs poursuivis.

La prévisibilité est heureusement renforcée par le réalisme. La tentation était très grande en effet de faire table rase du passé et lui substituer un droit « venu d'ailleurs » jugé techniquement supérieur, au risque de désorienter les praticiens et les justiciables.

9. Le législateur a plutôt renoncé à l'esprit de système et a recherché à greffer sur le fond civiliste des droits de l'espace OHADA des règles empruntées notamment à diverses conventions internationales voire à la *Common Law*. Le pluralisme des sources d'inspiration lui a paru comme la meilleure garantie d'un métissage réussi de la tradition et de la modernité. Techniquement, la voie ainsi suivie est celle du droit comparé. Ce dernier n'est pas seulement une méthode ; il a une fonction critique, aussi bien sur le terrain de l'épistémologie qui a pour objet le savoir juridique que sur celui de la théorie du droit, c'est-à-dire la manière de concevoir le droit. Le droit comparé est axiologique.

La prévisibilité est d'autant atteinte que les normes édictées rencontrent la sensibilité des opérateurs économiques. S'agissant en effet du droit des affaires, il fallait une certaine rencontre du droit et de l'économie. Les règles proposées doivent pouvoir favoriser l'investissement. Cet objectif est globalement atteint. Les innovations et réformes du droit OHADA sont à même d'exercer une force d'attraction sur les investisseurs.

10. Ainsi, le droit OHADA a pour objectif majeur d'améliorer la performance des entreprises. Il suffit d'évoquer les dispositions nombreuses et novatrices sur la performance des sociétés commerciales ; le régime des valeurs mobilières et de l'appel public à l'épargne ; les nouvelles garanties de crédit, notamment la lettre de garantie ou encore le nantissement de certaines créances, des valeurs mobilières, des droits d'associés, des stocks ; le nouveau droit comptable dominé par le souci majeur de révéler, à tout instant, l'image fidèle de la société.

11. Le droit processuel est également profondément rénové pour assurer une meilleure sécurité judiciaire. L'acte uniforme sur les voies d'exécution organise différentes mesures permettant, dans l'ensemble, d'assurer la mise en œuvre effective des droits du créancier tout en préservant les intérêts et la protection légitime du débiteur. Par ailleurs, le législateur aménage l'arbitrage considéré comme un instrument appréciable de règlement des différends contractuels. Spécialement, l'arbitrage CCJA, sorte d'arbitrage parajudiciaire, avec son exequatur communautaire, est très adapté aux affaires à l'intérieur de l'espace OHADA. Enfin, le législateur OHADA a refondu les différentes solutions de traitement des entreprises en difficultés. Dépouillées de leur connotation négative et déshonorante d'hier, les solutions proposées sont marquées par une gradation en fonction de la gravité des maux des entreprises. Le souci est de trouver, même dans des situations désespérées, des solutions « réconfortantes », tout en recherchant autant que possible à protéger l'économie et à sauvegarder les emplois. Il faut signaler, pour s'en féliciter, que le législateur n'ait pas oublié la nature humaine et les comportements sociaux que les règles de droit ont pour dessein de régir. Le souci est de composer l'attractivité économique avec les conflits d'intérêt, voire avec la dignité des parties, créancière et débitrice. La leçon que l'on peut tirer du sens de mesure du législateur OHADA est que la fonction du droit in fine est de qualifier juridiquement, une infinité de situations pour les faire entrer dans une catégorie juridique prédéfinie et de trouver des solutions toujours nuancées à la complexité des situations qui ne sont jamais uniquement économiques.

12. Observons pour clore ce point que tout cet arsenal moderne, original et attractif s'inscrit dans une perspective de régionalisation. C'est que justement, l'OHADA est aussi un modèle d'intégration. Ce modèle, comme le droit OHADA, séduit a priori. Reste à s'interroger sur son efficacité.

II- LE MODELE D'INTEGRATION OHADA

13. Il faut le dire d'emblée, le modèle d'intégration OHADA est assez spécifique. Si cette spécificité force l'admiration, elle apparaît aussi comme un facteur pouvant obstruer le rayonnement du modèle.

A- On a très vite mis l'accent sur un modèle énergique de supranationalité qui permet l'introduction directement des normes dans l'ordre juridique interne des Etats. En effet, l'uniformisation est le seul procédé retenu. Elle est, de principe, radicale et passe par un formalisme rigoureux qui écarte toute possibilité de réserves et les parlements nationaux. Les actes uniformes sont directement applicables et abrogent les législations nationales antérieures ou postérieures contraires. Le droit OHADA acquiert automatiquement statut de droit positif dans l'ordre interne des Etats et fait partie intégrante de l'ordre juridique applicable dans leur territoire. De la sorte, le droit OHADA et le droit interne forment un seul et même système avec primauté du droit OHADA, selon la conception du monisme juridique.

14. Mais le modèle OHADA est plus spécifique et plus original. L'OHADA est conçu, a-t-on vu, comme un outil technique. Pourtant, un espace juridique et judiciaire se construit, se superposant aux communautés politiques ou économiques existantes. Au cœur de cet espace, se trouve une juridiction communautaire, la Cour Commune de Justice et d'Arbitrage, et un mécanisme d'action singulier, le registre de commerce et de crédit mobilier.

15. La CCJA est interprète et garant du droit OHADA. Elle apparaît aussi bien comme une juridiction internationale que comme une juridiction interne spécifique d'intégration. On a affaire à une juridiction profondément originale qui singularise le modèle OHADA. Dans le domaine juridique uniformisé, la CCJA est seule compétente en cassation à l'exclusion des juridictions suprêmes nationales. Qui est plus, quand elle casse, elle évoque. L'efficacité de ses décisions est redoutable, puisque leur force exécutoire est, sur le territoire de chacun des Etats parties, aussi rigoureuse que celle des décisions des juridictions étatiques.

16. En somme, la suppression du contrôle du juge étatique et l'extension de la force de la décision de la CCJA à l'espace géographique de l'OHADA mettent en lumière toute l'originalité de l'institution et son rôle crucial dans l'intégration juridique.

17. La spécificité du modèle OHADA s'apprécie également avec force dans le RCCM. Ce dernier a pour objet de recevoir l'immatriculation des personnes physiques et morales et l'inscription des sûretés mobilières. L'innovation qui marque de façon indélébile le modèle OHADA est sa conception à un triple niveau : un fichier au niveau local au greffe de chaque tribunal, un fichier national et un fichier régional auprès de la CCJA à Abidjan. C'est un merveilleux outil d'information et de transparence centralisant les renseignements sur l'ensemble des opérateurs économiques des Etats membres.

Le temps est passé. La pratique de ce modèle unique interpelle. Peut-il vraiment rayonner ? Les interrogations sont nombreuses.

B- Le rayonnement d'un modèle a un double reflet à l'intérieur et à l'extérieur. Le modèle OHADA inspire déjà d'autres expériences, notamment dans la grande Caraïbe et en Afrique Australe. Mais, le modèle est lourd et en pratique n'est pas toujours aisé.

18. D'abord, un tel modèle suppose d'importants moyens financiers. L'OHADA risque en effet d'être paralysé si un financement pérenne n'est pas mise en place. Cela se ressent déjà dans le fonctionnement singulièrement du Secrétariat permanent et de la CCJA. De même, le merveilleux mécanisme qu'est le RCCM est loin d'être opérationnel et il nécessitera de très importants moyens financiers pour sa mise en place. Il paraît trop ambitieux et peu réaliste.

19. Ensuite, l'uniformisation est parfois assez chimérique. Déjà, dans les hypothèses d'ouverture de l'OHADA aux pays d'autres traditions juridiques ou encore d'extension de champ matériel de droit des affaires, il peut être délicat voire impossible de recourir à l'uniformisation. Peut-être alors faudra-t-il recourir à d'autres méthodes d'harmonisation plus souples, telles les directives ou les lois types. L'exemple de l'Union Européenne et celui des Etats-Unis sont là pour rassurer. Mais alors, il faudrait modifier le traité fondateur.

20. De même, l'uniformisation est loin d'épuiser le débat sur la coexistence des normes communautaires avec celles du droit interne. On l'a vu, le droit OHADA intègre le droit interne avec une primauté. Comment veiller à l'abrogation des dispositions internes contraires ?

Peut-être faudrait-il reconnaître à la CCJA une sorte de recours préjudiciel dont on peut du reste trouver les germes dans l'article 14 du Traité ! Un tel recours aurait pour finalité de résoudre à la base une question de droit dont le tribunal ou la Cour d'appel est saisi et sur laquelle cette juridiction ressent le besoin d'avoir l'avis à effet obligatoire de la CCJA afin de diriger le procès en conséquence. Peut-être aussi faudrait-t-il organiser un recours en annulation devant la CCJA lorsqu' une disposition interne viole le droit OHADA ! Peut-être, faudrait-il également reconnaître à la CCJA le pouvoir d'adjoindre aux Etats, en cas d'abstention ou de refus, de prendre, dans un délai imparti, les mesures prescrites par le droit OHADA ! Le Traité fondateur devrait être revu sur ces points.

21. Surtout, en dépit de, ou même, à cause de l'uniformisation, la délimitation de compétence matérielle entre la CCJA et les juridictions suprêmes nationales est sujette à caution. Sur le plan technique, la question se pose lorsqu'un contentieux est connexe mettant en jeu à la fois le droit OHADA et le droit interne. La Cour Suprême du Niger, confrontée à ce problème a reconnu sa compétence. La lecture des articles 10, 15, 16,17 et 18 du Traité suggère une piste de solution. Le litige comportant un élément d'extranéité faisant hésiter sur la compétence juridictionnelle au niveau de la cassation, il convient, avant tout examen au fond, de trancher cette question de compétence. Puisque le droit uniforme OHADA est nécessairement en cause, la juridiction suprême nationale saisie devrait, en application des articles 15 et 16 du Traité, renvoyer l'affaire à la CCJA qui doit se prononcer sur sa compétence. Si une partie a un doute sur la compétence de la CCJA, elle devrait, en vertu des articles 17 et 18 du Traité, saisir cette cour sur sa compétence. Mais il faut le dire, la querelle est plus politique que juridique et découle de la fronde des juridictions suprêmes nationales. Certes, il faudra avoir une compréhension stricte du droit des affaires à uniformiser pour contenir la compétence de la CCJA dans des proportions raisonnables. Mais, en tout état de cause, il faudrait sensibiliser les différents acteurs à un minimum de courtoisie à l'égard de la CCJA découlant du caractère supranational du Traité OHADA et de la nature quasi fédérale de la CCJA. Il faudrait également développer le dialogue et la collaboration entre les cours suprêmes et la CCJA.

CONCLUONS EN DEUX PROPOSITIONS

22. Le droit OHADA est aujourd'hui un droit vivant. Il pénètre notre quotidienneté. L'application est parfois délicate. Mais c'est ça la vie du droit. A la doctrine de la canaliser et à la pratique de la façonner.

23. Le modèle OHADA est spécifique et original. Mais il est loin de répondre aux promesses des fleurs. Peut-être comporte-t-il un brin de rêve. Il faut, pour le faire rayonner avec éclat, en corriger les aspérités : contenir la compréhension du droit des affaires dans des limites strictes et raisonnables, renforcer le dialogue entre la CCJA et les juridictions suprêmes nationales, enrichir le fonds civiliste du droit OHADA par des apports mesurés du droit comparé, retenir à côté de l'uniformisation d'autres procédés plus souples d'intégration juridique, telles que les directives et les lois-types, etc. Aux décideurs politiques de veiller à ce rayonnement.

C'est l'avenir même de l'OHADA qui est en jeu. A cet égard, le présent ouvrage est porteur d'une dynamique nouvelle.

L'OHADA ET L'INTEGRATION JURIDIQUE EN AFRIQUE

par

André AKAM AKAM

Agrégé de droit privé
Doyen de la Faculté des Sciences Juridiques et Politiques
Université de Ngaoundéré (Cameroun)

1. L'idée et la volonté d'intégration ne sont pas nouvelles en Afrique. Bien avant l'indépendance de la plupart des Etats africains, les tenants du panafricanisme (dont la figure de proue est sans doute N'khrumah), avaient plaidé pour une *intégration politique et économique* de l'Afrique. On comprend dès lors pourquoi de nombreuses organisations panafricaines ou régionales furent créées même si beaucoup disparaîtront avec l'avènement de l'Organisation de l' Unité Africaine (OUA) en 1963. Celle-ci est devenue l'Union Africaine et regroupe aujourd'hui 53 pays membres. Dans l'optique des panafricanistes, l'ambition était de constituer un véritable Etat fédéral qui devait prendre en charge l'avenir du continent noir. De nos jours, certains leaders africains appellent à une organisation politique quasi identique bien que la réalisation d'une telle entreprise s'avère fort illusoire, pour ne pas dire utopique. Force est de considérer que si l'objectif d'une intégration politique et économique a été mis en avant[1], la nécessité d'une *intégration juridique* ne fut pas en reste et s'est progressivement imposée[2].

---

[1] Sur cette intégration, v. par exemple A. Watteyne, *Une intégration économique africaine à l'image de l'intégration économique européenne : le cas de l'UEMOA*, Revue Burkinabé de droit, n° spécial 2001(39-40), p. 83 ; J. Djeukou, *La CEMAC, rétrospective et perspectives : réflexions sur l'évolution récente du droit communautaire de l'Afrique centrale*, Juridis périodique 2001, n° 47, p. 106.

[2] V. Kéba Mbaye, *L'unification du droit en Afrique*, Revue sénégalaise de droit, n° 10, décembre 1971, p. 65 ; M. Alliot, *Problèmes de l'unification du droit africain*, Journal of African law, vol. II, n° 2, 1967 ; J. Issa-Sayegh et R. Degni-Segui, *Codification et uniformisation du droit*, Encyclopédie juridique de l'Afrique, Tome 1. Sur l'impact de l'intégration juridique, v. E. Cerexhe, *L'intégration juridique comme facteur d'intégration régionale*, Revue Burkinabé de droit, n° spécial 2001(39-40), p. 21.

2. Les facteurs ou raisons pouvant justifier cette intégration juridique ne manquent pas. Pour ne prendre que l'espace francophone, il suffit de rappeler que, nonobstant une commune source d'inspiration constituée par le droit français, de nombreuses différences ou disparités existent entre les systèmes juridiques des Etats anciennement sous domination française. L'intégration se justifie alors par le souci « de réaliser un environnement juridique commun en atténuant, voire en éliminant les distorsions entre les systèmes juridiques[1] ». Au-delà, l'intégration juridique, qui peut se traduire par l'*unification* ou l'*harmonisation* des normes, présente un double avantage au plan de la sécurité juridique, d'une part, parce que la connaissance de la législation unifiée d'un pays donné garantit qu'il s'agit de la même dans les autres Etats faisant partie de l'espace juridique intégré ; d'autre part, parce que « toute modification de la loi unifiée se fait selon une procédure communautaire plus lente qu'une procédure nationale ». Enfin, l'intégration juridique élimine ou atténue les conflits de lois dans les relations entre ressortissants des Etats membres d'une même organisation.

3. Toutes ces raisons expliquent certainement le choix fait par les pays membres de l'OHADA (Organisation pour l'Harmonisation en Afrique du Droit des Affaires) de créer un espace juridique commun. Mais, il faut relever que ce n'est pas la première entreprise d'élaboration d'un ordre juridique communautaire en Afrique. On peut, par exemple citer des initiatives plus anciennes telle que *l'Organisation Africaine de la Propriété Intellectuelle* (OAPI) qui s'est traduite par l'édiction d'une législation unique en cette matière. Il y a également lieu de rappeler les efforts d'intégration en matière sociale, notamment en ce qui concerne la prévoyance (sécurité) sociale dans le cadre de la CIPRES (*Conférence Interafricaine de la Prévoyance Sociale*) créée en 1992 et qui regroupe 14 Etats francophones. Cette organisation a, entre autres missions, de favoriser la ratification des conventions de l'OIT par tous le Etats parties et de permettre l'adoption de conventions multilatérales[2]. Une autre

---

[1] Issa-Sayegh (J), Lohouès-Oble (J), *OHADA, Harmonisation du droit des affaires*, Bruylant, 2002, p. 42.

[2] J. Issa-Sayegh, J. Kaufmann, *Les conventions multilatérales interafricaines de sécurité sociale dans les pays francophones au sud du Sahara*, Revue Penant, n° 791, p. 302 ; J. Issa-Sayegh, *Les tendances actuelles du droit des relations du de travail dans les Etats d'Afrique noire francophone*, in Mélanges P.F Gonidec, L'Etat moderne, horizon 2000, LGDJ 1985, p. 426.

expérience réussie d'intégration juridique est celle de la CIMA (*Conférence Interafricaine des Marchés d'Assurances*) instituée par un Traité du 10 juillet 1992[1]. Cette organisation a adopté des règles communes en ce qui concerne les entreprises et les opérations d'assurance et notamment les contrats d'assurance terrestres.

4. Cela dit, le Traité instituant l'OHADA a été signé à Port-Louis (Ile Maurice) le 17 octobre 1993. Cette organisation qui regroupe 16 Etats membres (pays membres de la zone franc et les Comores), constitue l'entreprise la plus hardie d'intégration juridique en Afrique, eu égard notamment à son champ d'application. Il s'agit, comme son nom l'indique, d'une organisation ayant pour but l'harmonisation du droit des affaires en Afrique. L'OHADA a une conception particulièrement large du droit des affaires. En effet, aux termes de l'article 2 du Traité, « *entrent dans le domaine du droit des affaires l'ensemble des règles relatives au droit des sociétés et au statut juridique des commerçants, au recouvrement des créances, aux sûretés et aux voies d'exécution, au régime du redressement des entreprises et de la liquidation judiciaire, au droit de l'arbitrage, au droit du travail, au droit comptable, au droit de la vente et des transports, et toute autre matière que le Conseil des ministres déciderait, à l'unanimité, d'y inclure, conformément à l'objet du présent Traité* [2] ». Ce texte, en adoptant une énumération non limitative des matières relevant du droit des affaires, consacre l'extension « continue » de celui-ci. Il y a fort à parier que le droit OHADA devienne à terme un véritable *droit commun*, Cela est d'autant plus vraisemblable que parmi les projets d'actes uniformes en cours figure celui relatif au droit des contrats. On peut donc penser qu'à terme, c'est l'ensemble ou l'essentiel du droit privé qui risque de relever de l'empire de l'OHADA. En tout état de cause, comme l'affirme un spécialiste éminent du droit OHADA, on assiste à un abandon progressif de la distinction droit civil/droit commercial[3].

---

[1] Assi-Esso, Issa-Sayegh, Lohoues-Oble, *CIMA, Droit des assurances*, Bruylant, 2002.

[2] A la suite de cette disposition, l'article 11 du Traité précise que le Conseil des ministres approuve le programme annuel d'harmonisation du droit des affaires. Lors d'un conseil qui s'est tenu à Bangui (RCA), les matières suivantes ont été incluses dans le droit des affaires : le droit des sociétés coopératives et mutualistes, le droit bancaire, le droit de la concurrence, le droit des contrats.

[3] Il s'agit de P-G. Pougoué, in *L'OHADA en perspectives*, inédit, p. 11.

Comment justifier une telle expansion du droit des affaires ? On peut penser que, pour les initiateurs du projet, l'objectif était de réaliser un droit unifié des affaires en vue de rationaliser et de moderniser l'environnement juridique des entreprises en Afrique. Il s'agit alors de favoriser les échanges entre les Etats ; d'instaurer la confiance des investisseurs et d'encourager la délocalisation vers l'Afrique d'entreprises ; d'assurer la sécurité juridique, etc. La mise en place de l'OHADA a donc obéi au souci de disposer d'une institution capable de « sécréter un droit des affaires unique, moderne et adapté[1] ». Il s'agit d' » un outil juridique imaginé et réalisé par l'Afrique pour servir l'intégration économique et la croissance[2] ».

5. La question cruciale à laquelle les auteurs du projet ont été confrontés a été celle du choix entre les deux techniques d'intégration : l'unification et l'harmonisation. Il s'agit là d'une problématique bien connue des comparatistes qui distinguent bien ces deux techniques. En effet, on considère habituellement que l'*harmonisation* consiste dans un simple rapprochement entre deux ou plusieurs systèmes juridiques. Le but n'est pas alors de créer des règles identiques mais d'édicter un corps de règles reposant simplement sur un socle commun, ce qui laisse une certaine place aux différences ou aux nuances entre les règles applicables dans les différents pays. En revanche, l'*unification* correspond à l'uniformisation du droit applicable à une matière juridique donnée dans un ou plusieurs pays. Elle consiste donc dans l'adoption de normes identiques de sorte que l'on peut véritablement parler d'un droit uniforme.

En apparence, on peut penser que l'option retenue par les initiateurs de l'OHADA a été l'harmonisation puisque la dénomination de

---

[1] Kéba Mbaye, *L'histoire et les objectifs de l'OHADA*, in L'organisation pour l'harmonisation du droit des affaires en Afrique (OHADA), Petites affiches, 13 oct. 2004, n° 205, p. 4.

[2] Ibid, p. 7.v. aussi J. Lohouès-Oble, *La création du nouvel environnement juridique de l'entreprise*, in Actes du colloque de l'Association ivoirienne Henri Capitant, Abidjan, 2 avril 2001, sur le thème « L'environnement juridique des entreprises dans la zone franc : quel bilan ? », p. 38 et s ; J. Youmsi, *L'OHADA : un instrument pour le développement des investissements dans un climat de sécurité juridique et judiciaire*, Juridis périodique, n° 30, p. 98 et s ; R. Foche et V. Ouafo Bepyassi, *Le droit de l'Ohada : un capital vital pour le redressement de l'économie africaine*, in L'effectivité du droit de l'OHADA, PUA, 2006, p. 49 et s.

l'organisation vise expressément le terme. Mais, à l'analyse de l'œuvre accomplie, il est incontestable que c'est à une véritable unification du droit des affaires qu'on a aboutie[1]. En effet, quelle que soit la matière considérée (droit commercial, droit des sociétés, droit des sûretés, etc), on est en présence de règles uniformes. L'OHADA constitue donc *un droit communautaire matérialisé par des actes uniformes qui se substituent aux législations nationales et qui sont d'application directe* sur le territoire de chaque Etat membre. L'objectif primordial de cette institution est de mettre fin à la « balkanisation juridique » de l'espace francophone africain.

6. L'avènement de l'OHADA marque donc une étape décisive dans l'œuvre d'intégration juridique des Etats francophones qui la constituent. Pour présenter, fût-ce succinctement, cette contribution majeure à la construction d'un droit international des affaires unifié[2], il convient d'abord d'évoquer brièvement les institutions mises en place par l'OHADA pour conduire le processus d'intégration juridique (I) avant d'envisager les instruments juridiques (II) qui assurent la réalisation effective de cette intégration.

I- LES ORGANES OEUVRANT A L'INTEGRATION

7. L'article 3 du Traité instituant l'OHADA prévoit que la réalisation des missions confiées à l'OHADA incombe au Conseil des ministres (A) et à la Cour commune de justice et d'arbitrage[3] (B). Il s'agit des deux organes institutionnels de l'OHADA qu'il faut présenter avant de dire un mot sur le Secrétariat permanent (C).

A. Le Conseil des ministres

8. C'est l'organe suprême de l'OHADA. Pour l'accomplissement de ses missions, il est assisté d'un Secrétariat permanent auquel est rattaché l'Ecole régionale supérieure de la magistrature. Il convient de s'intéresser

[1] B.Martor, S. Thouvenot, *L'uniformisation* du droit des affaires en Afrique par l'OHADA, JCP éd. E, supplé. N° 5 au numéro 44 du 28 octobre 2004.

[2] P. Tiger, *Le droit des affaires en Afrique OHADA*, Puf, Que sais-je, 1e éd. 1999.

[3] Sur les institutions de l'OHADA, v. Sietchoua Djuitchoko (C), *Les sources du droit de l'Organisation pour l'Harmonisation en Afrique du Droit des Affaires (OHADA)*, Recueil Penant 2003, n° 843, p. 140 ; Larba Yarga, *L'OHADA, ses institutions et ses mécanismes de fonctionnement*, Revue Burkinabé de droit, n° spécial 2001(39-40), p. 29.

d'abord à sa composition et son fonctionnement avant de préciser ces attributions.

a) Composition et fonctionnement

9. Il ressort des dispositions de l'article 27 alinéa 1er du Traité que « le Conseil des ministres est composé des ministres chargés de la justice et des ministres chargés des finances ». Chaque Etat membre dispose donc de deux représentants au sein du conseil. La désignation du garde des sceaux et du ministre chargé des finances marque le caractère technique de l'OHADA qui est essentiellement en charge de problèmes juridiques et économiques qui sont normalement de la compétence de ces ministres.

Quant au fonctionnement, il y a lieu de préciser que chaque Etat membre assure la présidence du conseil pour un an, suivant une liste dressée par ordre alphabétique. Le conseil se réunit au moins une fois par an soit sur convocation du président, soit à la demande du tiers des Etats parties. Il ne peut valablement délibérer que si les deux tiers (2/3) au moins des Etats parties sont représentés. Chaque Etat membre dispose d'une voix (art. 30).

b) Attributions

10. Le Conseil des ministres dispose du pouvoir normatif et du pouvoir de décision. Au titre du *pouvoir normatif*, le Conseil des ministres est le véritable organe législatif de l'OHADA. Il s'agit là d'une incontestable originalité en ce sens que contrairement à d'autres organisations communautaires où le pouvoir législatif est dévolu à des parlements supranationaux, l'OHADA réserve ce pouvoir à un organe exécutif[1]. Ceci dit, il ressort des dispositions du Traité que, d'une part, le Conseil des ministres prend, à la majorité absolue, des règlements pour l'application du Traité (art. 4) et, d'autre part, qu'il adopte les actes uniformes (ce sont les actes pris pour l'édiction des règles communes) à l'unanimité des représentants des Etats parties présents et votants (art. 6). Dans les deux cas envisagés ici, le Conseil des ministres exerce une

---

[1] Sur cette question, v° J.S. Nkotto Zengue, *Répartition des compétences législatives entre l'OHADA et les Etats parties : regard prospectif sur les rapports entre le législateur OHADA et le législateur national*, Mémoire de DEA, Université de Yaoundé II, 2005/2006.

compétence exclusive. C'est dire que l'avis de la CCJA ne lie pas le conseil[1].

Outre le pouvoir normatif, le Conseil des ministres dispose d'un *pouvoir de décision.* Il s'agit d'un pouvoir qui lui est dévolu à l'effet de prendre soit des décisions de portée générale (le conseil a ainsi pris une décision relative aux frais d'arbitrage de la CCJA le 3 février 1999 et une autre en date du 12 mars 1999 portant approbation de la décision relative aux frais d'arbitrage), soit des décisions individuelles (telles que celles qui concernent la nomination des responsables de différentes institutions ou structures de l'OHADA : Secrétariat permanent, Ersuma, CCJA).

11. Le Conseil des ministres est enfin chargé, suivant les termes de l'article 11 du Traité, d'*approuver, sur proposition du Secrétaire permanent, le programme annuel d'harmonisation du droit des affaires.* Il s'agit, pour le conseil d'arrêter, pour chaque année, les matières qui figurent à l'énumération de l'article 2 du Traité ou même des matières nouvelles qui doivent faire l'objet d'actes uniformes. C'est ainsi que depuis l'entrée en vigueur du Traité, huit matières ont déjà fait l'objet d'actes uniformes. Dans le cadre de l'application de l'article 11 susvisé, le conseil des ministres qui s'est tenu à Brazzaville (Congo) les 16, 17 et 18 février 2002 a recommandé d'harmoniser en premier le droit des contrats et le droit des sociétés coopératives et mutualistes parmi les matières incluses en 2001 dans le droit des affaires.

B. La Cour Commune de justice et d'arbitrage

12. C'est le second organe de l'OHADA[2]. Il s'agit d'une institution originale en ce qu'elle assume des fonctions de nature différente sur lesquelles il faudra s'étendre après avoir précisé sa composition et son fonctionnement.

a) Composition et fonctionnement de la CCJA

13. La CCJA est composée de sept juges élus par le Conseil des ministres pour une durée de sept (7) ans renouvelable une fois. Pouvant

---

[1] L'article 6 du Traité prévoit que les actes uniformes sont délibérés et adoptés par le conseil après avis de la CCJA. Ce texte ne précise pas la force ou la portée de cet avis. Rien n'autorise à dire qu'il s'agit d'un avis conforme.

[2] B. Diallo, *La Cour commune de justice et d'arbitrage (CCJA) et le contentieux des actes uniformes*, Recueil Penant, n° 850, p. 22 et s ; E. Nsié, *La Cour commune de justice d'arbitrage*, Penant 1998, n° 828, p. 308.

être soit des magistrats de carrière, soit des avocats ou professeurs de droit (ces derniers ne sauraient être plus de deux) ayant au moins quinze ans d'expérience, ces juges sont choisis sur une liste présentée par les Etats parties. La présidence est assurée par un président assisté de deux vice-présidents, tous les trois élus au sein de la cour pour une durée de trois ans non renouvelable. Ils entrent en fonction après avoir prêté serment. Ils ne peuvent exercer aucune fonction politique ou administrative sauf autorisation de la Cour (art. 37).

Les magistrats de la CCJA sont inamovibles pendant la durée de leur mission (art. 36). Cette inamovibilité doit leur permettre d'assumer leurs fonctions en toute indépendance. En outre, ils bénéficient de privilèges et d'immunités diplomatiques dans l'exercice de leurs fonctions (art. 49).

14. La CCJA a son siège à Abidjan (Côte d'Ivoire) où elle tient ses audiences ou réunions. Toutefois, elle peut se réunir en d'autres lieux, sur le territoire d'un Etat partie, avec l'accord préalable de celui-ci. Il peut donc être tenu des « sessions foraines » dans l'optique de rapprocher la justice communautaire des ressortissants des Etats parties. La cour siège en formation plénière et peut aussi constituer des chambres. Les délibérations ont lieu en chambre de conseil et sont et demeurent secrètes.

b) Les fonctions de la CCJA

15. Celles-ci[1] peuvent être appréhendées au regard de l'application et de l'interprétation des textes juridiques de l'OHADA d'une part, et au regard de l'institution d'arbitrage qu'elle abrite.

16. Relativement à l'interprétation et l'application du Traité, des règlements et des actes uniformes, la CCJA assume une double fonction : une fonction consultative et une fonction contentieuse[2]. S'agissant de la *fonction consultative*, il convient de rappeler que la CCJA peut être consultée soit par un Etat partie, soit par le Conseil des ministres, soit par une juridiction nationale (art. 14 al. 2). Si pour les Etats parties et le Conseil des ministres, la saisine se fait par requête d'avis, il en va autrement pour les juridictions de fond qui doivent saisir la cour par une décision dont la forme n'est pas précisée. Cela dit, quand la CCJA est

---

[1] P. Moudoudou, *Réflexions sur les fonctions de la Cour commune de justice et d'arbitrage de l'OHADA*, Revue EDJA, n° 64, janvier-février-mars 2005, p. 7-24.

[2] Sur cet aspect de la compétence de la CCJA, v. B. Diallo, op. cit, p. 22 et s.

effectivement saisie, elle émet un avis consultatif[1] qui ne la lie point mais qui doit être contraignant pour la juridiction étatique l'ayant sollicité. Autrement dit, la juridiction nationale doit suivre l'avis émis par la cour. Cette solution nous semble garantir une interprétation ou une application identique des dispositions des règlements ou des actes uniformes dans tous les Etats membres de l'OHADA.

Quant à la *fonction jurisprudentielle*[2], elle est celle qui suscite le plus de discussions en raison des difficultés de délimitation des compétences entre la CCJA et les juridictions suprêmes des Etats parties[3]. Quoi qu'il en soit, La saisine de la CCJA a pour effet de suspendre toute procédure de cassation engagée devant une juridiction nationale, sauf en ce qui concerne les procédures d'exécution (art. 16). La CCJA saisie par la voie du recours en cassation, statue en dernier ressort sur toutes les affaires connues par les juridictions d'appel des Etats parties et sur les décisions non susceptibles d'appel et qui concernent les questions relatives à l'application des actes uniformes (art. 14). La CCJA n'est cependant pas compétente pour connaître des décisions appliquant des sanctions pénales qui relèvent des cours suprêmes nationales.

Ce qui fait l'originalité de la CCJA, c'est qu'en cas de recours en cassation, elle « *évoque et statue sur le fond*[4] ». En prévoyant cela, l'alinéa 5 de l'article 14 du Traité fait de la CCJA un troisième degré de juridiction. Celle-ci statue par ailleurs sans renvoi. Cette disposition exorbitante peut s'expliquer par le souci des promoteurs de l'OHADA d'éviter les divergences de solutions retenues par les juridictions des Etats. Il s'agit, en quelque sorte, de garantir une certaine « unité de jurisprudence ».

---

[1] Depuis son entrée en fonction, la CCJA a eu l'occasion de rendre de nombreux avis. V.Issa-Sayegh et Lohouès-Oble, op. cit, p. 172 et s ; P. Agboyibor, in Revue de droit des affaires internationales 1999, n° 5 et 6.

[2] V. J. Issa-Sayegh, *La fonction jurisprudentielle de la CCJA*, www.ohada.com, ohadata D-02-16.

[3] Sur cette question si délicate, v. F. Anoukaha, *La délimitation de la compétence entre la CCJA et les Cours suprêmes nationales en matière de recouvrement des créances*, Juridis périodique 2004, n° 59, p. 118 et s ; J. Mbosso, *Le rôle des juridictions nationales et le droit harmonisé*, RDAI 2000, n° 2, p. 216 ; B. Boumakani, *Le juge interne et le droit OHADA*, Penant 2002, p. 146.

[4] E. Assi Assepo, *La CCJA de l'OHADA, un troisième degré de juridiction* ? Revue internationale de droit comparé, 4. 2005.

Les arrêts rendus par la CCJA ont l'autorité de la chose jugée et la force exécutoire dans tous les Etats parties (art. 20). Sur le premier point, il faut dire que les décisions de la CCJA ne peuvent faire l'objet que de *voies de recours extraordinaires*, à savoir la tierce opposition et le recours en révision (il faut dans ce cas démontrer l'existence d'un fait nouveau). Sur le second, il y a lieu d'indiquer que les arrêts de la CCJA peuvent donner lieu à exécution forcée sur le territoire de chaque Etat partie dans les mêmes conditions que ceux des juridictions nationales, sans qu'il soit besoin d'avoir recours à la procédure d'exequatur.

17. En matière d'*arbitrage*[1], la CCJA joue un double rôle : celui de centre d'arbitrage, d'une part, et celui de juge d'appui, d'autre part[2]. En effet, la CCJA est un centre administratif d'arbitrage. A ce titre, elle ne tranche pas elle-même les litiges soumis à l'arbitrage (il s'agit des litiges concernant des contrats exécutés dans l'un des Etats parties ou dont l'une des parties a son domicile ou sa résidence dans un tel Etat). D'une manière générale, la CCJA exerce différentes attributions : elle nomme ou confirme les arbitres, est informée du déroulement de l'instance arbitrale, examine les projets de sentence. Comme juge d'appui, la CCJA a compétence exclusive pour accorder ou refuser l'exequatur (art. 25 R). En réalité, l'exequatur est accordé par une ordonnance du président de la CCJA ou du juge délégué à cet effet et c'est cette formalité qui confère à la sentence un caractère exécutoire dans tous les Etats parties. Quant au refus de l'exequatur, il ne peut intervenir que dans des cas limités : inexistence, nullité ou expiration de la convention d'arbitrage, violation de sa mission par l'arbitre, non respect du principe du contradictoire, atteinte à l'ordre public international.

Telles sont les missions de la CCJA tant en matière juridictionnelle qu'arbitrale. En tout état de cause, il s'agit donc d'une institution aux fonctions duales et qui est chargé de la bonne application du droit uniforme.

---

[1] Le droit de l'arbitrage OHADA est constitué du Traité (art. 21 à 25), d'un Acte uniforme du 11 mars 1999 relatif à l'arbitrage et du Règlement d'arbitrage CCJA.

[2] Sur cette question, v. Travaux du Centre R-J. Dupuy, *L'OHADA et les perspectives de l'arbitrage en Afrique*, Actes du colloque, éd. Bruylant, Bruxelles, 2000 ; P.-G. Pougoué, J-M. Tchakoua, A. Fénéon, *Droit de l'arbitrage dans l'espace OHADA*, Presses universitaires d'Afrique, 2000.

C. Le Secrétariat permanent

18. Aux termes de l'article 3 du Traité, le Conseil des ministres est assisté d'un Secrétariat permanent. Il s'agit de l'organe exécutif de l'OHADA en ce sens qu'il est chargé de l'administration. A ce titre, il assure le lien entre les Etats parties et les instances de l'OHADA (Conseil des ministres, CCJA, Ecole régionale supérieure de la magistrature[1]) ainsi qu'entre celles-ci. Parmi ses attributions, la plus importante sans doute est la préparation des projets d'actes uniformes. Ceux-ci sont ensuite soumis aux Etats parties pour examen et observations ainsi qu'à la CCJA pour avis. Il met au point le projet définitif et en propose l'inscription à l'ordre du jour du Conseil des ministres.

Le Secrétariat permanent a son siège à Yaoundé (Cameroun). Il est dirigé par un Secrétaire permanent nommé par le Conseil des ministres.

19. Telles sont les institutions mises en place par le Traité OHADA. Force est de reconnaître que ces différents organes jouent pleinement leur rôle dans l'élaboration et l'application du droit uniforme. Le bilan est globalement positif et considérable si l'on en juge par le nombre important d'actes uniformes adoptés depuis l'entrée en vigueur du traité ayant institué l'OHADA.

II- LES INSTRUMENTS REALISANT L'INTEGRATION

20. Le droit uniforme OHADA est essentiellement contenu dans des instruments juridiques sui generis que sont les Actes uniformes (C). Avant de les évoquer, il convient de rappeler le rôle important joué par le Traité (A) et les règlements (B) dans l'œuvre de réalisation de l'intégration juridique de l'espace francophone africain.

A. Le Traité

21. C'est à Port-Louis (Ile Maurice) que le Traité relatif à l'harmonisation du droit des affaires en Afrique a été signé le 17 octobre 1993[2]. En application de l'article 52, il fut soumis à la ratification des Etats signataires et ce n'est que le 18 septembre 1995 qu'il est entré en

---

[1] L'ERSUMA est une institution spécialisée de l'OHADA qui est appelée à jouer un rôle déterminant dans le processus d'intégration juridique et notamment dans l'uniformisation de l'application et de l'interprétation du droit OHADA. Son siège est à Porto-Novo au Bénin.

[2] v. J. Youmsi, *Traité relatif à l'harmonisation du droit des affaires en Afrique*, Juridis périodique, n° 30, avril-mai-juin 1997, p. 98.

vigueur. Au regard de notre sujet et notamment en ce qui concerne l'intégration juridique, c'est surtout le contenu de ce traité qui nous intéresse. A cet effet, les titres I à V sont les plus importants en ce qu'ils traitent des dispositions générales (objet du Traité, délimitation des matières entrant dans le domaine du droit des affaires), des Actes uniformes en général (art. 5 à 12) et du contentieux relatif à leur application et à leur interprétation, de l'arbitrage, des institutions et organes de l'OHADA.

En instituant une organisation communautaire, le Traité de Port-Louis a pour ambition de doter les Etats membres « de règles communes, simples, modernes et adaptées à la situation de leurs économies, par la mise en œuvre de procédures judiciaires appropriées, et par l'encouragement au recours à l'arbitrage pour le règlement des différends contractuels » (art. 1er). Le Traité apparaît ainsi comme l'instrument juridique majeur de l'harmonisation du droit des affaires dans les pays africains relevant de l'espace OHADA.

B. Les règlements

22. Il s'agit d'une catégorie d'actes juridiques pris par le conseil des ministres pour l'application du Traité. On considère qu'ils sont des actes de même nature que le Traité et, par conséquent, sont d'application directe et obligatoire dans tous leurs éléments et ce dans tous les Etats parties[1]. Pris en application du Traité, les règlements édictent des dispositions générales et impersonnelles et portent sur diverses matières. A ce jour, parmi les règlements émis par le Conseil des ministres, on doit notamment citer le *Règlement de procédure de la CCJA (11 avril 1996), le Règlement d'arbitrage CCJA (11 mars 1999), le Règlement financier des institutions de l'OHADA, le Règlement portant statut des fonctionnaires et le régime applicable au personnel de l'OHADA (30 janvier 1998).*

En définitive, il y a lieu de considérer que si le Traité contient les règles fondamentales régissant l'OHADA (missions, institutions, fonctionnement, etc), il revient aux règlements de fixer les règles complémentaires et nécessaires à la réalisation effective de l'œuvre d'harmonisation du droit des affaires.

---

[1] Issah-Sayegh et Lohoues-Oble, op. cit, p. 112, n° 250.

C. Les Actes uniformes

23. Rompant avec la tradition juridique habituée aux termes de lois, règlements ou autres directives, l'OHADA crée une catégorie nouvelle, celle des *Actes uniformes*. L'article 5 du Traité énonce que « *les actes pris pour l'adoption des règles communes* (...) *sont qualifiés « Actes uniformes* ». En application des dispositions de l'article 2, le Conseil des ministres de l'OHADA a pris huit actes uniformes qui sont déjà entrés en vigueur. Il s'agit de l'Acte uniforme relatif au droit commercial général, de l'Acte uniforme relatif au droit des sociétés commerciales et du GIE, de l'Acte uniforme portant organisation des sûretés (17 avril 1997), de l'Acte uniforme portant organisation des procédures simplifiées de recouvrement et des voies d'exécution, de l'Acte uniforme portant organisation des procédures collectives d'apurement du passif (10 avril 1998), de l'Acte uniforme relatif à l'arbitrage (11 mars 1999), de l'Acte uniforme portant organisation et harmonisation des comptabilités des entreprises (24 mars 2000), de l'Acte uniforme sur les contrats de transport de marchandises par route (22 mars 2003). Parmi les projets en préparation, il convient de citer le projet d'acte uniforme relatif au droit des contrats.

Ce sont les dispositions contenues dans ces divers actes uniformes qui constituent ce qu'il est convenu d'appeler *le droit OHADA* (Celui-ci intègre bien entendu les règles prévues dans le Traité et les règlements). Il convient d'en préciser les sources et la portée.

24. Les actes uniformes constituent un ensemble de règles matérielles qui empruntent ou s'inspirent de différentes sources, tel que le droit français (pour ce qui du droit commercial général, du droit des sociétés, etc), le droit international[1] (on peut citer la Convention de Vienne de 1990 sur la vente internationale de marchandises, les lois types de la CNUDCI sur l'arbitrage et l'insolvabilité, la Convention de Genève relative au contrat de transport de marchandises par route, etc). Pour ce qui est du projet d'acte uniforme sur le droit des contrats, il s'inspire

[1] Sur les sources d'inspiration du droit OHADA, v° Kenfack Douajni, *L'influence de l'internationalité dans l'élaboration du droit OHADA*, Penant, n° 851, avril-juin 2005, p. 174 ; C. Sietchoua Djuitchoko, *Les sources du droit de l'Organisation pour l'Harmonisation en Afrique du Droit des Affaires (OHADA)*, Recueil Penant 2003, n° 843, p. 140

largement des Principes Unidroit[1]. Considérant ces diverses influences, certains auteurs se montrent critiques sur le fond même du choix fait par les rédacteurs de certains actes uniformes. S'agissant notamment de l'emprunt fait à certains textes internationaux, si certains[2] estiment que dans de nombreux cas la reprise des règles a été faite de manière servile, d'autres regrettent surtout que l'on se soit davantage inspiré de textes régissant le commerce international et qui peuvent apparaître inadaptés dans la vie juridique et économique interne. Pour clore sur cette question des sources, il faut dire que le droit OHADA s'inspire aussi de législations existantes dans certains pays membres ou non. Il en est notamment ainsi de l'exigence d'inscription des sûretés mobilières au registre du commerce et du crédit mobilier qui a son origine en droit sénégalais. C'est encore au droit sénégalais que l'on doit la consécration du droit de rétention comme une sûreté autonome.

25. En ce qui concerne la portée des actes uniformes, il faut dire que les règles qu'ils instituent constituent un *droit supranational* qui s'impose à tous les Etats parties. A cet effet, l'article 10 du Traité dispose que « l*es actes uniformes sont directement applicables et obligatoires dans les Etats parties nonobstant toute disposition contraire de droit interne, antérieure ou postérieure* ». Ce texte affirme ainsi la force obligatoire des actes uniformes et leur substitution aux normes nationales. Les actes uniformes abrogent donc d'office tout texte de droit interne ayant le même objet et dont les dispositions lui sont contraires[3]. Dans un avis rendu le 30 avril 2001 à la demande des autorités ivoiriennes, la CCJA a confirmé la portée abrogatoire de l'article 10 précité. Elle a notamment rappelé que « *l'article 10 contient une règle de supranationalité par ce qu'il prévoit l'application directe et obligatoire des actes uniformes et institue, par ailleurs, leur suprématie sur les dispositions de droit interne antérieures et postérieures. En vertu du principe de la supranationalité[4] qu'il consacre, l'article 10 du Traité ...*

---

[1] V. Fontaine (M), *Le projet d'acte uniforme OHADA sur les contrats et les principes d'Unidroit relatifs aux contrats du commerce international*, Revue de droit uniforme, 2004-2, p.253.

[2] V° notamment Khalil Diallo, *La problématique de l'intégration africaine : l'équation de la méthode*, Ohadata D-05- 16, p. 2.

[3] Issa Sayegh et Lohoues-Oble, op. cit, p. 134, n° 307.

[4] Abarchi Djibril, *La supranationalité de l'OHADA*, Revue EDJA, n° 44, janv-févrrier-mars 2000, p. 7 et s.

contient bien une règle relative à l'abrogation du droit interne par les actes uniformes dans les Etats parties ». En revanche, il y a possibilité de coexistence entre des actes uniformes et des lois nationales non contraires[1]. Le règne du droit uniforme n'est donc pas sans partage[2]. Si les Etats parties doivent se soumettre à son empire, il reste qu'ils peuvent continuer à légiférer dans les matières faisant l'objet de l'harmonisation. En outre, le droit uniforme leur reconnaît pleine compétence en matière de sanction pénale des infractions qu'il détermine[3]. Enfin, certains actes uniformes renvoient expressément ou implicitement au droit interne dans certaines matières ou admettent la possibilité pour les Etats parties de prévoir des règles particulières[4].

26. En définitive, l'apport du droit OHADA est considérable en ce qui concerne l'uniformisation, la modernisation et la sécurisation de l'environnement juridique et judiciaire des affaires en Afrique francophone[5]. Cet apport peut d'ailleurs s'apprécier au-delà. En effet, le droit OHADA a enrichi de manière significative la théorie générale du droit, tant sur la forme avec l'institution d'une catégorie nouvelle d'acte juridique, à savoir les actes uniformes[6], que sur le fond. Sur ce point, il

---

[1] C'est ce que confirme expressément l'article 1er de l'Acte uniforme relatif au droit commercial général qui prévoit d'une part que tout commerçant est soumis à ses dispositions, et d'autre part, que tout commerçant demeure soumis aux lois non contraires qui sont applicables dans un Etat partie.

[2] Sur cette répartition des compétences, v° Nkotto Zengue, op. cit.

[3] L'article 5 du Traité prévoit que « *les actes uniformes peuvent inclure des dispositions d'incrimination pénale. Les Etats parties s'engagent à déterminer les sanctions pénales encourues* ».

[4] Il en est par exemple ainsi de la quotité saisissable ou cessible des salaires servant d'assiette au super privilège des salaires, de l'incapacité des mineurs ou de certains majeurs incapables d'exercer une activité commerciale, des incompatibilités ou interdictions de faire le commerce, etc.

[5] Il reste le problème de la cohabitation du droit OHADA avec les autres droits édictés par des organisations telles que la CEMAC, l'UEMOA, etc. Sur cette question, v° F.M. Sawadogo, *La problématique de la cohabitation des ordres juridiques OHADA, UEMOA, CEDEAO*, in Actes du Colloque sur la mise en cohérence des processus d'intégration économique et juridique, Ouagadougou, 8,9 et 10 janvier 2007, inédit ; Ba Demba Boubakar, *Le problème de la compatibilité entre l'UEMOA et l'OHADA, in La libéralisation de l'économie dans le cadre de l'intégration régionale : le cas de l'UEMOA*, Actes du colloque de Ouagadougou, 16 et 17 décembre 1999, sous la direction de Pierre Meyer, Publication du CEI, n° 3, Ouagadougou 2001.

[6] Comme le relève la doctrine, cette nouvelle dénomination enrichit le vocabulaire de la nomenclature des actes adoptés par les organisations internationales. V. B. Gueye et

n'y a qu'à relever le dépassement progressif de *la distinction droit privé/droit public* à travers notamment la soumission des personnes morales de droit public à des règles de droit privé ou encore de celle entre *droit civil/droit commercial* avec l'extension considérable du champ d'application du droit des affaires qui intègre des matières relevant traditionnellement du droit civil, ou encore *l'émergence d'une nouvelle distinction entre droit des professionnels et droit des non-professionnels*, le droit OHADA ayant la prétention de s'appliquer à tous ceux qui exercent une activité professionnelle salariée ou indépendante. C'est dire que l'intérêt scientifique du droit OHADA, autant que l'intérêt économique et politique, n'est point négligeable. Tout cela plaide en faveur d'une meilleure connaissance de cette expérience extraordinaire d'intégration juridique qui arrime définitivement l'Afrique francophone à la modernité juridique. L'on comprend alors la nécessité d'évaluer l'OHADA quinze ans après son avènement[1], tant en ce qui concerne son effectivité que ses perspectives.

S.N. Tall, commentaire sous l'article 5 du Traité, in OHADA, Traité et actes uniformes commentés et annotés, Juriscope, 3e éd., 2008, p. 28.

[1] Sur l'évaluation du droit OHADA en général, v. A. Cissé, *L'harmonisation du droit des affaires en Afrique : l'expérience de l'OHADA à l'épreuve de sa première décennie*, Revue internationale de droit économique. 2004-2. p. 197 et s ; P.-G. Pougoué, Y.-R. Kalieu, *Introduction critique à l'OHADA*, PUA, 2008

LE CLAIR-OBSCUR DE LA REPARTITION DES COMPETENCES ENTRE LA COUR COMMUNE DE JUSTICE ET D'ARBITRAGE DE L'OHADA ET LES JURIDICTIONS NATIONALES DE CASSATION

par

Joseph FOMETEU

Maître de conférences de droit privé
Faculté des Sciences Juridiques et Politiques
Université de Ngaoundéré (Cameroun)

1. Un Goliath contre plusieurs David ? Telle est la question qui pourrait être formulée pour qualifier le prévisible conflit de compétences qui est né entre la Cour Commune de Justice et d'Arbitrage de l'OHADA et les juridictions nationales de cassation. Prévisible, ce conflit l'était parce que le droit des affaires en Afrique est, depuis l'entrée en vigueur du système OHADA, un droit dualiste, en ce qu'il est à la fois national et supranational. Ce dualisme juridique, s'est accompagné d'un dualisme juridictionnel, en ce sens qu'une Cour supranationale a été crée à côté des juridictions nationales de cassation. Cette cour communautaire a été investie d'attributions à la fois juridictionnelles et non juridictionnelles. Dans le dernier cadre, elle exerce d'une part, des attributions en matière d'arbitrage où elle joue un rôle de premier plan. Faut-il le rappeler, l'un des objectifs du droit OHADA était de promouvoir l'arbitrage comme mode de règlement des litiges[1]. Et pour mettre en œuvre cet objectif, l'une des mesures concrètes[2] a été d'investir ouvertement la juridiction chargée de l'interprétation du traité et des Actes uniformes, de la compétence en matière d'exéquatur des sentences arbitrales[3]. D'autre part, elle exerce des compétences consultatives en ce sens qu'elle émet des avis sur saisine d'un Etat partie, du Conseil des ministres ou d'une

---

[1] On peut lire dans le préambule du traité de 1993 que les Etats signataires étaient « désireux de promouvoir l'arbitrage comme instrument de règlement des différends contractuels ».

[2] Les autres mesures concernent, sans exhaustivité, la facilitation de l'exécution des sentences arbitrales notamment par l'exclusion de l'exequatur national de ces sentences, l'adoption d'un Acte Uniforme relatif à l'arbitrage, etc.

[3] Cf. art., 25 du Traité. D'ailleurs, le nom de la Cour est assez révélateur.

juridiction nationale, lorsqu'est en cause l'interprétation du traité, d'un Acte Uniforme ou d'un Règlement pris en application du traité.

2. Dans le cadre de ses attributions juridictionnelles, elle est compétente, selon l'article 56 du Traité, en matière de conflit entre les Etats contractants, au sujet de l'application ou de l'interprétation du traité OHADA, lorsque ce différend n'a pu être résolu à l'amiable. Elle est alors saisie par l'un des Etats en conflit. Cette compétence est, du moment où elle oppose des Etats, exclusive à la Cour Commune de Justice et d'Arbitrage. Par conséquent, elle ne recèle aucun risque de conflit avec les juridictions nationales de cassation des Etats membres de l'organisation juridique panafricaine du droit des affaires.

3. Il en va différemment du contentieux privé du Traité, des Règlements pris pour son application et des Actes uniformes. Certes, celui-ci échoit, tout comme le précédent, à la compétence de la Cour communautaire, selon les termes de l'article 14 du Traité. En effet, en son alinéa 1, cet article dispose que : « la Cour commune de justice et d'arbitrage assure dans les Etats parties, l'interprétation et l'application communes du présent traité, des Règlements pris pour son application et des Actes uniformes ». Cet alinéa est utilement complété par l'alinéa 3, selon lequel : « saisie par la voie du recours en cassation, la Cour se prononce sur les décisions rendues par les juridictions des Etats parties, dans toutes les affaires soulevant des questions relatives à l'application des Actes uniformes et des Règlements prévus au présent traité, à l'exception des décisions appliquant des sanctions pénales ». Tout paraît, à la lecture de ces dispositions, d'une limpidité académique. Ce d'autant plus que l'article 13 a, auparavant, annoncé que « le contentieux relatif à l'application des Actes uniformes est réglé en première instance et en appel par les juridictions des Etats parties ». De fait, cette suite de textes permet de constater un effort de délimitation des domaines de compétence des juridictions nationales et de la CCJA. Mais, au vrai, cet effort n'a donné des résultats satisfaisants que par rapport aux juridictions nationales du fond. Car, il est clair que celles-ci connaissent en premier et deuxième ressort, de l'application du droit OHADA.

4. Par rapport aux juridictions nationales de cassation, le domaine de compétence de la CCJA n'a pu être délimité de manière incontestée par les rédacteurs du Traité OHADA. En effet, celui-ci, en définissant le domaine de compétence de la CCJA, laisse implicitement toute autre matière aux juridictions nationales de cassation. Ainsi, en dehors des décisions appliquant des sanctions pénales qui sont expressément laissée à leur compétence par le traité, leur domaine d'intervention se définit par soustraction de la compétence de la CCJA. En termes simples, les juridictions nationales de cassation ne sont compétentes pour un litige relevant du droit des affaires, que lorsque celui-ci n'implique pas l'application ou l'interprétation du Traité OHADA, d'un Acte Uniforme ou d'un Règlement. Il n'en va autrement que si le litige, bien que soulevant une question de droit uniforme, a conduit le juge du fond à appliquer des sanctions pénales. Il en résulte que le critère de répartition des compétences retenu par le Traité est *la législation des affaires applicable aux faits* de chaque espèce[1] : la CCJA est compétente pour connaître du droit communautaire et chaque juridiction nationale de cassation est compétentes pour connaître de son droit. Exceptionnellement, elle peut connaître du droit communautaire si la décision qui lui est litigieuse a appliqué une sanction pénale. En d'autres termes, la CCJA a compétence pour imprimer l'orientation juridique qui doit être donnée des instruments OHADA, à l'exclusion des juridictions nationales de cassation[2].

Pour faciliter la mise en œuvre de ce critère, l'article 28, alinéa 1 (3) du Règlement de procédure de la Cour communautaire dispose que « le recours indique les Actes uniformes ou les Règlements prévus par le traité dont l'application dans l'affaire justifie la saisine de la Cour » [3].

---

[1] Le Pr. Anoukaha écrira, pour pousser la logique jusqu'à son terme, que le droit OHADA doit avoir été appliqué aussi bien en instance qu'en appel « pour que la CCJA soit compétente pour connaître du pourvoi relatif à une affaire ». cf. F. Anoukaha, *La délimitation de la compétence entre la Cour commune de Justice et d'Arbitrage et le Cours suprêmes nationales en matière de recouvrement des créances (à propos de l'arrêt Pamol),* Juridis périodique n°59, juill.-août-sept. 2004, p.118.

[2] E. Nsie, *La Cour Commune de Justice et d'Arbitrage*, Penant, 1998, p. 308.

[3] Cependant, selon l'article 28, alinéa 5 du Règlement de procédure, si le recours n'est pas conforme aux exigences légales, le greffier en chef invite, dans un délai raisonnable, le requérant à le régulariser. A défaut, la cour décide de la recevabilité du recours. Une illustration est fournie par les affaires BICIG c/ENGATRANS et S.A Aminou et Cie M.A. c/CCEI Bank, dans lesquelles, invités à régulariser leurs recours, les demandeurs au pourvoi avaient conservé le silence au terme du délai d'un mois fixé par le greffier en chef de la CCJA. Cette juridiction a alors déclaré le recours irrecevable faute « d'éléments essentiels d'appréciation ». cf. CCJA, arrêts n°004 et n°006/2001 du *11 octobre 2001*, Afrique juridique et politique, vol., n°2, juill.-déc. 2002, p. 177. V. également : CCJA, arrêt n°005/2002 du *10 janv. 2002*, Juridis périodique n°54, p.117.

Cette exigence signifie que le recours en cassation doit être rejeté lorsque le moyen invoqué, à la fois vague et imprécis, ne vise aucun texte violé ou faussement appliqué[1].

Elle signifie également que le pourvoi doit être déclaré irrecevable dès lors que « l'affaire ne soulève pas une question relative au contentieux de l'application des Actes uniformes et Règlements de l'OHADA »[2], mais relève plutôt de la compétence des juridictions nationales. Par exemple, dès lors que » la procédure introduite et qui a abouti à l'arrêt attaqué[3] ne concerne pas l'application d'un Acte uniforme ou d'un Règlement prévu au traité de l'OHADA, mais, plutôt des dispositions de l'article 214 du code ivoirien de procédure civile, commerciale et administrative (et) qu'elle n'avait pas pour objet de suspendre une exécution forcée déjà engagée mais d'empêcher qu'une telle exécution puisse être entreprise, (il) s'en suit que la décision n'entre pas dans la catégorie des décisions visées à l'article 14, alinéas 3 et 4 du traité OHADA »[4].

Elle signifie, enfin, que le pourvoi en cassation qui saisit la CCJA doit être fondé sur un moyen de pur droit, comme tous les pourvois destinés aux cours suprêmes de tradition francophone. Dans le cas contraire, elle le déclare irrecevable. Il en a été décidé ainsi, pour un pourvoi mélangé de fait et de droit[5].

5. Cette option du Traité OHADA, apparemment si bien appliquée en pratique[6], qui consacre l'abandon par les Etats membres, de la

---

[1] CCJA, arrêt n°005/2004 du *8 janvier 2004*, Recueil de jurisprudence de la CCJA, n°3, jan. 2004, p. 52.

[2] CCJA, 27 janv. 2005, SGBCI c/ayants droit de TM, Juris OHADA n°1/2005, *janv-mars 2005*, p.10.

[3] En l'espèce l'arrêt n°19/2002, rendu le *13 juin 2002* par la Cour suprême de Cote d'ivoire.

[4] CCJA, arrêt n°1/2005 du *21 janv. 2005*, CS c/Société Chronopost International Côte d'ivoire, Penant, n°852/2005, p. 409, note B. Diallo.

[5] La CCJA a en effet estimé que « le moyen tiré de la non liquidité et de la non exigibilité de la créance, qui n'a pas été soutenu devant le Tribunal, ni devant la Cour d'appel, constitue un moyen nouveau, mélangé de fait et de droit et doit être déclaré irrecevable ». cf. CCJA, arrêt n°32/2004 du *04 nov. 2004*, Penant n°854/2006, p.98, obs. B. Diallo et A.F. Tjouen.

[6] Dans un arrêt récent mettant en cause la victime d'un accident de la circulation qui réclamait par la procédure d'injonction de payer son indemnisation, elle décide que la créance n'ayant pas une origine contractuelle, le droit communautaire relatif à la

souveraineté judiciaire à côté des souverainetés législatives et réglementaires permet, selon la doctrine, de conserver la cohérence du système, car « quelque soit le juge saisi, l'interprétation est la même, si bien que l'on exclu le forum shopping, qui permet à une partie au litige de choisir un for, non pas en raison des éléments propres à l'administration de la justice, mais, en raison de la solution au fond espérée »[1]. La suprématie de la CCJA est ainsi posée en règle[2], lorsque le droit appliqué aux faits de l'espèce est le droit unifié. De nouveau, tout paraît limpide.

6. Simplement, une hypothèse a été ignorée : c'est celle dans laquelle un litige implique à la fois des règles de droit national non uniformisé et du droit communautaire. Dans cette hypothèse en effet, deux catégories de normes, ressortissant l'une du domaine de la CCJA et l'autre, du domaine de la juridiction nationale de cassation sont en cause. Quelle est, dès lors, la juridiction de cassation qui doit en connaître ? Cette question révélatrice d'une zone obscure dans la répartition des compétences n'est pas nouvelle. En effet, une décennie s'est écoulée, depuis que le Pr Pougoué prédisait que la délimitation du domaine de compétence de la CCJA ne serait pas toujours aisée à cause « du lien de connexité pouvant exister, dans certains litiges, entre un point de droit non unifié et un autre qui l'est »[3]. Allant dans le même sens, et partant de l'organisation de la

---

procédure d'injonction de payer n'est pas violé. Elle rappelle ainsi, de manière implicite, que l'affaire doit être portée à la connaissance des juridictions nationales. cf. : CCJA, arrêt n°15 du *19 juin 2006*, OHADATA, J-07-29. Dans le même sens, et se déclarant ouvertement incompétente pour une expulsion non fondée sur une des mesures d'exécution forcées prévues par l'Acte uniforme sur le voies d'exécution : CCJA, arrêt n°10 du *29 juin 2006*, OHADATA, J-07-24.

[1] A. Oliveira, *Influence de la jurisprudence internationale*, Site Internet de l'Association des hautes juridictions de cassation des pays ayant en partage l'usage du français (AHJUCAF), http ://.www.ahjucaf.fr

[2] Cette suprématie est confirmée par plusieurs autres règles édictées. Il en est ainsi, de la force exécutoire de l'arrêt de la CCJA, consacré par l'article 14 du traité. En effet, de cette force exécutoire, on peut déduire que dans une même affaire, aucune décision contraire à un arrêt de la CCJA ne peut faire l'objet d'une exécution forcée sur le territoire d'un Etat partie. En outre, selon l'article 46, alinéa 3 du Règlement de procédure, l'exécution forcée d'un arrêt de la Cour ne peut être suspendue que par la Cour elle-même. Par conséquent, les juridictions nationales de cassation ne peuvent ordonner un sursis à exécution de la décision. En ce sens : P.-G. Pougoué, *Présentation générale et procédure en OHADA*, PUA, Yaoundé, 1998, p. 16.

[3] P.-G. Pougoué, préc.

sanction encourue par les décisions rendues par les juridictions nationales de cassation au mépris d'un déclinatoire de compétence émanant d'une partie, M. Abarchi écrivait que « tout donne à penser que dans l'esprit des rédacteurs du traité une résistance des juridictions nationales de cassation peut et doit être envisagée »[1].

7. En réalité, il peut paraître surprenant de parler de conflit de compétences entre ces deux catégories de juridictions. En effet, à cause la supranationalité du droit OHADA, le conflit peut paraître résolu d'avance au profit de la CCJA. C'est oublier que la CCJA n'est supérieure aux juridictions nationales que dans le cadre étroit de l'application et de l'interprétation du droit OHADA. En cas de connexité dans un même litige, entre un point de droit unifié et un point qui ne le serait pas, l'hésitation est permise.

8. Il peut également paraître surprenant de parler de conflit de compétences alors que la juridiction saisie du litige au fond sur plan national peut prendre toutes les mesures appropriées pour l'éviter. En effet, la juridiction saisie du fond peut, si elle estime qu'un aspect du droit communautaire qui lui est soumis pourrait ensuite susciter un pourvoi en cassation, surseoir à statuer sur la question et solliciter un avis de la CCJA dans le cadre de l'article 14, alinéa 2 in fine. De la sorte, munie de l'avis, elle appliquera correctement le droit uniforme. Elle aura donc anticipé la difficulté juridique relative au droit OHADA. Aucune partie n'aura plus, par hypothèse intérêt à saisir la Cour communautaire, puisque l'orientation juridique qu'elle entend donner de la règle juridique uniforme aura déjà été prise en compte lors du prononcé de la décision rendue à l'échelle nationale. Dès lors, si un pourvoi est ensuite formé, il ne concernera que les points relatifs au droit national. Il sera alors naturellement dirigé vers la Cour suprême de l'Etat partie dont les juridictions de fond ont connu du litige.

9. Mais, à l'évidence, ce schéma idéal ne peut fonctionner pour tous les litiges pour trois raisons essentielles. D'abord, les plaideurs sont souvent aussi imprévisibles qu'astucieux ; ensuite, le juge peut, de bonne foi, ne pas percevoir un point spécifique qui soulèvera des contestations et enfin, il ne faut pas oublier que les avis de la CCJA ne lient pas les juridictions nationales de fond qui les ont sollicité, ni la CCJA elle-

---

[1] D. Abarchi, *La supranationalité de l'OHADA*, OHADATA, D.02-02.

même[1] si elle était ultérieurement saisie de l'affaire comme juge de cassation[2]. On en déduit que la supranationalité du droit communautaire, loin de fournir un élément de réponse au conflit de compétence entre la CCJA et les juridictions nationales de cassation, contribue plutôt à cristalliser les insuffisances du critère légal de répartition qui a été retenu (I). Celles-ci justifient à leur tour la nécessité de poursuivre la recherche de solutions (II).

I- LES INSUFFISANCES DU CRITERE LEGAL DE REPARTITION DES COMPETENCES ENTRE LA CCJA ET LES COURS SUPREMES NATIONALES

10. Les insuffisances du critère légal retenu pour la répartition des compétences entre les deux catégories de juridictions sus-évoquées sont

[1] Dans ce sens : B Boumakani, *Les juridictions communautaires en Afrique noire : La cour Commune de Justice et d'Arbitrage de l'OHADA, les Cours de justice de l'UEMOA et de la CEMAC*, Ann. FSJP Dschang, Tome 3, 1999, p. 67 ; A. Fall, *Les normes juridiques et leur applicabilité dans le processus d'intégration*, Mémoire de DEA, FSJP, Université Cheik Anta Diop de Dakar, OHADATA, D-05-31, p. 48 ; I.K. Diallo, *La problématique de l'intégration africaine : l'équation de la méthode,* Bulletin de transport multimodal, n°00, p.8, OHADATA, D-05-16. Contra : C. Glaubert, *La question préjudicielle en droit OHADA et droit communautaire*, OHADATA, D-05-20 ; J. Lohoues-Oblé, *Le traité OHADA Cinq ans après*, OHADATA D-03-06. Cet auteur écrit que les « avis donnés aux Etats parties ou juridictions ont un caractère consultatif, mais ne lient pas moins les demandeurs ». Ce courant prend sans doute appui sur l'un des premiers avis rendus par la CCJA, dans lequel la Haute juridiction affirmait que « certes il s'agit d'un simple avis dépourvu de tout effet décisoire découlant de l'autorité de la chose jugée et de la force de chose jugée. Mais, on comprendrait mal que saisie par voie de pourvoi de la même question que la cour vienne à se déjuger ». Cf. CCJA, avis n°01/99/JN du *07 juill. 1999*, Revue Camerounaise du Droit des Affaires, n°10, p. 97.

[2] D'ailleurs, les juridictions de fond se rebellent parfois contre les orientations des juridictions de cassation. Pour le cas de la CCJA, l'exemple de l'exécution provisoire est assez illustratif. En effet, la lecture donnée de l'article 32 de l'AUPSRVE par la cette juridiction n'a pas été, dans un premier temps, suivie avec toute l'obéissance que devaient les juridictions nationales de fond à ses arrêts. Par exemple, se sont soumises : Cour d'appel de Bouaké, ordonnance n° 19/2002 du *18 novembre 2002* ; Arrêt n° 04 du 28 avril 2003 Cour d'appel de Bamako ; en revanche, se sont rebellées : Cour d'appel de Douala, Ordonnance n° 118/DE du *12 novembre 2002* ; Cour d'appel de Douala, Ordonnance n° 38 du *13 janvier 2003* ; Cour d'appel de Yaoundé, Arrêt n° 86/DE du *28 avril 2002*. Ces décisions sont citées par A. Oliveira, *Influence de la jurisprudence internationale*, préc.

assez nombreuses (B). Elles s'expliquent par l'application dans une même affaire, du droit OHADA et du droit national (A).

A- La justification des insuffisances du critère légal : l'application simultanée du droit OHADA et du droit national

11. Un recours en cassation peut fort bien comporter plusieurs moyens dont un ou plusieurs s'appuie sur le droit interne et un ou plusieurs autres sur le droit harmonisé. Les deux droits trouveront à s'appliquer. En effet, le traité OHADA n'interdit pas aux législateurs « nationaux de légiférer en matière de droit des affaires, il s'oppose seulement à la contrariété entre les normes de droit interne et celle du droit communautaire qui reste prépondérante en cas de conflit »[1]. Aujourd'hui il est acquis[2], que le droit uniforme ne se substitue aux droits internes des Etats membres, que pour les dispositions ayant le même objet. A contrario, cela signifie que les disposions de droit national ayant un objet différent trouveront à s'appliquer. D'ailleurs, le droit communautaire harmonisé s'insère avant tout dans le droit commun des Etats parties auquel « le législateur OHADA renvoi[3] de manière implicite ou explicite »[4]. Dans cette logique, le droit interne des Etats parties s'incruste dans le droit communautaire et s'applique avec lui. Une fausse application du droit national déteint alors sur celle du droit communautaire.

12. C'est le cas notamment en matière d'injonction de payer. En effet, certes, la procédure d'injonction de payer a été entièrement réorganisée par l'Acte Uniforme relatif aux procédures simplifiées de recouvrement et aux voies d'exécution, ce qui a fait sortir cette matière du droit national des Etats parties. Par conséquent, l'examen des litiges relatifs à l'injonction de payer devrait nécessairement mettre en cause l'interprétation et l'application de l'Acte Uniforme OHADA relatif aux

---

[1] D. Abarchi, art. préc ;

[2] Cf. CCJA, Avis n°001/01/EP du *30 avril 2001*, Revue Camerounaise du Droit des Affaires, n°10, p. 121. Selon cet avis, l'effet abrogatoire de l'article 10 du Traité concerne « toute disposition d'un texte législatif ou réglementaire de droit interne présent ou à venir ayant le même objet que les dispositions des Actes uniformes et étant contraires à celles-ci, (ou) les dispositions identiques à celles des Actes uniformes ».

[3] Le renvoi concerne souvent la définition de certains concepts juridiques, la détermination de certaines règles de procédure, etc.

[4] B. Diallo, *Réflexions sur le pouvoir d'évocation de la Cour Commune de Justice et d'Arbitrage dans le cadre du traité de l'OHADA*, Penant n°858/2007, p. 40.

procédures simplifiées de recouvrement et aux voies d'exécution et faire ainsi rentrer l'examen d'un pourvoi éventuel dans le domaine de compétence de la CCJA. Pourtant, les Cours suprêmes nationales ont conservé un domaine résiduel de compétence, notamment par l'effet de l'article 15 de cet Acte Uniforme, selon lequel l'appel contre une décision d'injonction de payer rendue sur opposition est formé dans « les conditions du droit national de chaque Etat partie », dans un délai spécial de 30 jours. Certains auteurs estiment alors qu'à la suite de l'appel, le pourvoi est possible, d'après les règles de droit commun[1].

13. On le voit, il n'y a aucune difficulté à identifier l'un ou l'autre droit. Mais, parce que rien n'empêche qu'en rendant sa décision, la Cour d'appel méconnaisse à la fois certaines dispositions de droit interne et certaines règles de droit communautaire, on peut hésiter sur la question de la juridiction devant recevoir un éventuel pourvoi en cassation

14. Dans le domaine des voies d'exécution, la situation est quasiment la même. En effet, l'OHADA s'est emparée des voies d'exécution qu'elle a d'ailleurs réglementé avec une grande minutie. Par conséquent, les juridictions nationales de cassation sont quasiment dépouillées de tout pouvoir en ce domaine[2], sauf lorsque l'exécution considérée est simplement effectuée à titre provisoire. En effet, l'article 32 de l'Acte Uniforme portant organisation des procédures simplifiées de recouvrement et voies d'exécution dispose que, dans l'hypothèse où le créancier dispose d'un titre exécutoire par provision, il peut poursuivre l'exécution à ses risques, à charge pour lui, « si le titre est ultérieurement modifié, de réparer intégralement le préjudice causé par cette exécution sans qu'il y ait lieu de relever de faute de sa part ».

Cette disposition est la seule accordée à l'exécution provisoire restée jusqu'à la jurisprudence époux Karnib de la CCJA, l'apanage exclusif des juridictions nationales, y compris celles de cassation. La question du principe même et celle du domaine de cette forme d'exécution n'ont pas fait l'objet de véritables contestations[3]. Le débat s'est plutôt focalisé autour de la compétence des Cours d'appel nationales en matière de

---

[1] A. D. Tjouen et F. Anoukaha, *Les procédures simplifiées de recouvrement et les voies d'exécution en OHADA*, PUA, 1999, p. 21.

[2] Cependant, l'AUPSRVE a opéré plusieurs renvois au droit national. Il en est ainsi pour la détermination de l'importante question des biens insaisissables.

[3] Ceux-ci sont par conséquent de la compétence des juridictions nationales de cassation.

défenses à exécution provisoire. En reconnaissant la compétence de ces Cours, cela impliquait que l'on laissait au droit national l'organisation des défenses et par conséquent, qu'une décision de Cour d'appel statuant en la matière pouvait être critiquée devant la juridiction nationale de cassation. En revanche, si on les soustrayait pour les placer dans le domaine exclusif de l'article 32 de l'Acte Uniforme comme l'a fait dans un premier temps la CCJA dans l'affaire époux Karnib, les Cours suprêmes nationales perdaient toute connaissance de ce contentieux

15. En effet, dans l'affaire des époux Karnib, la haute juridiction communautaire estimait que l'article 32 de l'Acte Uniforme « n'autorisait aucune interruption de l'exécution ». Elle fut alors vertement critiquée. On lui a notamment reproché de se tromper sur « la nature et l'objectif des défenses à exécution. S'opposer à une exécution consiste nécessairement à s'en prendre aux actes d'exécution pour les faire annuler en les prétendant irréguliers. Cela se fait par voie, largement réglementée par l'OHADA, de contestation. En revanche, les défenses à exécution provisoire ont un autre objectif : elles visent non pas l'acte d'exécution, mais, le titre exécutoire dont elles réclament que le caractère exécutoire soit vérifié. (…) Dans la décision que (le premier président de la Cour d'appel) rend, il ne dit pas que l'exécution est irrégulière (ce qui serait contraire à l'article 32 du texte OHADA), il dit que l'exécution provisoire a été mal à propos ordonnée (hors des cas prévus par la loi ou sans urgence caractérisée) »[1].

Ces critiques ont amené la juridiction communautaire à nuancer sa jurisprudence. Désormais, si « la procédure qui a abouti à l'arrêt attaqué (n'a) pas eu pour objet de suspendre une exécution forcé déjà engagée, mais plutôt d'empêcher qu'une telle exécution puisse être entreprise sur la base d'une décision assortie de l'exécution provisoire et frappée d'appel », elle ne relève pas de sa compétence, mais plutôt, de celle des Cours suprêmes nationales. La doctrine en a déduit qu'elle prône une

---

[1] C. Dogue, *Une nouveauté déplorable : la prohibition des défenses à exécution provisoire,* OHADATA, D-O2-23 ; dans le même sens : S. Souop, *note sous CCJA, arrêt n°002/2001 du 11 oct. 2001*, Juridis Périodique, n°54, p. 102. En effet, lorsque la Cour statue en matière de défenses à exécution provisoire, elle ne fait que vérifier si l'exécution provisoire ordonnée et donc contentieuse l'a été en respect des conditions de droit interne ; ce qui n'a aucun rapport avec le fond du droit mettant en cause la violation du droit uniforme et qui seront ultérieurement examinées par la Cour statuant au fond.

distinction selon que l'exécution forcée est engagée ou non. Dans le premier cas, une Cour d'appel nationale ne peut plus l'interrompre au moyen de défenses à exécution provisoire. Si de telles défenses sont ordonnées, elles contreviennent à l'article 32 et la compétence de la CCJA est enclenchée.

Dans le second cas -l'exécution n'est pas encore entamée- la connaissance de la procédure échappe à la juridiction régionale, ce qui signifie que les juridictions nationales sont seules compétentes[1]. Il en résulte qu'afin de faire face à la hardiesse du créancier poursuivant et de son huissier et de faire échapper le litige à la compétence de la CCJA au profit des juridictions nationales de cassation, « les débiteurs d'un titre exécutoire par provision doivent faire preuve d'une très grande réactivité pour introduire des procédures de défense ou de sursis à exécution à la minute où ils se savent l'objet d'une décision avec exécution provisoire »[2]

16. Le critère ainsi établi est des plus flous. Il aurait une justification d'ordre économique. En effet, M. Oliveira[3], vice-président de la CCJA écrit que l'interprétation[4] de l'article 32 est conforme à l'esprit de l'AUPSRVE dans la mesure où « la revalorisation du titre exécutoire est attractive pour l'investissement ». On en convient. Mais, toutes les difficultés ne sont pas résolues pour autant. De fait, quand doit-on considérer l'exécution forcée comme entamée ? La détermination du moment où l'exécution est considérée comme ayant commencé se fera-t-elle conformément à chaque droit national ou au droit communautaire, c'est-à-dire en définitive au juge communautaire ?[5]

17. Ainsi, certains conflits de compétence pourraient se justifier par les renvois explicitement fait aux droits nationaux par le droit OHADA. Mais, le renvoi n'est pas nécessaire pour que l'affaire mette en cause à la

---

[1] Telles sont les leçons à tirer n° 12, 13 et 14/2003, du 19 juin 2003 de la CCJA, Juridis Périodique n°58, commentaire F. Teppi Kolloko et S. Souop, p. 107 à 118.
[2] B. Diallo, *note sous CCJA, arrêt n°1/2005 du 21 janv. 2005, CS c/Société Chronopost International Côte d'ivoire*, Penant, n°852/2005, p. 409.
[3] A. Oliveira, *Influence de la jurisprudence internationale*, préc.
[4] Pour cet auteur, l'interprétation est d'ordre téléologique, c'est-à-dire qu'elle s'est appuyée sur la finalité du texte.
[5] En ce sens : B. Diallo, note préc.

fois le droit national et le droit communautaire[1]. La situation s'est présentée à la Cour suprême du Niger dans une affaire dans laquelle étaient en cause des dispositions de droit uniforme et des dispositions du Code de procédure civile, du code civil (nigériens) ainsi que du code CIMA[2]. Cette affaire a permis de bien mettre en lumière toutes les insuffisances du critère légal sus-évoqué.

B- La consistance des insuffisances

18. Celles-ci peuvent paraître surprenantes, eu égard aux solutions textuelles qui recèlent un certain nombre de précautions prises pour éviter les conflits. Pourtant elles existent et paraissent aujourd'hui quasiment irréductibles sans modification législative. Elles résultent des modes de saisine de la CCJA (1), de la compétence juridictionnelle en matière pénale (2) et du droit d'évocation (3).

1. Les insuffisances résultant des modes de saisine de la CCJA

19. Les modes saisine de la CCJA permettent de relever deux insuffisances par rapport au critère légal de répartition de compétences relevé plus haut.

20. La première résulte de l'article 15 du Traité OHADA, selon les termes duquel, « les pourvois en cassation sont portés soit directement par l'une des parties à l'instance, soit sur renvoi d'une juridiction nationale statuant en cassation saisie d'une affaire soulevant des questions relatives à l'application des Actes uniformes ». A l'évidence, la saisine de la Cour par l'une des parties au litige ne soulève guère de difficulté, si ce n'est que l'incompétence manifeste de cette Cour peut être ultérieurement soulevée par le défendeur au pourvoi.

21. Il en va différemment de la saisine par voie de renvoi de la juridiction nationale de cassation. De fait, en application de ces dispositions, si l'une des parties au procès se méprend sur la juridiction qui est destinataire du pourvoi, en l'adressant à la juridiction nationale de cassation plutôt qu'à la Cour communautaire, la juridiction nationale doit elle-même se dessaisir et renvoyer l'affaire à la juridiction régionale si l'application du droit OHADA est en cause. Dès lors que ce renvoi est

---

[1] Un autre exemple peut être fourni par le cas dans lequel une juridiction nationale a validé des actes de commerce accomplis par un mineur émancipé alors que cette émancipation est contestée.

[2] V. infra.

opéré, l'article 51 du Règlement de procédure dispose qu'elle est immédiatement dessaisie. Ce mode de saisine soulève plusieurs interrogations. Tout d'abord, le droit Uniforme n'apporte aucune précision quant à l'étendue du renvoi, dans l'hypothèse de connexité juridique. En effet, la juridiction nationale ne renvoie-t-elle à la CCJA que la partie du litige concernant l'application des Actes uniformes, tout en conservant les aspects de droit non unifiés ? Ou encore, le fait que la juridiction nationale est immédiatement dessaisie emporte t-il transfert de la totalité du litige à la Cour communautaire, y compris les aspects de droit national ? Ensuite, il peut arriver que la juridiction nationale de cassation s'abstienne de renvoyer d'office ou refuse le renvoi comme l'a fait Cour suprême du Niger, en réponse à une exception d'incompétence soulevée devant elle. Les termes audacieux de la Haute juridiction nigérienne de cassation méritent d'être intégralement reproduits :

« Attendu que la Cour commune n'est compétente que pour l'application des Actes uniformes ; que lorsque le pourvoi n'est pas exclusivement fondé sur les Actes uniformes comme c'est le cas en l'espèce où des dispositions du Code de procédure civile, du code civil (nigériens) ainsi que du code CIMA sont invoquées, il appartient à la Cour suprême de nationale de saisir la Cour commune des questions spécifiques aux Actes uniformes » ;

Attendu qu'en ce cas, elle ne peut d'ailleurs le faire que si l'application des Actes uniformes a été prépondérante pour la prise de la décision attaquée, et que le pourvoi est surtout basé sur ces Actes ; qu'en l'espèce, le moyen mis en exergue est la violation de la procédure de référé ; que la CCJA n'est exclusivement compétente que lorsque le pourvoi est basé uniquement sur l'application des Actes uniformes »[1].

En d'autres termes, la haute juridiction nigérienne reconnaît la compétence exclusive de la CCJA lorsque le pourvoi est exclusivement fondé sur le droit uniforme. En revanche, dans l'hypothèse où le litige implique à la fois le droit interne et le droit uniforme, la juridiction nationale de cassation a la possibilité de ne pas renvoyer l'affaire à la CCJA, si le droit uniforme n'a pas été *prépondérant* pour la prise de la

---

[1] Sur cette affaire, v. A. Kante, *La détermination de la juridiction compétente pour statuer sur un pourvoi formé contre une décision rendue en dernier ressort en application des actes uniformes (observations sur l'arrêt de la cour suprême du Niger du 16 août 2001)*, OHADATA, D-02-29.

décision querellée. En créant maladroitement[1] ce critère de *prépondérance du droit appliqué* pour trancher le litige, elle manifeste sa volonté de ne pas renoncer sans résistance, à sa souveraineté par rapport à l'interprétation du droit national. Mais, en même temps, elle s'arroge le pouvoir de s'abstenir de renvoyer alors que l'application du droit communautaire était en cause.

22. La seconde insuffisance émane de l'article 18 du traité, pour lequel « toute partie qui, après avoir soulevé l'incompétence d'une juridiction nationale statuant en cassation estime que cette juridiction a, dans un litige la concernant, méconnu la compétence de la CCJA, peut saisir cette dernière dans un délai de deux mois à compter de la notification de la décision contestée ». Cette disposition qui vise à s'assurer que le droit régional ne sera pas connu d'une juridiction interne de cassation signifie que la partie au procès en cassation devant la juridiction nationale qui aurait, sans succès invoqué une exception d'incompétence de la juridiction nationale de cassation dispose d'un délai confortable pour faire annuler la décision rendue, par la CCJA.

Mais, si l'objectif visé par la ce recours supplémentaire à la CCJA est clairement exprimé, la procédure dudit recours suscite des interrogations. En effet, il convient de rappeler que la CCJA ne peut, en l'état actuel du droit, être saisie d'un recours contre une décision rendue par une juridiction nationale de cassation en application de l'article 18, qu'à la condition que l'incompétence de cette juridiction nationale ait été au préalable soulevée devant celle-ci ; à défaut, le recours est déclaré irrecevable[2]. L'intérêt de cette exception d'incompétence que les plaideurs soulèvent devant la juridiction nationale de cassation et qui constitue un préalable pour la compétence de la CCJA n'est pas aisé à trouver. Les rédacteurs du Traité ont-ils voulu cristalliser la résistance éventuelle des cours suprêmes nationales ? Ont-ils voulu empêcher aux justiciables de plaider à tâtons devant les juridictions ? L'intention était-elle d'éviter une profusion de procès en incompétence sachant qu'en soulevant l'exception d'incompétence de la juridiction nationale devant elle-même, son office va constituer un premier filtre qui pourrait, en cas

---

[1] J. Issa Sayeg, *Le conflit entre droit communautaire et droit régional dans l'espace OHADA*, OHADATA, D-06-05.

[2] CCJA, arrêts n°09 du 24 avril 2003 et n°24 du *17 juin 2004*, cités par B. Diallo, in La CCJA et le contentieux des actes uniformes, Penant, n° 850/2005, p. 34.

de reconnaissance de son incompétence rendre sans intérêt un procès fondé sur la même cause devant la CCJA ? En tout cas, il paraît bien qu'en érigeant en préalable le déclinatoire de sa propre compétence devant la juridiction nationale de cassation, le Traité OHADA a inutilement compliqué la procédure. Le législateur OHADA aurait dû laisser, dans le souci de préserver le domaine de compétence de la CCJA, la possibilité de saisir cette juridiction, même en l'absence d'un déclinatoire préalable de compétence[1].

23. De manière surabondante, on peut relever que le même article 18, en ses alinéas 2 et 3 fait obligation aux plaideurs, de saisir deux fois la CCJA, lorsqu'une juridiction nationale de cassation a statué alors qu'elle était incompétente. Dans ce cas en effet, la cour se limite dans un premier procès, à se prononcer sur sa compétence par un arrêt qu'elle notifie tant aux parties qu'à la juridiction nationale en cause. Si la cour décide que cette juridiction s'est déclarée compétente à tort, la décision rendue par cette juridiction est réputée nulle et non avenue. Mais, son arrêt n'est pas substitué à celui de cette juridiction nationale, dans la mesure où la CCJA ne peut, lors de ce premier procès, évoquer et statuer sur le fond. Elle doit être de nouveau saisie d'un pourvoi l'invitant à statuer sur le fond du droit tel qu'appliqué devant la dernière juridiction nationale ayant tranché le litige sur le fond[2]. Cette véritable navette infligée aux plaideurs amène à s'interroger sur le point de savoir si un pourvoi unique invitant la CCJA à statuer sur sa compétence, et dans l'affirmative, à statuer sur le fond n'était pas concevable. En fluidifiant la saisine de la Haute juridiction communautaire, il aurait incité les parties à s'adresser à elle sans craindre l'obstacle de la lourdeur de la procédure.

2. L'insuffisance résultant de la compétence juridictionnelle en matière pénale

24. Il ressort du critère de détermination des compétences entre les juridictions nationales de cassation que l'application des sanctions pénales en droit des affaires harmonisé ou non, a été entièrement abandonnée aux juridictions nationales, y compris à l'échelle de la

---

[1] Cette exigence pourrait, au contraire, encourager une collusion des parties pour éviter la compétence de la CCJA afin de laisser le litige à la connaissance de leur juridiction de cassation. En ce sens : B. Diallo, Réflexion sur le pouvoir d'évocation, préc. ; P.G. Pougoué, op. cit., p. 15.

[2] CCJA, arrêt n°31 du *04 nov. 2004*, Penant 852/2005, p. 382, note B. Diallo.

cassation. Cette règle qui résulte de la combinaison des articles 5, alinéa 2, et 14, alinéa 3 du traité signifie que le droit uniforme n'a conservé que le pouvoir d'établir des incriminations et a délégué aux systèmes juridiques nationaux, le soin de définir les sanctions y afférentes et de les appliquer conformément aux exigences de droit interne[1].

Cette compétence déléguée aux droits et juridictions nationaux par l'OHADA se justifierait, d'une part, par « le fait que la détermination des sanctions répressives doit résulter de la politique pénale adoptée par chaque Etat membre du traité dans la mesure où il est difficile de concilier, voire impossible de rapprocher les options individuelles des Etats en ce domaine »[2]. D'autre part, elle serait basée sur le souci d'assurer aux incriminations prévues dans le droit des affaires OHADA une identité de contenu[3]. En tout cas, en répercutant les règles matérielles au niveau de la compétence juridictionnelle, la Cour commune de Justice et d'Arbitrage devrait être compétente pour interpréter les textes d'incrimination et les cours suprêmes nationales pour appliquer les sanctions sans s'immiscer dans le contenu de l'infraction. Sans effort, on perçoit la difficulté. En effet, « une telle dissociation des compétences est aberrante sur le plan intellectuel et peu commode sur le plan procédural (car) comment admettre que la CCJA doive d'abord se prononcer sur la bonne application des dispositions d'incrimination pénales et renvoyer ensuite (en cas de cassation) à la juridiction nationale pour qu'il soit statué sur la sanction ? »[4]

A cause de cette aberration qui, en plus, serait source de lenteur et de complexité inutile[5], il serait « sage d'admettre que la CCJA ne peut connaître d'aucune décision pénale, même si une question de dommage

---

[1] En ce sens : B. Martor, N. Pilkington, D. Sellers et S. Thouvenot, *Le droit uniforme africain des affaires issu de l'OHADA*, Litec, 2004, n°48, p.12..

[2] A. Kante, art. préc.

[3] V. pour une critique des arguments justifiant l'abandon par l'OHADA, du pouvoir d'instituer des sanctions : A. Foko, Analyse critique de quelques aspects du droit pénal OHADA, Penant, n°859/2007, p. 195.

[4] J. Issa Sayegh, *La fonction juridictionnelle de la Cour Commune de Justice et d'Arbitrage de l'OHADA,* OHADATA, D-02-16

[5] En ce sens : J. Lohoues-Oble, *note sous l'article 14 du Traité OHADA*, in *Code annoté OHADA*, Juriscope, 2ème éd., 2002, p. 44. Cet auteur suggère que le droit d'évocation de la CCJA puisse s'étendre aux affaires pénales, les parties devant alors produire le texte pénal applicable.

et intérêt y est attachée »[1] ? Le seul problème qui en résulte est la possibilité qu'en définitive, le contenu de l'incrimination finisse par différer d'un pays à l'autre[2].

3. Les insuffisances résultant du droit d'évocation

25. Le droit d'évocation[3] de la CCJA « participe de la volonté des rédacteurs du traité d'unifier la jurisprudence applicable à tous les Etats membres »[4]. En lui conférant un caractère impératif après une cassation, cela devait « permettre à la Cour d'asseoir rapidement une jurisprudence en matière de droit des affaires et de donner une interprétation plus harmonieuse des Actes uniformes... »[5]. Techniquement, l'évocation est « un moyen de procédure qui permet à la CCJA de se muer essentiellement en juge du fond, lorsqu'elle veut dépasser le cadre de sa saisine limitée par le pourvoi en cassation »[6], et de se substituer aux juridictions nationales de dernier ressort, en cas de cassation. En effet, saisie dans les conditions normales de cassation par un pourvoi critiquant l'application d'un Acte uniforme, la CCJA, en cas de cassation fait monter à elle le litige alors même que celui-ci ne lui a pas été soumis aux fins d'un réexamen. Elle évite ainsi d'opérer un renvoi après cassation, en se substituant à la juridiction nationale du fond qui aurait été compétente pour en connaître.

---

[1] J. Issa Sayegh, ibid.

[2] Ce risque, véritable lapalissade, peut-il avoir été avoir été ignoré des rédacteurs du traité ? Tout incite à une réponse affirmative. Aucun élément de droit positif ne permet de penser que les rédacteurs des textes de l'OHADA ont anticipé cette possibilité d'interprétations divergentes pour en prévoir des mesures correctives.

[3] Ce droit doit être distingué de la dévolution. En effet, celle-ci est une technique juridique permettant à une juridiction saisie d'un recours, de connaître de l'intégralité d'un litige qui a été soumis à un précédent juge. En d'autres termes, la dévolution soumet au juge du recours, le précédent litige, mais, seulement dans la mesure de l'acte qui saisi ce juge. Au contraire, l'évocation va plus loin. Elle permet à la juridiction investie du pouvoir de l'utiliser, de faire monter à elle le litige, sans qu'il soit besoin qu'elle ait été saisie de l'entier litige. Autrement dit, l'évocation permet à la juridiction de recours, d'outrepasser le cadre de l'acte qui la saisit. Cf. J. Héron, *Droit judiciaire* privé, 3ème éd. par T. Lebars, Domat droit privé, 2007, n°727 et s., p. 578.

[4] J. Lohoues-Oble, L'apparition d'un droit international des affaires en Afrique, RIDC, 1999, p. 543.

[5] L. Yarga, *L'OHADA, ses institutions et ses mécanismes de fonctionnement*, OHADATA, D-05-37.

[6] B. Diallo, *Réflexions sur le pouvoir d'évocation de la CCJA*, préc.

26. Le droit d'évocation de la CCJA a un triple mérite[1]. Tout d'abord, il a le mérite de la rapidité en ce sens qu'il permet un raccourcissement des délais du procès. Ensuite, il fait l'économie d'une juridiction dans la procédure puisque, rompant avec la pratique dans les systèmes judiciaires nationaux dans lesquels la cassation est toujours suivie d'un renvoi, même après un arrêt rendu en assemblée plénière, il réduit les coûts de l'instance. Enfin, il a mérite de l'efficacité du contrôle, car la Cour régulatrice n'a pas à craindre une rébellion de la juridiction nationale saisie du renvoi.

27. Ce moyen aurait pu constituer une solution au conflit de juridictions qui naît à l'occasion d'un litige recelant un lien de connexité. En effet, saisie d'un recours en annulation pour incompétence en application de l'article 18, alinéa 1, ou après avoir statué sur un déclinatoire de compétence soulevé devant elle en vertu de l'article 17 du traité, elle commencerait par se prononcer, ainsi qu'il a été vu plus haut. Ensuite, dans le cas où elle retiendrait sa compétence et dénierait celle de la juridiction nationale de cassation, elle examinerait immédiatement le litige au fond. Si, à l'examen, elle estime que la décision a mal appliqué le droit uniforme, elle la casse et subséquemment, elle évoque et statue sur la totalité du litige. Cette option aurait entretenu la suprématie de la CCJA et aurait évité qu'à la suite de l'annulation de la décision d'une juridiction nationale ayant statué alors qu'elle était incompétente, les parties négligent de saisir de nouveau la CCJA. Au bout elle aurait permis de soutenir l'idée qu'à cause de cette suprématie, la CCJA doit nécessairement être saisie, même lorsque le litige implique le droit interne.

28. Il est vrai, la solution de la saisine obligatoire de la CCJA en cas de connexité juridique ne doit pas être écartée du seul fait d'une navette imposée aux plaideurs. Au contraire, quelques arguments permettent de penser qu'elle est, en l'état actuel du droit OHADA, une des plus réalistes.

---

[1] Ibid.

II- LES SOLUTIONS AU CONFLIT DE COMPETENCES ENTRE LA CCJA ET LES COURS SUPREMES NATIONALES

29. Ainsi qu'on l'a relevé, la question du conflit de juridiction entre la CCJA et les juridictions nationales de cassation n'est pas nouvelle. Plusieurs solutions ont déjà été proposées par la doctrine (A). Mais, parce qu'elles postulent une remise en cause fondamentale du système actuel qui ne devrait pas avoir ignoré cette importante question, elles ne sont pas satisfaisantes. Par conséquent, il faudrait sans doute procéder à une simple relecture des dispositions organisant le pourvoi en cassation devant la CCJA (B).

A- Les solutions proposées par la doctrine

30. Certains auteurs ont proposé un élargissement pur et simple de la compétence de la CCJA (1). D'autres ont estimé qu'une mutation du droit d'évocation résoudrait, au moins en partie, les difficultés (2). Un troisième courant, plus pertinent, a proposé que l'issue soit recherchée du côté du renvoi préjudiciel (3).

1. L'élargissement de la compétence de la CCJA

31. L'élargissement de la compétence de la CCJA est l'une des premières solutions qui s'offre à l'esprit. Il a notamment été proposé par le Pr Issa Sayegh[1] pour qui, lorsqu'il existe un lien de connexité[2] entre les matières harmonisées et les matières non harmonisées, la compétence de la CCJA devrait pouvoir s'élargir au droit national. Dans cette logique, la CCJA serait investie du pouvoir d'interpréter les règles juridiques nationales connexes à celles de l'OHADA dans un procès.

32. Cette solution ne manque pas d'attrait, pour plusieurs raisons. Tout d'abord, la supériorité de la CCJA par rapport aux juridictions nationales de cassation ne fait pas de doute. Celle-ci devrait sans doute lui permettre de s'arroger toute compétence qu'elle jugerait utile pour

---

[1] J. Issa Sayegh, *La fonction juridictionnelle de la Cour Commune de Justice et d'Arbitrage de l'OHADA*, OHADATA, D-02-16. Dans le même sens : J. Lohoues-Oble, *L'apparition d'un droit international des affaires en Afrique*, préc.

[2] Le Règlement de procédure de la CCJA envisage les hypothèses de connexité devant la Cour. Celle-ci a le pouvoir, en de telles occurrences, d'ordonner la jonction de plusieurs affaires. Mais cette connexité de l'article 33 présuppose que la Cour a déjà été saisie et qu'elle s'est reconnue compétente. En ce sens : J. Issa Sayeg et J. Lohoues-Oble, *Harmonisation du droit des affaires*, Juriscope, 2002, n°439, pp.184 et 185.

l'accomplissement de sa mission d'harmonisation du doit des affaires communautaire. N'affirme-t-on pas dans l'ordre interne que « qui peut le plus peut le moins » ? Ensuite, au fond, la connaissance du droit national lorsqu'il est en concours dans un litige avec le droit harmonisé permettrait « aux juges de la CCJA de mieux interpréter les Actes uniformes et de rendre leurs décisions en connaissance de cause »[1]. Enfin, la solution a le mérite de la rapidité : elle évite au plaideur une navette entre la juridiction nationale qui interprèterait la loi nationale et la CCJA qui connaîtrait du droit communautaire.

33. En retour, elle soulève plusieurs difficultés.

La première, assez aisée à résoudre si la solution était admise, est relative au statut que revêtirait la loi nationale méconnue devant la CCJA. Celui-ci pourrait varier, selon que la CCJA considère cette loi comme une loi étrangère ou non. Si la loi nationale méconnue est traitée comme un fait, ce sont les parties qui doivent en prouver l'existence et le contenu. Cette solution n'est ni souhaitable, ni juridiquement justifiée. En effet, « on ne saurait introduire une différence de traitement entre deux catégories de sources de droit dans un même litige (car) la disposition (du droit national) est, comme le droit OHADA, un impératif juridique que rien ne distingue du droit harmonisé »[2]. D'ailleurs, le droit communautaire harmonisé s'insère avant tout dans le droit commun des Etats parties. Dès lors, il y a une « identité de nature des deux lois »[3] qui commande « que la cour veille également au respect de la loi nationale (stricto sensu) considérée comme un élément de droit et non comme un élément de fait »[4].

La deuxième difficulté est relative au principe même de l'attribution à la CCJA, de la compétence pour connaître du droit national non harmonisé. Selon toute vraisemblance, cette compétence violerait l'article 14, alinéa 1, du traité OHADA. Faut-il le rappeler, cette disposition n'investit la CCJA, que du pouvoir de connaître de l'interprétation et de l'application communes du traité, des Règlements pris pour son application et des Actes uniformes. Par conséquent, lui

---

[1] M. Brou Kouakou, *Bilan de l'interprétation des Actes Uniformes par la Cour commune de justice et d'arbitrage, OHADATA*, D.-04-04

[2] B. Diallo, *Réflexions sur le pouvoir d'évocation de la CCJA*, préc.

[3] J. Issa Sayegh, *La fonction juridictionnelle de la Cour Commune de Justice et d'Arbitrage de l'OHADA*, préc.

[4] Ibid.

reconnaître le pouvoir de se prononcer sur le droit national serait ajouter à son domaine de compétence.

En outre, si l'on reconnaît à la cour régionale le droit de connaître du droit national des Etats, l'article 17 qui organise le déclinatoire de compétence devant la CCJA, au profit des juridictions nationales de cassation serait, au moins partiellement, privé d'intérêt.

34. Enfin, un aléa et deux risques majeurs doivent être relevés. L'aléa vient de ce que la mise en œuvre de l'élargissement est subordonnée à la saisine de la CCJA. Or, les parties peuvent, de bonne foi ou pour éluder sa compétence, s'abstenir de la saisir pour déférer le litige à la Cour suprême nationale, de même que cette dernière peut s'abstenir ou refuser de renvoyer ainsi qu'il a été vu dans l'affaire connue par la Cour suprême du Niger.

Quant aux risques, le premier est celui de contradiction. Dans la mesure où les dispositions de droit interne non harmonisé pourraient être interprétées différemment par la Cour suprême nationale au cas où elles sont appelées à s'appliquer indépendamment du droit communautaire, cette interprétation entrerait en conflit avec celle de la juridiction régionale. L'hésitation serait alors permise quand à l'interprétation à retenir, puisqu'il n'existe aucune suprématie organique entre la Cour communautaire et les Cours suprêmes nationales[1] en dehors du cadre législatif OHADA[2].

Le second est le risque de travestissement des droits nationaux. D'une part, il y aurait un vice originel à permettre à une juridiction de cassation qui n'est pas immergée dans un contexte sociologique donné, d'interpréter une loi générée par ce contexte. D'autre part et surtout, sur le plan technique, la Cour communautaire ne pourrait procéder à une interprétation correcte des règles de droit interne de chaque Etat membre d'une communauté juridique désormais très diversifiée.

35. De l'ensemble de ce qui précède, on peut déduire volontiers, que le législateur OHADA a sciemment laissé certains pans du droit des affaires aux droits nationaux et que, confier l'interprétation de ces pans à la cour communautaire reviendrait à reprendre d'une main, ce qu'on a

---

[1] B. Diallo, *Réflexions sur le droit d'évocation de la CCJA*, préc.

[2] Dans ces conditions, l'interprétation que la CCJA donne de la loi nationale des Etats parties n'est pas supposée s'imposer aux juridictions nationales de cassation.

donné de l'autre. D'ailleurs, l'immixtion de la CCJA dans le domaine des Cours suprême nationales accentuerait les résistances des cours suprêmes nationales, et, à terme, fragiliserait l'ensemble du système.

36. A la limite, si l'on devait admettre l'élargissement de la compétence de la CCJA, il faudrait qu'elle puisse reposer sur une assise textuelle. On peut par exemple lui suggérer d'interpréter de manière audacieuse les dispositions du droit communautaire qu'elle estime cruciales pour la poursuite de son objectif d'harmonisation du droit des affaires. De la sorte, elle intégrera ne fût-ce qu'au forceps, les pans des droits nationaux qui paraîtraient gênants pour cet objectif. Sa compétence sera alors justifiée par l'interprétation qu'elle aura fournie au texte.

Cette proposition peut surprendre. Mais, en réalité, la CCJA ne ferait que suivre en cela, la Cour de Justice des Communautés Européennes, à l'égard de laquelle la doctrine écrit que, « outre la jurisprudence conquérante qu'elle a développée sur le recours préjudiciel et grâce à lui, *elle a tiré prétexte du flou de certains articles des traités institutifs, pour leur donner une portée très précise et très forte*, à laquelle les rédacteurs de ces traités n'avaient sans doute pas pensé… » [1]. Au demeurant, elle a déjà balisé cette voie avec la compréhension donnée de l'article 32 de l'Acte Uniforme portant organisation des Procédures Simplifiées de Recouvrement et les Voies d'Exécution. Ce texte consacrant une « solution classique »[2] n'avait, nullement pour objet de réglementer les défenses à exécution provisoire. Il visait simplement à préciser, d'une part, qu'en cas d'exécution provisoire, le créancier prenait un risque qu'il devait ultérieurement assumer en cas d'infirmation par le juge d'appel du jugement exécuté, en réparant le préjudice subi par la victime de l'exécution au moyen d'une *restituitio in integrum*. D'autre part -c'est le plus important-, il visait à interdire au juge saisi du procès tendant à mettre les parties au même et semblable état où elles se trouvaient avant l'exécution provisoire, de rechercher une faute de la part de celui qui a procédé à ladite exécution[3]. Pourtant, en prenant sans doute prétexte du

---

[1] S. Guinchard (S/D), Droit processuel (droit commun et droit comparé du procès équitable), 4ème éd., Dalloz, 2007, n°147, p. 259.

[2] A. M. Assi Esso, commentaire de l'AUPSRVE, in Code annoté OHADA, Juriscope, 2002.

[3] In extenso, l'article 32 de l'AUPSRVE dispose : « A l'exception de l'adjudication des immeubles, l'exécution forcée peut être poursuivie jusqu'à son terme en vertu d'un titre exécutoire par provision.

verbe « poursuivre »[1] employé par les rédacteurs de l'Acte Uniforme, la CCJA a conclu que l'article 32 n'autorisait pas les juridictions nationales à accorder des défenses à exécution provisoire dès lors que celle-ci a commencé.

A contrario, cela revenait à dire que l'exécution provisoire entamée rentre désormais dans le giron de l'article 32 et, et qu'une fois entamée, elle devait se « poursuivre » jusqu'à son terme. Et si d'aventure une Cour d'appel nationale s'avisait à interrompre cette exécution au moyen de défenses à exécution, la CCJA érigée en contrôleur de la continuation de l'exécution provisoire entamée devait être saisie[2].

37. Que l'argumentaire de la CCJA ait convaincu ou pas, elle est parvenue aujourd'hui à imposer sa lecture de l'article 32[3]. Il est alors permis de penser qu'elle pourrait procéder de la même manière, pour élargir progressivement son domaine de compétence. Il est vrai, cette solution peut recevoir la même critique que précédemment formulée, à savoir qu'elle ne peut être mise en œuvre que si la CCJA est saisie. En sus, l'élargissement ne se fera pas à l'infini, dans la mesure où le sens des mots utilisés dans la rédaction du traité, des Règlements et des Actes

---

L'exécution est alors poursuivie aux risques du créancier, à charge pour celui-ci, si le titre est ultérieurement modifié, de réparer intégralement le préjudice causé par cette exécution sans qu'il y ait lieu de relever de faute de sa part ».

[1] Dans même sens : A. Ouattara, *La législation ivoirienne sur les défenses à exécution provisoire à l'épreuve du droit communautaire de l'OHADA relatif aux voies d'exécution : survivance ou extinction ?*, OHADATA D-07-05. Cet auteur écrit fort opportunément, que « l'expression *poursuivie* doit être entendue au sens de entreprendre ou mettre en œuvre ». En conséquence, il est curieux que ce soit « la connotation littéraire qui ait retenu la perspicacité des juges suprêmes ».

[2] V. notamment : CCJA, arrêt n°1/2006 du *9 mars 2006*, OHADATA, J-07-08. Dans cette affaire, la Haute juridiction a cassé une ordonnance du Premier Président de la Cour d'Appel d'Abidjan qui avait suspendu l'exécution de deux saisies-attribution. Dans le même sens : CCJA, arrêt n°8/2006 du *9 mars 2006*, OHADATA, J-07-15 La doctrine a pourtant relevé les dangers de la continuation d'une exécution. Entre autres, M. Diallo écrit qu'il « y a lieu de s'interroger lorsque l'exécution est de nature à troubler l'ordre public ou à entraîner un préjudice irréparable dans un Etat partie », notamment lorsque l'exécution place le débiteur dans une situation désespérée qui ne lui laisse aucun espoir d'être remboursé un jour. Cf., Diallo, *La CCJA et le contentieux des actes uniformes*, Penant, n°850/2005, p. 22.

[3] Voir pour la confirmation de cette orientation jurisprudentielle : CCJA, arrêt n°1/2005 du *21 janv. 2005*, CS c/Société Chronopost International Côte d'ivoire, Penant, n°852/2005, p. 409, note B. Diallo.

Uniformes impose des limites. D'où la nécessité de rechercher des solutions définitives.

2. La mutation du droit d'évocation de la CCJA

38. Tel qu'il est actuellement organisé par le droit OHADA, le droit d'évocation de la CCJA crée autant de problème qu'il en résout[1], car il prive les plaideurs de certains avantages dont ils auraient bénéficié s'il y avait eu renvoi devant une autre juridiction. En effet, la cassation remet les parties au même et semblable état où elles étaient, tout au moins sur les points qu'elle a concerné. Par conséquent, devant la juridiction de renvoi, il s'ouvre un nouveau procès véritable et dynamique. Dans cette logique, les juges peuvent tenir compte de faits postérieurs à l'arrêt de cassation si ceux-ci sont de nature à infléchir le cours du procès, les plaideurs peuvent présenter des arguments nouveaux ou de nouvelles preuves[2], une partie peut même former un appel incident[3]. Au contraire, le droit d'évocation de la CCJA comme toute évocation, « fige le procès »[4]. En effet, « on imagine mal la CCJA convoquant à nouveau les plaideurs après cassation pour leur offrir la possibilité de soulever des moyens de fait et de droit ou des moyens de fait qu'elle leur a précédemment refusés »[5]. Pendant l'instance qui s'ouvre après évocation par la Haute Cour communautaire, les parties ne sont pas mises à même de bénéficier des avantages qu'ils auraient eu devant une juridiction de renvoi[6]. Cela se justifie pleinement : la CCJA n'est pas, à l'origine, saisie

---

[1] Le droit d'évocation est pourtant connu de certaines juridictions nationales de cassation. Il en est ainsi de la Cour suprême du Cameroun qui connaît ce pouvoir en matière pénale (article 510 et 527 du Code de procédure pénale issu de la loi n°2005/007 du 27 juillet 2005 qui est entré en vigueur le 1er août 2006) et de la Cour suprême de Côte d'ivoire (article 28, loi n°97-243 du 25 avril 1997, citée par A. Assi, E. Assepo Assi, in *La Cour commune de justice et d'arbitrage de l'OHADA, un troisième degré de juridiction* ? RIDC, n°4-2005, OHADATA, D-06-23).

[2] V. en ce sens, art. 632, NCPC français.

[3] Dans le même sens : B. Diallo et A.F. Tjouen, obs. préc.

[4] Cf. J.Héron *Droit judiciaire privé*, 3ème éd. par T. Lebars, op.cit., n°730, p. 582.

[5] B. Diallo, *Réflexions sur le pouvoir d'évocation de la CCJA*, préc.

[6] La Cour de justice des communautés européennes dispose de pouvoirs plus étendus que la CCJA, dans l'instruction des affaires qui lui sont soumises. En effet, selon l'article 243 du Traité instituant l'Union Européenne, elle peut ordonner dans les affaires dont elle est saisie, des mesures provisoires. Dans la même logique, son statut lui donne la possibilité de demander aux parties, aux Etats et institutions même non parties au procès de lui fournir tout document qu'elle estime utile pour sa religion

des faits. Le pourvoi qui lui déferre le procès n'a pas pour objet de l'amener à évoquer, c'est-à-dire en fait, à statuer sur le fond. Il l'invite simplement à vérifier que le droit uniforme a fait l'objet d'une exacte application par la juridiction nationale ayant statué en dernier ressort[1]. Comme corollaire, c'est l'évocation postérieure à la cassation qui l'entraîne sur le terrain du fait. Or on l'a déjà vu, les faits ne sont pas visés[2] dans le pourvoi qui saisit la juridiction supranationale. Son analyse est alors nécessairement insuffisante.

39. Pour corriger ces injustices, deux pistes peuvent être explorées. D'abord, on peut légitimement penser à considérer la CCJA statuant sur évocation, comme juridiction de renvoi de ses propres décisions. Dans ces conditions, elle devrait pouvoir reprendre les moyens mélangés de fait et de droit[3], qu'elle avait rejetés dans la décision cassée[4]. Mais, si la cassation est totale, pourquoi ne pas admettre qu'elle statue en tant que véritable juridiction de renvoi, c'est-à-dire qu'elle prenne en compte tous les moyens nouveaux ou anciens, de fait et de droit, dans la mesure où il pourrait fort bien exister des cas où certains faits auraient été négligés, qui auraient pu conduire à modifier la décision de la juridiction de fond[5] ?

(article 24), d'ordonner des expertises ou de faire comparaître des témoins (art. 25 et 26), etc.

[1] C'est d'ailleurs pour cette raison qu'elle rejette les pourvois mélangés de fait et de droit : CCJA, arrêt n°32/2004 du *04 nov. 2004*, Sté Eburnea c/Cie Les Tisserins Satca, cité par B. Diallo, art. préc.

[2] Il est vrai, pour la doctrine unanime, la Cour de régulation ne peut ni se passer, ni se dispenser de connaître des faits. D'ailleurs, la dénaturation des faits entraîne une fausse application de la loi en ce sens que celle-ci est appliquée à une situation qu'elle n'aurait pas dû régir. Cf. J. Héron et T. Le Bars, Droit judiciaire privé, n°795, p. 611. allant dans le même sens, un auteur écrit que : « la règle de droit n'a de sens que dans sa confrontation au fait. Or, précisément, le rôle de la Cour de cassation est d'exprimer le sens de la loi, ce qu'elle ne peut faire que par référence à des faits ». cf. J.-L. Aubert, *Le fait et la Cour de cassation*, Mélanges Simler, Dalloz-Litec, 2006, p. 843.

[3] Les moyens de pur fait demeurent irrecevables, dans la mesure où la CCJA étant avant tout une juridiction suprême, elle a pour mission première d'assurer l'unité de la jurisprudence communautaire et de veiller à la bonne application des règles de l'OHADA par les tribunaux et les cours d'appel des Etats parties.

[4] B. Diallo et A.F. Tjouen, obs. préc.

[5] Il est vrai, cette solution présente l'inconvénient d'amener la CCJA à se départir de sa nature originelle de juridiction de cassation, ce qui semble difficile à réaliser.

Une seconde piste consiste à restituer à l'évocation de la CCJA, le caractère facultatif qui est traditionnellement attribué à cette technique processuelle. De la sorte, la CCJA n'étant plus contrainte d'évoquer après une cassation appréciera au cas par cas, en ayant pour seul critère de décision le souci d'une bonne administration de la justice, et n'évoquera que lorsque l'affaire est en état de recevoir un jugement définitif. Dans les cas impliquant une application du droit uniforme et du droit national par exemple, elle s'assurera au préalable, que les faits de l'espèce sont suffisamment clairs pour ne pas la conduire à empiéter dans l'interprétation du droit non harmonisé. Et, du moment où la prise en compte de ce dernier est nécessaire pour le jugement de l'affaire, elle rendra « un arrêt de cassation avec renvoi devant une autre juridiction ou la même juridiction à l'origine de la décision attaquée, mais cette fois-ci, cette juridiction de renvoi (aura) compétence liée pour trancher le litige dans le sens souhaité par la CCJA »[1]. La solution présente des avantages certains. Notamment, elle préserve le domaine de compétence des juridictions nationales de cassation en même temps que celui de la CCJA. En retour, elle oblige la CCJA à confier aux juridictions nationales, le pouvoir, fût-il encadré, de mettre un terme définitif à la frange des litiges de droit des affaires dans laquelle le droit communautaire est connexe au droit national. Or il est constant, que la CCJA a été crée dans l'optique de régenter tous les litiges dans lesquels est impliqué le droit communautaire. Le droit d'évocation ne constitue donc pas une solution satisfaisante, tout comme celle du renvoi préjudiciel.

3. Le renvoi préjudiciel

40. La technique du renvoi préjudiciel[2] est celle retenue pour plusieurs juridictions à caractère communautaire. Il en est ainsi, pour les Cours de justice de l'UEMOA et de la CEMAC. Cette technique consiste à dire que toutes les fois où une juridiction nationale ou une autorité nationale à caractère juridictionnel, en particulier lorsque cette juridiction statue en dernier ressort, est appelée à connaître d'un litige impliquant des questions de droit régional, qu'elle sursoie à statuer et interroge la

---

[1] B. Diallo, *Réflexions sur le pouvoir d'évocation de la CCJA*, préc..

[2] Le renvoi préjudiciel est, selon une note informative publiée par la Cour de Justice des Communautés Européenne (in Journal officielle de l'Union Européenne, n°C143/1), « un mécanisme qui a pour objet, de fournir aux juridictions nationales le moyen d'assurer une interprétation et une application uniformes (du droit de l'Union Européenne) dans tous les Etats membres ».

Cour de justice communautaire pour l'interprétation de ce droit. Par la suite, la Cour, en répondant à la question la mettra à même d'appliquer correctement le droit communautaire au litige soumis à son jugement. Dans cette logique, « les interprétations formulées par la cour dans le cadre de la procédure de recours préjudiciel s'imposent à toutes les autorités administratives et juridictionnelles des Etats membres »[1]. Cela signifie que la solution donnée par la Cour est générale et abstraite, sinon, elle ne pourrait valoir pour les autres juridictions nationales des Etats membres saisies de faits identiques[2].

41. La même solution a été retenue pour la Cour de justice des communautés européennes. Selon l'article 234 du traité instituant la Communauté européenne, cette Cour *peut* être saisie lorsqu'une question est soulevée devant une juridiction d'un des États membres de la Communauté, concernant l'interprétation du droit communautaire, si la juridiction qui connaît du litige estime qu'une décision sur ce point est nécessaire pour rendre son jugement. En d'autres termes, au stade des juridictions du fond, la saisine de Cour n'est pas obligatoire[3]. Elle le devient « lorsqu'une telle question est soulevée dans une affaire pendante devant une juridiction nationale dont les décisions ne sont pas susceptibles d'un recours juridictionnel de droit interne »[4]. Une fois l'interprétation obtenue de la Cour, la juridiction ayant posé la question

---

[1] Art. 13, Protocole additionnel n° 1 relatif aux organes de contrôle de l'UEMOA. Les articles 17 et 18 de la Convention CEMAC sur la Cour de Justice reprennent en substance les dispositions de l'UEMOA relatives au renvoi préjudiciel.

[2] D'après l'article 13 du protocole additionnel de l'UEMOA précité, l'inobservation des interprétations donnée par la cour régionale de justice peut donner lieu à « un recours en manquement ». Devant la CJCE, ce recours est une procédure (définie aux articles 226, 227 et 228 du Traité instituant la Communauté européenne) qui permet à la juridiction communautaire, sur saisine de la Commission européenne ou de tout État membre, de sanctionner un État membre accusé de manquer à ses obligations découlant des traités ou du droit dérivé de l'Union. Si le manquement est constaté par la Cour, l'État incriminé a l'obligation de prendre les mesures adéquates pour y remédier. Le juge communautaire peut également infliger une amende à l'État récalcitrant.

[3] Selon le point 13 de la note informative sus-citée, lorsque la décision de la juridiction saisie reste susceptible de recours, celle-ci peut, lorsqu'elle estime qu'elle est suffisamment éclairée par la jurisprudence de la Cour, décider d'interpréter elle-même de façon correcte le droit communautaire et l'appliquer à la situation factuelle qu'elle constate.

[4] Art. 234, al. 3 in fine, du Traité instituant l'Union Européenne.

préjudicielle l'applique aux faits de l'espèce, et le cas échéant, « en écartant l'application de la règle nationale »[1].

42. Pour certains auteurs africains, cette solution aurait dû inspirer le législateur de l'OHADA. M. Diallo[2] estime par exemple, que ce renvoi se serait alors effectué en trois étapes :

1- le juge national décide de surseoir à statuer et de renvoyer la question de l'interprétation à la CCJA

2- saisie de la question, la CCJA qui garde sa compétence exclusive dit le droit

3- le juge national en fait application au litige et rend une décision qui éteint le contentieux

43. La solution est séduisante. Si elle était assortie d'un mécanisme de contrainte pour obliger les juridictions nationales de cassation à l'obéissance et d'un pourvoi dans l'intérêt de la loi en cas d'inobservation du droit communautaire tel que compris par la Cour régionale, elle constituerait le modèle type qui respecte à la fois la souveraineté des Etats et la suprématie du droit et de la juridiction communautaire.

44. Mais, elle présente au moins deux inconvénients. D'une part, tout, dans l'esprit du droit OHADA, porte à croire que la création d'une Cour commune avait pour objectif d'assurer une parfaite unité de jurisprudence[3]. Selon toute vraisemblance, il s'agissait de s'assurer que des faits identiques conduiraient à une jurisprudence identique en tous points. L'institution du pouvoir d'évocation constitue la meilleure illustration de cet objectif. Par conséquent, il est aujourd'hui impensable d'amener la CCJA à se cantonner au simple rôle de juridiction d'interprétation de la loi, sans pouvoir direct de cassation et d'évocation des affaires qui lui sont soumises. Il en résulte, d'autre part, que la solution, parce qu'elle ne cadre avec aucun aspect du droit positif OHADA, invite à une profonde révision de la philosophie que les

---

[1] Cf. point n°6 de la note informative préc.

[2] B. Diallo, note sous, CCJA, arrêt n°31 du *04 nov. 2004*, Penant 852/2005, p. 382

[3] En ce sens : J. Lohoues-Oble, note sous l'article 14 du Traité OHADA, in *Code annoté OHADA,* Juriscope, 2ème éd., 2002, p. 44. ; T.G. de Lafond, *Le traité relatif à l'harmonisation du droit des affaires en Afrique*, Gaz Pal, 20-21 septembre 1995, p. 2. Cet auteur précise qu' » un droit uniforme appelle une jurisprudence uniforme ».

rédacteurs de l'OHADA se faisaient de la jurisprudence communautaire et qu'ils ont traduite dans les textes.

Il semble plutôt qu'il faut envisager un renvoi en sens inverse à celui jusqu'ici proposé par la doctrine.

B- Une relecture des dispositions organisant le pourvoi en cassation devant la CCJA

45. La solution au conflit de compétences entre les cours suprêmes nationales et la CCJA doit pouvoir respecter l'étanchéité entre les domaines respectifs des deux catégories de juridictions. En même temps, le réalisme commande qu'elle ne prône pas une remise en cause fondamentale de la législation actuelle. Pour y parvenir, il faudrait sans doute, tenter une exploitation optimale du système en vigueur, en particulier les articles 14 et suivants du traité OHADA.

46. En effet, ces dispositions relatives à la compétence de la CCJA et au pourvoi en cassation devant cette juridiction font recours à une formule révélatrice qui mériterait sans doute relecture. Ainsi, l'article 14, alinéa 3 du Traité attribue la compétence à la Haute juridiction « dans toutes les affaires *soulevant* des questions relatives à l'application des Actes uniformes et des Règlements prévus au (...) traité ». La même formule revient à l'article 15 consacré aux modalités de la saisine de la CCJA. Une relecture de ces textes ne permet-elle pas de penser *qu'il faut et il suffit qu'une affaire « soulève »* des questions de droit uniforme pour relever de la compétence exclusive de la Cour ? En d'autres termes, dès lors qu'une affaire met en cause le droit uniforme, elle devrait être déférée devant la CCJA et seulement devant elle. Cela signifie avant tout, que les parties sont tenues de diriger leurs pourvois vers la juridiction communautaire.

Si effectivement, le demandeur au pourvoi porte celui-ci devant cette juridiction, le défendeur pourra toujours utiliser le déclinatoire de compétence de l'article 17 du traité. En vertu de celui-ci, l'incompétence manifeste de la CCJA peut être soulevée d'office ou par l'une des parties, *in limine litis*. D'abord, il convient de relever que rien ne s'oppose à ce que ce déclinatoire de compétence ne soit que partiel et ne concerne que le droit national de l'Etat dont les juridictions ont fourni le litige. Ensuite, une interprétation favorable aux parties peut signifier que si cette incompétence n'est pas « manifeste », elle peut être soulevée en tout état de cause et non plus *in limine litis*. Par exemple, en cas de connexité des droits appliqués au litige, un plaideur saisit la CCJA en raison de ce que le litige soulève des questions de droit OHADA. A l'ouverture des débats, toutes les parties, de bonne foi, reconnaissent la compétence de cette juridiction. Mais, pendant le déroulement de ceux-ci, elles réalisent que la ou l'une des questions qui focalise(nt) le débat est ou sont celle(s) de droit national et que celle(s) de droit communautaire ne soulève(nt) aucune difficulté. Elles seraient alors admises à soulever l'incompétence partielle de la CCJA et son dessaisissement sur les points de droit national au profit de la Cour suprême nationale.

Si, en revanche, les parties saisissent leur juridiction nationale de cassation, celle-ci *doit,* au sens impératif de ce verbe, renvoyer en vertu de l'article 15 in fine, du Traité. La spécificité de ce renvoi serait qu'il ne se limite pas aux aspects de droit uniforme, mais s'étend, au contraire, à l'ensemble du litige. En effet, il est clair que la juridiction nationale de cassation ne devrait pas, dans le cadre de ce renvoi, filtrer de son propre chef, les points sur lesquels elle doit renvoyer l'affaire à la CCJA, dès lors que le litige « soulève » des questions de droit uniforme. Elle doit transférer la totalité du litige à cette dernière, qui bénéficie d'une compétence exclusive pour tout litige impliquant des questions de droit OHADA. Saisie du litige et jouissant du pouvoir de définir son propre domaine de compétence[1], elle discriminera les points du droit national qui, parce qu'ils sont susceptibles d'influer sur l'issue du litige, doivent être de nouveau renvoyés à la sagacité des juridictions nationales de cassation[2].

Si la Cour suprême nationale s'abstient de renvoyer d'office, une partie pourra toujours soulever l'exception d'incompétence prévue à l'article 18 du Traité. Si elle statue malgré le déclinatoire de compétence soulevé devant elle ou si, en l'absence d'un tel déclinatoire, elle statue, sa décision peut être déférée à la CCJA dans les deux mois de la notification pour annulation conformément au même article 18.

---

[1] Il convient de le rappeler, la CCJA est seule compétente pour définir son domaine de compétence par rapport à celui des juridictions nationales de cassation. Elle est ainsi juge et partie des conflits de compétence. Dans le même sens : B. Diallo, note préc.

[2] Dans une affaire dans laquelle la Cour suprême de Côte d'Ivoire s'était déclarée incompétente la CCJA, a, à son tour, reconnue son incompétence et renvoyé à la cour suprême nationale : CCJA, arrêt n°004/2003 du *27 mars 2003*, Recueil de jurisprudence de la CCJA, n°1, janv.-juin 2003, p.10.

47. La solution présente sans doute, l'inconvénient de créer des renvois croisés entre la juridiction nationale de cassation et la CCJA. Pourtant, elle est d'un réalisme certain. D'une part, elle a le mérite de ne pas remettre fondamentalement en cause le système. D'autre part, en procédant à un renvoi préjudiciel aux juridictions nationales de cassation, elle fournit un mécanisme de contribution[1] à la clarification des données juridiques du litige tout en conservant la suprématie de la CCJA, chargée de le trancher définitivement. D'ailleurs, elle a déjà un embryon dans la jurisprudence de la CCJA qui a sursis à statuer pour renvoyer en interprétation à la Cour suprême de Côte d'ivoire, deux de ses décisions qui présentaient des contrariétés[2].

L'illustration n'est sans doute pas parfaite en ce que l'application simultanée du droit national et du droit uniforme ne présentaient aucune connexité. Mais, elle a au moins le mérite de démontrer que la Cour communautaire peut admettre un sursis à statuer, renvoyer à une juridiction nationale de cassation précédemment saisie et vider sa saisine ultérieurement, en contemplation de la décision rendue par cette juridiction.

48. Il ne resterait qu'à imaginer une technique pour contourner la résistance des juges suprêmes nationaux et obvier aux aspects pernicieux du système actuel. Cette technique ne serait autre qu'un pourvoi dans l'intérêt de la loi[3]. Celui-ci interviendrait toutes les fois où la saisine de la

---

[1] V. Prônant la mise en place de moyens « de faire entrer les cours suprêmes des Etats parties dans le mécanisme de l'OHADA, (afin) de s'assurer leur pleine collaboration » : B. Diallo, *La CCJA et le contentieux des Actes Uniformes*, Penant, N°850/2005, p. 22.

[2] Cf. CCJA, arrêt n°021/2002, du *26 déc. 2002*, Recueil de jurisprudence OHADA, n°1, 2003, p. 65.

[3] Dans le même sens : J. Issa Sayegh, *La fonction juridictionnelle de la CCJA*, préc. ; F. Anoukaha, *La délimitation de la compétence entre la Cour commune de Justice et d'Arbitrage et le Cours suprêmes nationales en matière de recouvrement des créances*, préc.

D'autres mesures complémentaires peuvent être envisagées afin de clarifier le domaine de compétence de la CCJA. Il en est ainsi de la définition des cas d'ouverture à la cassation devant cette juridiction. Pour l'instant l'on sait, simplement par élimination, qu'elle se déclare incompétente pour connaître de certaines catégories de décisions. Il en est ainsi des décisions n'impliquant nullement l'application d'un Acte uniforme (par ex. : CCJA, ord. n°002/2000/CCJA, du *26 avril 2000*, dans laquelle la Haute juridiction communautaire rejette un pourvoi au motif que le requérant n'a invoqué à l'appui de son recours aucun moyen tiré de l'interprétation ou de l'application d'un Acte uniforme de l'OHADA ou d'un règlement prévu au traité), et des décisions ayant pour objet

CCJA a été éludée par conviction qu'elle était incompétente ou par collusion[1], lorsque les parties ont omis de soulever l'incompétence de la juridiction nationale de cassation devant elle et lorsqu'aucune partie ne s'est pourvue en cassation devant la CCJA alors même qu'une décision rendue en dernier ressort a mal interprété une règle de droit uniforme. Cette technique serait également utilisée lorsque, saisie d'un pourvoi, la juridiction nationale de cassation n'a pas procédé au renvoi, malgré un déclinatoire d'incompétence soulevé par un des plaideurs qui s'est ensuite abstenu de saisir la CCJA[2]

« d'empêcher qu'une exécution forcée puisse être entreprise ». Cette dernière formule inaugurée par les arrêts n° 12, 13 et 14/2003, du 19 juin 2003 (préc.) devient récurrente. Elle est souvent complétée par le rappel des arrêts qui pour la CCJA relèvent de son domaine de compétence. Il s'agit de ceux « ayant pour objet de suspendre une exécution forcée déjà engagée ».
On sait encore, qu'elle se déclare compétente, comme les juridictions nationales de cassation, lorsque la décision qui lui est soumise manque de base légale. En effet, selon la CCJA « encourt cassation pour manque de base légale l'ordonnance du premier président de la Cour d'appel qui se borne à dire que le jugement non assorti de l'exécution provisoire bien que constitutif d'un titre exécutoire en ce qu'il comporte la formule exécutoire, n'est cependant pas un titre exécutoire par provision. Dès lors, c'est par méprise que la demanderesse a entrepris d'exécuter le jugement dont elle est bénéficiaire, l'appel dont elle se trouve frappé étant suspensif » alors que ladite exécution était poursuivie en vertu d'un jugement contradictoire revêtu de la formule exécutoire après production d'un certificat de non appel émanant du greffier du tribunal » : CCJA, arrêt n°003/2003, Recueil de Jurisprudence de la CCJA, *Janv-Juin 2003*, p. 41. Mais, positivement, nul ne peut énumérer les décisions dont elle connaît : cf. J. Issa sayegh, *Introduction au traité et aux actes uniformes OHADA, OHADATA* D-02-17, sp. p.15 ; même les décisions rendues en dernier ressort non- susceptibles d'appel qui lui sont dévolues par l'article 14, alinéa 4, ne constituent plus une certitude par rapport à la question de sa compétence pour en connaître. Cf. B. Diallo, *La CCJA et le contentieux des Actes Uniformes*, Penant, N°850/2005, p. 22.

[1] Plusieurs auteurs ont relevé ce risque de collusion entre les parties : P.-G. Pougoué, P.-G. Pougoué, *Présentation générale et procédure en OHADA*, PUA, Yaoundé, 1998, p. 15 ; J. Issa Sayegh, *Conflit entre droit communautaire et droit régional dans l'espace OHADA*, OHADATA, D-06-05.

[2] Le Pr. Anoukaha, (art. préc.), propose que le pouvoir de saisir la CCJA dans le cadre de ce pourvoi soit confié aux parquets généraux près les Cours suprêmes. Mais, cette solution n'est pas parfaite. Il est difficile d'imaginer que les parquets généraux des Cours suprêmes critiquent de façon systématique les erreurs d'appréciation de leurs propres juridictions devant la juridiction supranationale. Faut-il plutôt penser à un parquet général près la CCJA qui serait saisi par la partie plus diligente ?

CONCLUSION

49. Dans la mythologie, un seul David a eu raison de Goliath. Dans cet esprit, on pourrait croire que la Cour Commune de Justice et d'Arbitrage de l'OHADA est condamnée à perdre la bataille contre les juridictions nationales de cassation.

La réalité juridique est différente. En effet, le combat est bien engagé ainsi qu'il est déjà apparu avec certains litiges. Mais, en attendant le dernier coup de gong, aucun pronostic ne doit être fait en défaveur de la CCJA, compte tenu de la valeur supranationale du droit OHADA.

D'ailleurs, toutes les propositions de solution jusqu'ici avancées par la doctrine, si elles tentent de préserver les domaines des Cours suprêmes nationales, s'abstiennent d'amoindrir celui de la juridiction communautaire. Mais, pour la plupart, elles présentent l'inconvénient d'inviter à une remise en cause profonde de la philosophie juridictionnelle que se sont faits les rédacteurs des textes de l'OHADA. Par conséquent, leur aboutissement est peu probable et d'ailleurs inutile. En partant de l'idée que les textes de l'OHADA ne peuvent avoir ignoré cette importante question, on devrait, plus simplement, tenter une relecture dynamique des dispositions organisant le pourvoi en cassation.

REGARD SUR L'EMERGENCE D'UN DROIT PENAL DES AFFAIRES EN AFRIQUE : LE CAS DU DROIT PENAL OHADA

par

Spener YAWAGA

Chargé de Cours de Droit privé
Directeur des affaires académiques et de la coopération
Université de Maroua (Cameroun)

1. Traiter de l'émergence d'un droit pénal des affaires[1] en Afrique est une œuvre délicate, car conduisant à formuler des réponses à plusieurs questions à la fois. Elle nous conduit d'abord à nous interroger sur l'opportunité même d'un droit pénal des affaires.

Faut-il en effet parler d'un droit pénal des affaires ? Si oui pourquoi et pour qui ? Ces questions nous semblent importantes pour cette réflexion, étant donné que les personnes auxquelles ce droit pénal aurait vocation à s'appliquer font partie de notre société. On se demande en fait s'il faut, pour ces personnes, un droit pénal très spécial. Si tel est le cas, le droit pénal dont il sera question est-il un droit pénal des hommes d'affaires et par conséquent applicable uniquement à eux, ou alors un droit pénal des activités commerciales.

2. Là encore, la réponse ne semble pas aisée, étant donné qu'ici, se trouve souvent rappelée l'idée selon laquelle « les affaires c'est les affaires », donc une sorte de non droit[2]. Cette affirmation a eu pour

---

[1] Indiquons ici que l'expression Droit pénal des affaires est récente et imprécise. Ce fut en effet dans les années 1960 que le poids de l'environnement juridique a conduit la science moderne à concevoir un droit des affaires et à le substituer à l'ancien droit commercial. Du même coup s'est affirmé un droit pénal des affaires, à l'édification duquel les manuels de J. Larguier *(Droit pénal des affaires,* Paris, A. Colin 1970) et de M. Delmas-Marty (*Droit pénal des affaires,* Puf. 1973) ont apporté une contribution décisive. Sur cette évolution, J-M. Augustin, *Introduction historique au droit pénal des affaires*, Rev. Pénitentiaire, 2002, pp. 7 et suiv.

[2] J. Larguier et Ph. Conté, *Droit pénal des affaires,* 9e éd. n°1.

conséquence d'installer la doctrine dans un doute en ce qui concerne la politique criminelle à retenir en ce domaine[1].

Tout en admettant la tolérance qui domine l'appréhension des comportements humains en droit des affaires, il convient d'indiquer, et ceci surtout pour rassurer ceux qui craignent l'envahissement du domaine des affaires par le droit pénal que le droit, de manière générale, et particulièrement le droit pénal, n'est pas seulement contrôle, contrainte, gêne, menace et sanction ; il est aussi protection, guide, assurance, défense, sécurité.

3. L'on constatera d'ailleurs, et c'est généralement le cas en matière de consultation, que les mêmes hommes d'affaires, excédés par le poids de la législation et surtout par la menace de la sanction pénale sont facilement portés à qualifier d'infractionnelle, l'activité de tel concurrent : position contradictoire et deux fois excessive (mais ce n'est pas seulement en droit des affaires que chacun aspire pour les autres à un droit de fer, et pour soi à un droit d'osier)[2].

Cette réflexion s'adresse donc aux éventuels coupables pour les mettre en garde contre ce qu'ils ne doivent pas faire, ou alors et selon les cas, à les pousser à faire ce qu'ils doivent faire. Elle s'adresse aussi aux éventuelles victimes afin de leur permettre d'éviter certaines situations dans lesquelles la vie des affaires peut les conduire ; autrement dit pour les prévenir de ce qui les menace, et de leur donner les moyens, si elles les recherchent, d'obtenir le secours du droit et de la justice.

4. Pour ce qui est de la consistance de la matière, on a coutume de rappeler la dualité des modes d'expression du droit pénal des affaires.

En effet, l'étude de la multitude des textes existant en ce domaine conduit à constater que ceux-ci n'expriment pas tous avec la même intensité, cette branche du droit pénal en plein essor. On observe avec

---

[1] Sur ces hésitations, lire : M-A. Frison-Roche (Sous la direction de :) *Les enjeux de la pénalisation de la vie économique*, D. 1997, C. Fried, *Libéralisme et droit pénal, in, Les enjeux de la pénalisation de la vie économique,* op.cit. p. 101 et suiv. ; B. Bouloc, *L'influence du droit communautaire sur le Droit pénal interne,* Mélanges, G. Levasseur, 1992, pp. 103 et suiv. Sur l'influence de ces hésitations sur les réformes intervenues dans les législations des pays d'Afrique, V. A. Foko, *Analyse critique de quelques aspects du droit pénal OHADA*, Penant, n°859, pp. 193 et suiv.
[2] J. Larguier et Ph. Conté, op. cit. p3, n°1.

Wilfrid Jeandidier que la sanction du comportement des malhonnêtes en affaires passe par deux types d'incriminations.

5. Une première forme de la répression se fait par le canal d'incriminations qui ne sont pas spécifiques au domaine concerné, mais générales. Leur souplesse a permis à la jurisprudence de les adapter avec plus ou moins de bonheur à la vie des affaires. C'est pour désigner les incriminations rentrant dans cette catégorie que la doctrine a employé l'expression *« droit pénal des affaires en surimpression »*.

6. Une deuxième forme de la réaction sociale que l'on désigne par le vocable *« droit pénal en impression directe »*, emprunte cette fois, une voie qui lui est propre, le droit pénal des affaires élaborant alors ses qualifications[1].

Revenant aux incriminations de la première catégorie, l'on doit rappeler l'inadéquation du droit pénal classique en matière de délinquance des affaires. Cette inadaptation résulte sans doute du fait que le législateur, mais surtout la jurisprudence se sont souvent bornés à transposer, dans ce domaine particulier, les dispositions de droit commun. Or il aurait été préférable d'innover, car on ne réprime pas de la même manière les infractions classiques contre les biens et les infractions commises dans la vie des affaires[2]. Cette inadaptation se manifeste principalement de trois manières.

7. Tout d'abord les infractions d'affaires sont de plus en plus différentes des infractions de droit commun. Certes, à l'origine les délinquants d'affaires commettaient principalement les infractions portant atteintes aux biens. C'est par exemple le cas des infractions de vol qui, du fait de l'admission de la notion de soustraction par maniement juridique, reçoit souvent une application trop extensive.

Il en est de même des infractions d'escroquerie qui ont souvent été utilisées pour sanctionner les multiples formes de faux et manœuvres perpétrées dans le monde des affaires puis de l'abus de confiances. L'on constatera d'ailleurs à travers l'analyse que nous ferrons de certaines infractions, notamment de l'abus de biens sociaux et de crédit que les infractions du droit pénal OHADA sont simplement venues compléter, en

---

[1] W. Jeandidier, *Droit pénal des affaires,* 2e éd., p. 1, n°1.
[2] Y. Guyon, *De l'inefficacité du droit pénal des affaires,* Pouvoirs-55, 1990, pp. 41 et suiv. (Précisément p. 44).

ce qui concerne le Cameroun, les incriminations des articles 318 et suivants du CP.

8. Ensuite, si l'on a pu appliquer ces incriminations au monde des affaires, c'est en réalité par un forçage des dispositions du code pénal. Cette situation est anormale, étant donné le principe de la légalité criminelle et ses corollaires, plus précisément l'exigence d'une interprétation stricte qui conduira à constater les limites des incriminations de la première catégorie. C'est de là qu'est venue l'idée de recourir à des textes spéciaux en ce domaine.

9. Notons enfin que, émanant de chaque pays, étant donné que le droit pénal compte parmi les éléments de souveraineté des Etats[1], ces textes ne devraient pas tarder à montrer leurs limites, notamment du fait du caractère transfrontalier des comportements à sanctionner.

Le constat est donc clair, il faut un droit pénal très spécial des affaires qui tiendrait compte non seulement de la spécialité des comportements visés[2], mais aussi du caractère transfrontalier de la délinquance en ce domaine[3].

10. Pour mieux tirer les conséquences résultant d'un tel constat, il convenait de recourir à une construction juridique regroupant plusieurs Etats. De la sorte, le droit OHADA qui poursuivait cet objectif ne pouvait que se doubler d'un aspect renvoyant au droit pénal. Ayant harmonisé les textes en droit civil des affaires, il convenait également de procéder de la même façon en droit pénal. C'est donc ainsi que les techniques juridiques de gestion de l'espace ont pu intégrer le Droit pénal.

11. La gestion de l'espace africain par le système de regroupement à travers l'uniformisation du droit n'est d'ailleurs pas nouvelle. A certains égards, il est même permis de dire que l'Afrique fut le premer continent à recourir à l'unification ou à la communautarisation de son droit. Cette technique fut d'abord l'œuvre des puissances coloniales. C'est ainsi

---

[1] Sur cette question, V. M.Masse, *La souveraineté pénale, D. 1999, chr. 905*

[2] G. Accomando et A. Benech, *La spécialisation de la justice pénale en matière économique et financière*, Rev. Pénitentiaire, 2000, pp. 52 et suiv. ; M-A. Frison-Roche, J-C Marin et Cl. Nocquet (Sous la direction de :) *La justice pénale face à la délinquance économique et financière,* D. 2001.

[3] Sur le caractère transfrontalier de la criminalité d'affaires, V. Paolo Bernasconi, *La criminalité transfrontalière : sophistications financières et faiblesse judiciaires*, Cahiers de la sécurité intérieure, n° 19, 1995, pp. 126-132.

qu'une grande partie du droit français fut transposé aux ex-colonies françaises et pays sous-mandats, tout comme le système de la *Common law* fut appliqué aux anciennes colonies britanniques. Cette approche avait conduit à une forme de « balkanisation juridique », les pays d'Afrique appliquant chacun le droit de la puissance colonisatrice[1]. Autrement dit, cette extension législative avait conduit à une certaine harmonisation du droit des pays concernés.

12. Après les indépendances, la plupart de ces pays avaient conservé ce droit tel quel, sans réellement l'adapter à l'évolution de la situation économique. Il deviendra par la suite obsolète[2]. Une mise à jour s'imposait donc et, nombreux sont les pays qui y ont procédés, chacun à sa manière. Cet individualisme eut pour conséquence de multiplier les règles de Droit des affaires en Afrique, obligeant ainsi les investisseurs à changer de législation toutes les fois qu'ils changeaient de pays, ce qui n'était pas encourageant.

13. C'est alors que fut pensée l'idée d'une gestion commune de l'espace africain par l'unification du droit qui déboucha sur le droit OHADA. Voulant aller jusqu'au bout de cette logique, les Etats parties à cette organisation iront jusqu'à abandonner certains aspects de leur souveraineté. On songea alors à l'idée d'un droit pénal OHADA des affaires, alors que le droit pénal avait, jusque là été considéré comme aspect relevant de la souveraineté de chaque Etat.

Cet abandon était nécessaire, étant donné le génie des délinquants qui les conduit souvent à rechercher les paradis pénaux. Il fallait alors, pour des raisons de sécurité juridique dans l'Espace OHADA, procéder à l'uniformisation, en plus du droit civil des affaires, de son aspect pénal. Une telle approche, si elle venait à aboutir permettrait alors d'imposer dans l'espace OHADA, une éthique commune des affaires dont la méconnaissance serait pénalement sanctionnée.

14. Une décennie après l'entrée en vigueur de ce droit OHADA, on constate que le débat en terme d'opportunité d'une telle vision continue

---

[1] Kéba Mbaye, *L'Histoire et les objectifs de l'OHADA*, Les petites affiches, n°205, oct. 2004, pp. 4 et suiv. ; Ph. Tiger, *Le droit des affaires en Afrique,* Coll. Que sais-je p. 11 ; P.G Pougoué et Y. Kalieu, *Introduction critique à l'OHADA*, p. 29 (NBP n°21 ou 11 p. 5

[2] J. Paillusseau, *L'Acte Uniforme sur les droits des sociétés*, Les petites affiches, n°205, oct. 2004, pp. 15 et suiv.

et conduit même à s'interroger non seulement sur le bien fondé de la voie choisie pour imposer pénalement une certaine éthique dans le monde des affaires, mais aussi sur les résultats obtenus. Ces interrogations nous paraissent compréhensibles, étant donné les contradictions qui caractérisent la démarche retenue par le législateur OHADA. Ayant recouru aux techniques d'uniformisation et d'harmonisation, les rédacteurs du Traité et des Actes Uniformes subséquents ont curieusement accordé une place non négligeable aux législations internes au point que celles-ci bloquent l'unification projetée et conduisent même au chamboulement de ce qui semblait jusqu'ici acquis en droit pénal. Pour mieux appréhender ce bouleversement (II), il conviendra d'abord d'évoquer ses causes qui peuvent être résumées dans une complémentarité mal organisée entre le droit OHADA et les législations internes (I).

I- UNE COMPLEMENTARITE MAL ORGANISEE

15. Le principal objectif de l'OHADA est de secréter un droit nouveau, adapté au domaine du droit des affaires. L'ancien Secrétaire Permanent soulignait d'ailleurs à cet effet que *« c'est une démarche unificatrice de la règle de droit qui a conduit à la création de l'OHADA »*[1]. Cette idée est confortée par celle d'un auteur célèbre qui souligne l'originalité du droit OHADA en affirmant que *« le phénomène de l'intégration juridique est l'objectif majeur. On ne part plus de l'espace économique intégré pour induire quelques principes juridiques communs, on cherche l'intégration juridique pour faciliter les échanges et les investissements et garantir la sécurité juridique des activités des entreprises »*[2]. Les objectifs ainsi assignés à L'OHADA devraient conduire à la construction d'un véritable droit uniforme pour tous les Etats membres. Mais, la nécessité d'adopter une démarche progressive et de prendre en considération certaines spécificités, surtout que nous nous trouvons dans le cadre d'un droit spécifique, à savoir le droit pénal conduira à ne pas effacer totalement les législations internes. De la sorte,

---

[1] K.L. Johnson, *L'intégration juridique par l'OHADA*, in, Sensibilisation au droit communautaire et à l'intégration dans la zone CEMAC. Actes du séminaire sous-régional, Libreville (Gabon), novembre 2004, éd. GIRAF, 2005, p. 61.

[2] P.-G. Pougoué, *OHADA, Instrument d'intégration juridique,* Revue africaine des sciences juridiques, Vol.2, n°é, 2001, pp. 11 et suiv. Pour une vue générale sur le phénomène de communautarisation et de mondialisation du droit, V. *La mondialisation du droit,* Litec 2000, Travaux du CREDIMI.

les droit nationaux ne seront pas totalement balayés, d'où l'organisation d'un concours entre le droit OHADA et les législations internes que nous qualifions de complémentarité.

16. Restant dans le cadre du droit pénal, il convient de souligner que la notion de concours est souvent invoquée dans le cadre du choix de la qualification à retenir On parlera par exemple de concours ou de cumul réel lorsque l'on se trouve en présence de plusieurs textes renvoyant à une même situation. Ainsi présenté, le concours en ce qui concerne les qualifications ou alors les conflits de lois ne soulève pas de difficulté majeure, étant donné qu'il existe des règles claires permettant de retenir une solution convenable (principe de la spécialité ou de la plus haute expression pénale). Tel n'est cependant pas le cas du concours qu'induit la complémentarité entre le droit OHADA et le droit des pays membres. Loin de se compléter, les différentes sources du droit pénal des affaires dans l'espace OHADA rentrent plutôt en concurrence sans qu'il ne soit possible de trancher de manière satisfaisante les problèmes qui en résultent. On s'éloigne donc de l'unification projetée pour se tourner vers un dédoublement du droit pénal OHADA qui débouche sur un désordre difficile à résoudre (B). La compréhension de ce désordre nécessite cependant que soient présentées ses sources que nous trouverons exprimées à travers le recours à des textes contradictoires (A).

A- Le recours à des dispositions contradictoires : principale source d'une dualité du droit pénal OHADA des affaires

17. Le droit OHADA se veut un droit harmonisateur des différents systèmes juridiques en Afrique. Pour ce faire le législateur a, ainsi que nous l'avons fait observer, préféré les actes uniformes aux Directives. On comprend alors que dans de nombreuses dispositions, le législateur ait fait appel à des formules unificatrices du droit des affaires. Les rédacteurs du Traité et des Actes uniformes ne sont cependant pas restés cohérents dans leur approche. Bien qu'ayant prévu des dispositions favorables à l'unification du droit des affaires (1), ils ont également ouvert des brèches permettant aux Etats qui le désirent d'édicter des normes contraires aux objectifs fixées par le Traité OHADA (2).

1. Les règles favorables à l'harmonisation

18. De nombreuses dispositions du Traité OHADA et des Actes uniformes proclament la volonté des Etats membres d'unifier le droit des affaires en Afrique. Le coup d'envoi de cette vision est d'ailleurs donné dès le premier article du Traité OHADA aux termes duquel : » *Le présent Traité a pour objet l'harmonisation du droit des affaires dans les Etats parties par l'élaboration et l'adoption des règles communes simples, modernes et adaptées à la situation de leurs économies, par la mise en œuvre des procédures judiciaires appropriées, ...* ».

19. Il résulte donc de cet article premier qui vise à préciser l'objet du Traité de Port-Louis que l'une de ses originalités réside dans le dessein d'une harmonisation du droit des affaires[1] et, par voie de conséquence non seulement ses aspects civils, mais aussi ses aspects pénaux. Le premier article n'étant pas suffisamment clair, l'article 2 apportera des précisions supplémentaires en énumérant le domaine d'application dudit Traité en indiquant les huit matières qui entrent dans le champ du droit des affaires visé par le Traité. Ce texte indique en effet que : *« Pour l'application du présent Traité, entrent dans le domaine du droit des affaires, l'ensemble des règles relatives au droit des sociétés et au statut juridique des commerçants, au recouvrement des créances, aux sûretés et aux voies d'exécution, au régime du redressement des entreprises et de la liquidation judiciaire, au droit de l'arbitrage, au droit du travail, au droit comptable au droit de la vente et des transports, et toute autre matière que le Conseil des Ministres déciderait, à l'unanimité, d'y inclure conformément à l'objet du présent Traité et aux dispositions de l'article 8 ci-après ».*

A la lecture de ce texte, il apparaît clairement que le Traité ne distingue pas l'aspect civil de l'aspect pénal des affaires. Il suffit donc que le domaine à régir fasse partie des huit matières énumérées à l'article 2 pour que l'on fasse appel au droit harmonisé.

20. Désireux de conférer une force particulière aux règles ainsi édictées, les rédacteurs du Traité vont prendre des mesures permettant aux Actes Uniformes de développer leurs effets indépendamment de l'attitude des législations nationales qui pourraient prévoir des mesures contraires. C'est cet objectif qui est assigné à l'article 10 du Traité aux termes duquel : « Les actes uniformes sont directement applicables et

---

[1] En ce sens J. Issa-Sayegh et J. Lohoues-Oblé, *Harmonisation du droit des affaires,* Coll. Droit uniforme africain, Bruylant Bruxelles, 2002, p.44 ; J. Lohoues-Oblé, *L'apparition d'un droit international des affaires en Afrique*, Revue internationale de droit comparé, 3, 1999, pp. 543 et suiv.

obligatoires dans les Etats Parties nonobstant toute disposition contraire de droit interne, antérieure ou postérieure ». Cet article tranche donc clairement en faveur de la primauté et de l'effet direct des Actes uniformes. La CCJA a d'ailleurs eu l'occasion de préciser cette primauté du Traité dégagée à l'article 10. Dans un avis du 30 avril 2001, sur la demande de la République de Côte d'Ivoire concernant l'effet abrogatoire des AU sur le droit interne. Elle a admis que *« l'article 10 (...) contient une règle de supranationalité parce qu'il prévoit l'application directe et obligatoire dans les Etats Parties des Actes Uniformes et institue, par ailleurs, leur suprématie sur les dispositions de droit interne antérieures et postérieures »*[1].

21. Etant donné les principes dégagés par ces textes, les législations nationales ne devraient pas prévoir des dispositions contraires au Traité ou aux AU. Bien plus, elles devraient, afin d'éviter toute confusion et mieux assurer la sécurité juridique, procéder à un nettoyage afin de rendre plus visible l'effet abrogatoire du droit OHADA. Tel ne sera malheureusement pas le cas, puisque le législateur communautaire ne va pas tarder, à travers les AU consécutives au Traité, à rendre possible l'émergence des droits nationaux dérogatoires au droit OHADA.

2. L'émergence des dispositions rétrogrades

22. Par dispositions rétrogrades, nous entendons celles qui ont pour conséquence de permettre le retour à la case départ, en ce qu'elles conduisent à déroger au droit communautaire et par conséquent à battre en brèche le souci d'harmonisation du droit des affaires en Afrique.

Le droit pénal des affaires étant plus étoffé en droit des sociétés commerciales, c'est ce domaine que nous retiendrons comme exemple pour étudier la possibilité pour un Etat de s'émanciper du droit pénal OHADA. Sur cette question, une disposition revêt une importance capitale. Il s'agit de l'article 916 de l'AUSC qui consacre la possibilité de soumettre certaines sociétés à un régime particulier. Cet article dispose : *« Le présent Acte uniforme n'abroge pas les dispositions législatives auxquelles sont assujetties les sociétés soumises à un régime*

---

[1] Pour une vue globale de la question, Djibril Abarchi, *La supranationalité de l'OHADA,* Revue EJDA, n°44, mars 2000 ; P.-G. Pougoué, *Présentation générale et procédure en OHADA,* PUA, Yaoundé, 1998.

particulier ». On le voit, cet article vient expressément déroger aux dispositions de l'article 2 du Traité OHADA.

23. Le problème fondamental proviendra, non pas de l'existence de régimes particulier, mais surtout de l'autorité habilitée à créer les sociétés à régime spécial. A cet effet, il est par exemple admis que *« la présence de l'Etat confère nécessairement aux sociétés d'Etats des spécificités qui amènent à ranger celles-ci parmi les sociétés visées par l'article 916... »*[1] et qui restent assujetties à un régime particulier. Autrement dit *« les sociétés d'Etats commerciales sont soumises à un régime juridique dualiste composé de règles de droit OHADA et des règles internes spécialement conçues pour tenir compte de la présence de l'Etats dans le capital social »*[2]. Faire de la présence du capital de l'Etat dans une société un critère permettant de déroger au droit OHADA, c'est battre celui-ci en brèche dans un continent où les sociétés les plus importantes sont sinon publiques, du moins para-publiques. Cette dualité de régime des sociétés commerciales est d'ailleurs renforcée par la position retenue par la CCJA. Celle-ci a, dans deux avis[3], admis cette possibilité de déroger au droit OHADA et les nuances[4] qu'elle a apportées ne sont pas de nature à opérer un retour vers l'article 10 du Traité OHADA. C'est d'ailleurs cette dualité de régime que viendra renforcer le dédoublement explicite des sources du droit pénal des affaires.

B- Le dédoublement des sources du droit pénal des affaires

24. Ce dédoublement était prévisible. Ayant admis la dualité du droit civil des affaires, on ne comprendrait pas que l'on puisse l'exclure en droit pénal qui, de manière naturelle, fait partie du domaine d'expression de la souveraineté de chaque Etat. Ce dédoublement est prévue à l'article 5 alinéa 2 qui dispose : *« Les Actes uniformes peuvent inclure des dispositions d'incrimination pénales. Les Etats Parties s'engagent à déterminer les sanctions pénales encourues ».*

Ce texte opère ainsi un partage de compétence entre les AU OHADA qui peuvent définir les éléments matériels et moraux de l'infraction (1), partage dont les effets négatifs seront difficiles à endiguer à cause de la

---

[1] P.-G. Pougoué, *Les sociétés d'Etat à l'épreuve du droit OHADA*, Juridis périodique n°65, 2006, pp. 99 et suiv.

[2] Ibid.

[3] Sur ces avis P.-G. Pougoué, ibidem.

[4] Ibidem.

limitation de la compétence de la CCJA (2), et les Etats Parties qui déterminent les sanctions que leurs auteurs encourent (3).

1. La détermination des incriminations par les Actes Uniformes

25. Le partage de compétence entre les AU et les législations nationales nous semble curieux en ce domaine très délicat qu'est le droit pénal. Etant donné que les AU prévoient plusieurs incriminations[1], on est en droit de se demander si cette énumération est exhaustive ou limitative. Autrement dit, pour ne retenir par exemple que le droit pénal des sociétés commerciales, les incriminations prévues par l'AUSC sont-elles les seules à prendre en considération en ce domaine, ou alors, les Etats Parties sont libres d'en créer d'autres ?

26. C'est certainement la deuxième interprétation qui devra l'emporter. De la sorte, les législations nationales pourront compléter le droit OHADA soit en faisant appel au droit pénal des affaires en surimpression, ce qui nous renverra alors à l'arbitraire que la construction d'un droit pénal spécial des affaires avait pour but de bannir[2], soit au droit pénal en impression directe et déboucher sur la multiplication des incriminations dans chaque Etats ; ce qui serait tout aussi critiquable, car conduisant à la multiplication des droits pénaux des affaires dans l'espace OHADA. Outre le fait que cela remet en cause toute la politique d'harmonisation du droit des affaires, cette approche conduit à nous placer dans une insécurité juridique résultant du foisonnement de textes.

27. L'autre difficulté pourra résulter du fait que les incriminations prévues par l'OHADA auraient déjà leurs équivalents en droit interne et parfois même en des termes identiques. Dans ce cas, le recours à un autre texte s'avère inutile. Ce qui n'exclut cependant pas l'apparition de difficultés, notamment celles pouvant résulter de l'interprétation des termes des lois portant incrimination. Ce problème, en ce qui concerne le droit civil des affaires est résolu par le recours à la CCJA qui a « pour rôle de se substituer aux Cours nationales de Cassation afin d'unifier l'interprétation du droit uniforme par les juridictions nationales de fond

---

[1] Sur ces incriminations, V. M. Kom Kamsu, *Le droit pénal des sociétés commerciales dans l'actes uniforme OHADA*, Mémoire de DEA, Université de DSCHANG, 1999 ; R. Sockeng, *Droit pénal des affaires OHADA*, op. cit.

[2] L'on rappellera ici que c'est par un forçage des textes du code pénal que les juges parvenaient à sanctionner ces comportements, ce qui constitue une méconnaissance de l'exigence d'une interprétation stricte de la loi pénale.

et éviter un renvoi devant une juridiction de dernier ressort en cas de cassation. Elle est gardienne de la bonne application du droit uniforme et de la célérité du procès »[1]. Implicitement, mais certainement, *« les dispositions du Traité et du Règlement de procédure de la CCJA concernant la fonction juridictionnelle de la Cour posent ainsi un principe de la supranationalité judiciaire opérant un transfert de compétence des juridictions nationales de cassation vers la haute juridiction communautaire »*[2]. A travers ses activités contentieuses, la CCJA fera donc en sorte que les mêmes notions aient le même sens dans tous les Etats Parties. Cette juridiction pourra t-elle bien jouer ce rôle ? Difficile à dire du fait de la limitation de sa compétence.

2. La limitation de la compétence de la CCJA

28. Ainsi que nous venons de le faire observer, la CCJA a pour rôle de se substituer aux cours nationales de cassation afin d'unifier l'interprétation du droit uniforme par les juridictions nationales du fond. Elle est donc gardienne de la bonne application du droit uniforme. Ce résultat nous semble cependant difficile à atteindre en droit pénal, à cause des dispositions de l'article 14 du Traité qui limite la compétence de la CCJA en ne lui permettant pas de traiter des questions pénales. Ce texte dispose en effet que : « Saisie par la voie de recours en cassation, la cour se prononce sur les décisions rendues par les juridictions d'appel des Etats-Parties dans toutes les affaires soulevant les questions relatives à l'application des Actes uniformes et des Règlements prévus au présent Traité à l'exception des décisions appliquant les sanctions pénales ».

29. Ce texte a certainement été conçu dans le même esprit que celui de l'article 5 alinéa 2 qui cherche à cantonner, en ce qui concerne le droit pénal, le droit OHADA aux incriminations seulement, excluant ainsi l'application des peines. Cette approche ne nous semble cependant pas réaliste, étant donné l'impossibilité, au plan judiciaire de dissocier la portée des incriminations de celles des sanctions. Comme le souligne si

---

[1] J. Lohoues-Oblé, *Traité OHADA et Règlement de procédure de la CCJA,* op.cit.
[2] J. Issa-Sayegh et J. Lohoues-Oblé, *Harmonisation du droit des affaires*,, op-cit, p. 178. Ainsi que le précise également ces auteurs, il convient de faire observer que ce principe est accompagné du pouvoir de la CCJA de statuer, après cassation, sur le fond, sans renvoyer à une juridiction nationale de l'Etat concerné, en évoquant l'affaire ; ce pouvoir d'évocation entraîne la substitution de la CCJA aux juridictions nationales de dernier ressort, en cas de cassation.

bien R. Sockeng, *« si on s'en tient à la lettre de la loi, on peut affirmer qu'une ordonnance de non lieu ou une décision de relaxe n'appliquent aucune sanction pénale et pourraient faire l'objet de pourvoi »*[1], tout comme pourraient l'être les décisions prononçant, pour des raisons diverses, la dispense de la peine. Inversement, là au moins les choses nous semblent très claires, il suffit que les juges nationaux prononcent une sanction pénale pour que le recours en interprétation ne soit pas possible. Il résulte de ce qui précède que la limitation de la compétence de la CCJA concerne en réalité toutes les questions pénales, et ce n'est pas le fait du hasard qu'on a pu affirmer que l'exclusion vise en réalité « les matières pénales »[2].

30. De ce fait, chaque pays aura sa propre jurisprudence, mieux encore sa propre définition des incriminations résultant des Actes uniformes. On est donc loin, mais alors très loin de l'harmonisation proclamée à l'article 1er du Traité OHADA. Cette diversité ne pourra d'ailleurs que s'accroître, du fait du renvoi explicite au droit interne en ce qui concerne la détermination des sanctions pénales.

3. La détermination des sanctions pénales par les législations nationales

31. Les sanctions pénales sont les corollaires des incriminations. C'est ce qui justifie la soumission à la compétence de la même autorité, le droit de prévoir des incriminations et des sanctions. Tel n'est cependant pas la solution retenue à l'article 5 du Traité OHADA par lequel les Etats Parties s'engagent à déterminer les sanctions pénales encourues par les contrevenants aux normes communautaires. Une telle approche ne peut que surprendre car, si la politique criminelle apparaît, ainsi que le fait observer Marc Ancel, comme « une stratégie méthodique de réaction anticriminelle, il est difficilement concevable de soumettre les deux éléments de sa structure que sont le phénomène criminel et la réponse de la politique criminelle à une logique différente »[3]. Au-delà de l'insécurité juridique résultant de cette multiplication des sources du droit

---

[1] R. Sockeng, *Droit penal des affaires, Presses MINSI,* 2007. p. 31.
[2] R. Sockeng, ibid
[3] F. Anoukaha, A. Cissé, Ndiaw Diouf, Nguebou Toukam, P.-G. Pougoué et Moussa Samb, OHADA, *Sociétés commerciales et GIE, coll. Droit uniforme africain*, Bruylant Bruxelles, 2002, p.227.

pénal (a), celle-ci conduit à une inégalité juridique du fait des paradis pénaux qu'elle consacre (b).

a) La multiplication des législations : une source d'insécurité juridique

32. Rappelons une fois de plus que l'harmonisation du droit des affaires en Afrique a pour but de mettre un terme aux fissures et dérives qui menacent le bloc homogène du droit des affaires légué par les anciennes puissances coloniales à la veille des indépendances et qui s'était par la suite décomposé en sous ensembles soit dépassé, soit d'avant-garde selon les pays et les matières réformées. Il est donc apparu nécessaire d'arrêter ce phénomène de dislocation des systèmes juridiques et concevoir une œuvre d'intégration juridique débouchant sur l'unité du droit[1].

33. Outre le fait que cette approche permet de réaliser un environnement juridique commun en atténuant, voire en éliminant les distorsions entre les systèmes juridiques, une telle approche contribue en réalité à promouvoir la sécurité juridique qui revêt une importance capitale en matière pénale où le principe le plus important, à savoir le principe de la légalité criminelle vise ce but[2].

De ce fait, il convenait, même en matière pénale, de promouvoir un droit unifié. En effet, l'unité du droit particulièrement en matière pénale, présente plusieurs avantages au regard de la sécurité juridique. D'une part, elle permet un accès plus facile à la règle de droit qui se trouverait, du fait de l'unification, dans un corps unique de règle. Ce qui n'est pas le cas de l'approche retenue par le droit communautaire et qui procède d'un renvoi aux législations nationales éparpillées que l'on a de plus en plus

---

[1] J. Issa-Sayegh et J. Lohoues-Oblé, *Harmonisation du droit des affaires*, op. cit, p. 42.

[2] Cette fonction dérive de ce que la loi pénale décrit des attitudes ou des actes répréhensibles et établit une véritable hiérarchie entre elles, en leur attachant des sanctions de gravité variable. La loi pénale revêt ainsi l'aspect d'un code des valeurs sociales. En ce sens, la valeur éducative de la loi pénale correspond à ce que l'on appelle d'ordinaire la prévention générale.
A cette valeur éducative du principe de la légalité, se rattache également la valeur intimidante de la loi pénale.
Cette justification résulte du fait qu'averti de l'incrimination et de la pénalité, l'éventuel délinquant sera détourné de la commission de l'infraction correspondante, de cette façon, une prévention individuelle s'exercerait sur lui.

du mal à connaître. Une étude réalisée dans la zone couverte par le Traité OHADA a d'ailleurs permis de constater que certains pays ne publient plus leur Journal officiel ou le font avec beaucoup de retard (parfois plusieurs années après) ; et *« lorsqu'ils sont publiés, les journaux comportent rarement une table chronologique et, plus rarement encore, une table alphabétique ou analytique* ». De même, les textes ne sont ni analysés, ni présentés thématiquement[1].

34. D'autre part, et c'est la conséquence du recours à une source unifiée du droit, celle-ci impose un corps de règle unique pour tous les Etats de l'espace OHADA dont la modification se fera par voie de conséquence de façon très lente, « ce qui donne le temps aux opérateurs économiques et aux consommateurs de réagir en commun et préventivement aux velléités inconsidérés de changement »[2]. On rejoint ainsi le souci de prévention poursuivi par le principe de la légalité criminelle qui aurait dû imposer la consécration d'une source unique du droit pénal des affaires en Afrique. Cette approche n'étant pas retenue, l'on méconnaîtra un autre principe fort important du droit pénal, à savoir l'égalité devant la loi pénale, ainsi qu'il est permis de le constater à travers l'émergence des paradis pénaux.

b) L'émergence des paradis pénaux

35. L'idée de paradis pénaux, encore appelés pays refuge ou « forum shopping »[3] a souvent été avancée pour traduire la disparité entre les différentes législations et les conséquences qui en résultent, notamment les divergences de solutions auxquelles elles aboutissent. Ces divergences conduisent à retenir un comportement comme constituant une infraction grave en certains lieux, alors que le même comportement est considéré comme licite ou comme infraction bénigne dans d'autres.

C'est justement la conséquence à laquelle conduit le renvoi de la détermination des sanctions aux législations internes. En effet, pour que tous les délinquants d'affaires soient soumis aux mêmes sanctions pénales, encore faut-il que tous les Etats Parties aient retenues les mêmes gammes de sanctions. Tel n'est malheureusement pas le cas, l'article 5 du

---

[1] Sur ces lacunes caractérisant les systèmes africains, V. J. Issa-Sayegh et J. Lohoues-Oblé, *Harmonisation du droit des affaires, ibid.*
[2] Ibid.
[3] Sur ces termes, V. M. Delmas-Marty, *Droit pénal des affaires,* T. Partie générale, PUF, 1990.

Traité n'ayant pas imposé une telle approche. Comme conséquence d'une telle situation, nous nous retrouverons face à deux groupes de pays appliquant des textes différents.

36. Le premier bloc est constitué des pays n'ayant pas encore prévu des textes transposant dans leur droit interne, l'ensemble de la législation pénale OHADA. Partant de l'effet direct du droit OHADA, la constitution d'un tel bloc peut sembler surprenante. Tel ne doit toute fois pas être le cas, étant donné l'article 5 qui a dédoublé les sources du droit pénal des affaires. Autrement dit, pour que ce droit pénal soit complet, il faut que des sanctions soient prévues. Or, en l'état actuel du droit des pays signataires du Traité, quatorze Etats n'ont pas encore institué les sanctions correspondant aux incriminations prévues par le droit OHADA. Etant donné qu'en matière pénale, l'existence des incriminations ne suffit pas à constituer une infraction, il est permis de dire que dans ces quatorze Etats, les incriminations énumérées en droit OHADA ne constituent pas des infractions[1]. Ce sont ces pays qui constituent des « paradis pénaux », en ce sens qu'il est permis des perpétrer les actes théoriquement incriminés en droit OHADA. Ce qui n'est pas le cas des deux autres pays.

37. Le deuxième bloc est constitué de deux pays, le Cameroun[2] et le Sénégal[3] qui sont les seuls à avoir complété le droit communautaire en prévoyant des sanctions pénales dans leurs législations internes. Mais, loin de procéder à une harmonisation, ces deux pays ont plutôt procédé à la confirmation de leur droit pénal antérieur. Il ressort en effet de l'exposé de motif de la loi sénégalaise qu'il a été décidé » *que par l'élaboration d'un texte législatif interne, chaque Etat Partie fixera le quantum des peines en conformité avec son système pénal pour compléter l'Acte Uniforme en se fondant toutefois sur les incriminations déjà visées par l'Acte lui-même »*.

---

[1] Ceci sous réserve de l'existence des infractions correspondantes de droit interne antérieures à OHADA.

[2] Loi n° 2003/008 du 10 juillet 2003 portant répression des infractions contenues dans certains Actes uniformes OHADA. Sur cette loi, V. Annexes à l'ouvrage de R. Sokeng, Droit pénal des affaires OHADA, pp.207 et suiv.

[3] Loi n°98/22 du 26 mars 1998 portant sanctions pénales applicables aux infractions contenues dans l'Acte Uniforme relatif aux droits des sociétés commerciales et du groupement d'intérêt économique. Sur cette loi, V. également. Annexes à l'ouvrage de R. Sokeng, Droit pénal des affaires OHADA, pp.201 et suiv.

Ainsi que le précisait également cet exposé des motifs, « ce projet de loi a obéi à la double préoccupation :

- de se conformer à l'Acte uniforme

- de prévoir des peines conformes à notre système pénal, le tout dans le souci de réparer les infractions en s'inspirant du quantum des peines qui étaient prévues dans le code des sociétés sénégalais (4eme partie du code des obligations civiles et commerciales.[1] ».

Cet exposé des motifs nous semble clair. Il n'a pas été question d'harmoniser les sanctions pénales, mais plutôt de conforter le droit pénal antérieur. Ce qui ne peut que conforter les disparités antérieures au droit communautaire. Cette situation conduit à constater une disparité non seulement avec les pays n'ayant pas prévu de nouvelles sanctions, mais aussi avec ceux, à l'instar du Cameroun qui a recouru à des dispositions nouvelles.

38. Les solutions prévues par la loi camerounaise n° 2003/008 du 10 juillet 2003 portant répression des infractions contenues dans certains Actes uniformes OHADA se détachent du système sénégalais à deux points de vue.

39. D'abord en ce qui concerne le domaine d'application de la loi. La loi camerounaise couvre un champ plus important que la loi sénégalaise qui ne sanctionne que les incriminations prévues dans l'Acte uniforme relatif aux sociétés commerciales et GIE. Autrement dit, pour ce qui est des incriminations prévues par les autres Actes uniformes, c'est le statu quo qui continue à prévaloir.

40. Ensuite, la nature des peines prévues ne sont pas les mêmes. Alors que le droit sénégalais considère toutes les infractions commises par les dirigeants sociaux comme étant des délits, le droit camerounais, partant de l'idée que ce ne sont pas toutes les sociétés commerciales qui sont soumises au droit OHADA, soumet certains actes commis par les dirigeants des sociétés publiques ou parapubliques à des textes spéciaux. Ainsi, tout en admettant que certains abus commis par les dirigeants sociaux puissent être sanctionnés des peines correctionnelles, on a également admis que le texte normalement applicable est, non pas la loi de 2003, mais plutôt l'article 184 du code pénal relatif au détournement

---

[1] Loi n°85-40 du 29 juillet 1985.

qui sanctionne des peines criminelles, les abus commis par les dirigeants de certaines sociétés commerciales[1].

Il résulte de ce qui précède que les incriminations prévues par le Droit OHADA ne constituent pas des infractions, par ce que non suivies de textes prévoyant les sanctions dans quatorze pays[2], que ces incriminations, notamment celles du droit des sociétés commerciales sont des délits au Sénégal, alors que les mêmes comportements sont tantôt des délits, tantôt des crimes au Cameroun.

41. De plus, pour ce qui est des infractions sanctionnées des peines correctionnelles au Sénégal, on constate une insistance sur les peines pécuniaires. Ce qui risque de rendre inefficace le droit pénal des affaires car, ainsi que le font observer certains auteurs, *« de la même manière que certaines sociétés procèdent, pour s'en tirer à bon compte au plan interne, à la budgétisation des infractions qu'elles commettent en ouvrant des comptes destinés exclusivement à la prise en charge de leurs dépenses actuelles ou éventuelles nées de leurs activités délictuelles les multinationales pourraient choisir le territoire de commission de leur forfait pour échapper à la rigueur de telle législation ou bénéficier de la douceur de telle autre »*[3]. Une fois de plus, on est très loin des objectifs assignés à l'OHADA. Outre le fait que l'harmonisation recherchée ne soit pas atteinte, on constate que les solutions retenues chamboulent les principes de bases du droit pénal classique sans que des principes de substitution ne soient trouvés.

II- LE BOULEVERSEMENT DES BASES CLASSIQUES DU DROIT PENAL

42. Voulant exprimer leur réticence vis-à-vis de l'émergence d'un droit pénal des affaires OHADA, ou encore, pour certains tout au moins, du procédé utilisé pour élaborer ce droit, des auteurs ont formulé des critiques concernant les sources de ce droit, invoquant ainsi la méconnaissance du principe de la légalité criminelle qui voudrait que le

---

[1] TGI MFOUNDI, Jugement n°371/Crim. Du 27 juin 2007, Aff. MP et FEICOM C/Ondo Dong et autres ; TGI WOURI, Jugement des 12 et 13 décembre 2007, Aff. MP et PAD C/ Siyam Siwé et autres.

[2] Sous réserve de l'application du droit pénal en surimpression. Ce qui, une fois de plus mérite d'être fustigé, étant donné qu'il n'est rendu possible que grâce à un forçage des textes non expressément prévus pour ces comportements.

[3] F. Anoukaha, A. Cissé, Ndiaw Diouf, Nguebou Toukam, P.-G. Pougoué et Moussa Samb, op-cit. p. 237.

droit de punir ne puisse puiser ses sources que dans la loi, entendu au sens strict du terme[1]. Pour insister sur cette question, certains ont, parlant des sources de ce droit pénal, rappelé les techniques de création des Actes uniformes[2]. Ces arguments qui mettent l'accent sur la mise à l'écart des Parlements nationaux ne nous semblent cependant pas soutenables et ceci pour plusieurs raisons. On peut tout d'abord faire constater que cette conception qui met l'accent sur l'aspect souveraineté des Etats est de plus en plus dépassée, ainsi que le montre le développement de plus en plus accru du droit d'ingérence qui permet le développement d'un droit pénal international s'appliquant indépendamment de la volonté des Etats[3]. De plus, le principe dégagé par C. Beccaria revêt aujourd'hui plusieurs sens et intègre notamment la hiérarchie des normes[4]. C'est d'ailleurs cette nouvelle conception de la légalité criminelle qu'intègre l'article 2 du code pénal camerounais qui consacre la primauté des règles de droit international ainsi que les Traités ratifiés et promulgués au regard de la loi pénale[5]. Comme le relève le Professeur Minkoa She *« il est donc possible d'en déduire qu'en droit camerounais, les Traités régulièrement ratifiés et promulgués ont une valeur supérieure à la loi »*[6]. Pour autant, les solutions consacrées en droit pénal OHADA ne sont pas sans chambouler les règles classiques de notre système répressif, ainsi que nous pouvons le constater dans l'application des règles de conflit des lois dans l'espace (A). Non seulement les règles traditionnelles en ce domaine s'appliquent

[1] Traitant de cette question, R. Sockeng a pu souligner que « le principe de la légalité des délits et des peines n'est pas toujours strictement respecté », op.cit. p. 6.

[2] Il est par exemple rappelé que les Actes uniformes sont préparés par le Secrétariat permanent de l'Organisation africaine en concertation avec les gouvernements des Etats-Parties, et qu'ils sont examinés et adoptés par le conseil des Ministres après avis de la Cour commune de justice et d'arbitrage (CCJA). Crées dans chaque Etat-Parties, les commissions nationales OHADA sont chargées d'examiner les projets d'Actes uniformes. Sur cette description, lire : F. Anoukaha, A. Cissé, Ndiaw Diouf, Nguebou Toukam, P.-G. Pougoué et Moussa Samb, op-cit. p. 228.

[3] Cf. droit d'ingérence

[4] Sur les différents sens que peut revêtir la légalité criminelle, V. J-P Delmas Saint-Hilaire, *Les principes de la légalité des délits et des peines : Réflexions sur la notion de légalité en droit pénal,* Mélanges P. Bouzat, 1980, pp.149-177.

[5] L'article 2 du Code pénal camerounais se lit comme suit : *« Les règles de droit international ainsi que les Traités dûment promulgués et publiés s'imposent au présent code ainsi qu'à toutes disposition pénale ».*

[6] A Minkoa She, *Droits pénal et droits de l'homme au Cameroun*, coll. La vie du droit en Afrique, Economica, 1999, p. 31.

difficilement, mais en plus, les compléments législatifs auxquels font souvent appel les Etats pour contourner la lourdeur du système extraditionnel classique sont inexistant, ainsi que nous auront à le démontrer à travers l'étude du vide juridique relatif à un système particulier de coopération judiciaire (B). Les lacunes que présente le droit pénal OHADA ne concernent d'ailleurs pas seulement les questions relatives au conflit des lois dans l'espace, elles touchent également les questions d'application de la loi pénale dans le temps (C).

A- Le problème du conflit de lois dans l'espace

43. C'est en prévision des problèmes pouvant résulter des conflits des lois dans le temps qu'une tendance doctrinale a voulu défendre le principe de la légalité, entendu au sens strict du terme et le principe de la territorialité[1]. Nous repoussions alors tous les arguments avancés et plus particulièrement ceux relatif à la légalité en les considérant comme dépassés. De même, l'argument fondé sur 1 territorialité ne saurait être retenu, le droit OHADA ayant, par essence même, pour objectif de briser les frontières. Toutefois, ce bris de frontière devant s'accompagner de la construction d'un droit pénal plus complet que celui issu de la mauvaise organisation de la complémentarité entre le droit OHADA et celui des Etats Parties, nous nous retrouverons face à des difficultés résultant du fait que certains de ces Etats n'aient pas encore édicté des sanctions aux incriminations. Des problèmes surgiront au niveau des exigences de la double incrimination (1) de la règle non bis in idem (2).

1. Les problèmes pouvant résulter de l'exigence de la double incrimination

44. L'exigence de la double incrimination intervient souvent lorsque l'infraction poursuivie présente un élément d'extranéité. A cet effet, il est indiqué dans de nombreuses législations que la condition de la poursuite des infractions concernées est soumise à la constatation de la double incrimination, encore appelée la réciprocité des incriminations. Par conséquent, en cas de silence de la loi étrangère sur l'activité reprochée au camerounais par exemple, et commis à l'étranger, aucune poursuite, aucune condamnation ne pourrait intervenir au Cameroun[2].

---

[1] R. Sockeng, op.cit.

[2] Pour plus de détails sur cette exigence, V. R. Merle et A. Vitu, *Traité de droit criminel, T.1, Droit pénal général,* sixième édition, pp. 396 et suiv. Elle est souvent

45. Ainsi présentée, cette condition ne devrait pas poser de problème particulier, étant donné l'effet direct du droit OHADA qui doit nous conduire à considérer que ces incriminations existent dans tous les Etats Parties. Nul n'est besoin en effet, pour les législations nationales d'intégrer ces incriminations. Elles existent déjà[1]. L'on sait cependant, et c'est l'occasion de faire comprendre que le régime des incriminations doit absolument être le même que celui des sanctions, que le principe de la double incrimination n'a de sens en droit pénal international que lorsqu'il est apprécié en même temps que les sanctions. Il convient d'ailleurs de faire observer que dans le cadre des conflits des lois dans l'espace, les textes retiennent expressément cette approche. C'est le cas, par exemple en droit camerounais, pour ce qui est des actes de complicité, conspiration et tentative comportant un élément d'extranéité. L'article 9 du code pénal dispose à cet effet que : « Sont soumis à la loi pénale de la République : les faits constitutifs de complicité, de conspiration et de tentative réalisés sur le territoire de la République en vue de commettre une infraction à l'étranger si cette infraction est également réprimée par la loi étrangère »[2].

46. De même, tout en proclamant les principes devant gouverner l'entraide judiciaire entre les Etats, la loi exige, la loi camerounaise en particulier, une sanction minimale pour ce qui est des infractions pouvant donner lieu à extradition. L'article 642 du CPP traitant des conditions d'extradition exige un minimum de deux ans d'emprisonnement.

47. Implicitement, mais nécessairement, ces textes doivent nous conduire vers une mutation de formules désignant les exigences

---

critiquée au motif qu'elle est pleine d'inconvénients techniques et traduit une méfiance mutuelle entre les Etats, V. D. Flore, *Double incrimination et territorialité, in La reconnaissance mutuelle des décisions judiciaires pénales dans l'Union européenne,* Ed. Université de Bruxelles, 2001, p. 67 s.

[1] C'est la conséquence logique des dispositions de l'article 10 du Traité OHADA. V. à cet effet : CCJA, avis n°001/2001/EP du 3à avril 2001, WWW.ohada.com, ohadata 02-04 ; Issa Sayegh, *L'ordre juridique OHADA,* Communication au Colloque de ARPEJE-ERSUMA, Porto Novo, 3-5 décembre 2004, WWW.ohada.com, ohadata 02-04 op.cit.

[2] C'est dans le même esprit qu'a été rédigé l'article 636 du CPP aux termes duquel : *« Quiconque s'est, sur le territoire national, rendu complice d'un crime ou d'un délit commis à l'étranger, peut-être poursuivi et jugé au Cameroun suivant la loi étrangère et la loi camerounaise, à condition que l'existence du fait principal ait été établie par une décision définitive d'une juridiction étrangère compétente ».*

minimales pour qu'il y ait extradition. Ceci devra nous amener à parler de la double répression et non de la double incrimination.

48. Dans ces conditions, il est permis d'affirmer que la sphère d'application des incriminations du droit OHADA[1] se trouve réduit au Cameroun et au Sénégal, seuls pays ayant complété les Actes uniformes en prévoyant des sanctions pénales, encore que celles-ci ne suffiront pas, du fait du caractère purement pécuniaire des peines sanctionnant certaines incriminations, à faire jouer le principe de la double incrimination. Dans ces conditions, on est en droit de se demander si les juridictions d'un autre Etat pourront engager des poursuites contre des personnes ayant, pour les mêmes faits, été acquittées ou condamnées à des peines très faibles. Pour répondre à cette question, il nous semble utile de recourir à la règle *non bis in idem.*

2. La règle *non bis in idem*

49. La règle *non bis in idem* est souvent invoquée pour désigner l'autorité de la chose jugée au pénal sur le pénal[2]. Elle désigne le principe selon lequel l'individu ayant fait l'objet d'une décision répressive irrévocable ne peut plus être poursuivi en raison des mêmes faits. Ce principe trouve son fondement dans l'impérieux besoin de sécurité devant la justice. Il est consacré dans diverses législations pour résoudre non seulement les questions en droit interne, mais aussi en droit international[3]. Ce principe est consacré par l'article 14 & 7 du Pacte de 1966 relatif aux droits civils et politiques et *« constitue une garantie en matière procédurale pour l'individu arrêté ou détenu du chef d'une infraction pénale en ce qu'il le protège de la conséquence injuste qu'aurait le cumul de compétence répressives (...) s'il devait conduire à un cumul des condamnations et des peines »*[4].

50. Pour mieux comprendre les difficultés qui pourraient surgir çà et là, il convient d'imaginer l'hypothèse des infractions commises à

---

[1] Sous réserve de la prise en compte de ces comportements par les droits pénaux antérieurs des autres Etats.

[2] Pour plus de détails sur la question, v. J. Pradel, *Procédure pénale,* 13e édition 2006/2007, n° 1025 et suiv., S. Guinchard et J. Buisson, *Procédure pénale,* 2003, pp. 1180 et suiv.

[3] M. Pralus, *Etude en droit pénal international et en droit communautaire d'un aspect de la règle non bis in idem : non bis.,* RSC. 1996, pp. 551 et suiv.

[4] A. Minkoa She, *Droit pénal et droits de l'Homme*, op.cit. p. 275.

l'étranger mais pouvant relever de la compétence des juridictions nationales. Comme fondement de cette compétence, on peut citer les dispositions des législations nationales qui considèrent comme commises sur le territoire de la République, toute infraction dont un des éléments constitutifs a été accompli dans le pays concerné[1]. Etant donné que l'étude du droit comparé, sous-entendu le droit pénal des Etats Parties nous a permis de constater que deux seulement des seize pays ont institué des peines et que, par voie de conséquence, la répression des infractions d'affaires continue à se faire sur la base du droit pénal en surimpression dans les quatorze autres pays, il n'est pas exclu qu'un fait soit poursuivi comme délit dans un de ces pays, et que le même fait soit poursuivie comme contravention dans l'un des pays n'ayant pas encore prévu de sanction aux incriminations OHADA. Cette situation sera fréquemment constatée, étant donné, comme nous l'avions déjà souligné, le réflexe des délinquants qui préféreront aller commettre des infractions dans les « pays refuges ».

51. Ces précisions faites, on est en droit de se demander si, compte tenu des multiples critères de détermination du lieu de commission d'une infraction, un pays ayant une politique criminelle plus sévère, tel le Cameroun qui considère certaines infractions d'affaires comme constituant des crimes, pourra engager des poursuites contre une

---

[1] C'est aussi le cas de l'article 668 du CPP du Sénégal qui dispose : *« Est réputée commise sur le territoire de la République toute infraction dont un acte caractérisant un des éléments constitutifs a été accompli au Sénégal ».* Ce texte est identique à l'article 640 (a) du code camerounais de procédure pénale. Ce principe est également consacré en droit français, notamment à travers les principes relatifs à la compétence territoriale des juridictions françaises à l'égard des infractions internationales. Ainsi, l'article 693 du Code de procédure pénale, aujourd'hui abrogé, disposait : *« Est réputée commise sur le territoire de la République toute infraction dont un acte caractérisant un de ses éléments constitutifs a été accompli en France ».* Ce texte, fort étudié en doctrine (C. Lombois, n° 248 et s. ; R. Legais, *« L'évolution des solutions françaises de conflits de lois en matière pénale », Mélanges R. Savatier*, 1965, p. 545 et s.) posait de sérieuses difficultés et celles-ci subsistent avec le nouvel article 113-2 du Code pénal rédigé presque identiquement : celui-ci en effet décide que *« l'infraction est réputée commise sur le territoire de la République dès lors qu'un de ses faits constitutifs a eu lieu sur ce territoire ».* (A. Huet et R. Koering-Joulin, *Droit pénal international*, 3e éd., PUF, 2005, n° 131 et s. ; A. Fournier, *« Conflits de lois (en matière pénale) », Rép. intern.*, Dalloz, 2e éd. 1998. On retiendra deux difficultés illustrées par les deux arrêts ci-dessus rapportés.

personne condamnée à des peines correctionnelles ou contraventionnelles dans un autre Etat.

52. De telles poursuites nous semblent en principe impossibles, du fait de la règle non bis in idem qui interdit qu'un même fait, autrement qualifié fasse l'objet d'une double poursuite. Ainsi que nous venons de le faire observer, la règle *non bis in idem* qui est consacrée par le droit pénal international ne le permet pas[1]. De même, cette interdiction est expressément prévue en droit pénal sénégalais où il est indiqué de manière claire *« qu'aucune poursuite n'a lieu si l'inculpé justifie qu'il a été jugé définitivement jugé à l'étranger et en cas de condamnation, qu'il a subi ou prescrit sa peine ou obtenu grâce »* [2]. On retrouve également cette exclusion à l'article 649 (c) du code camerounais de procédure pénale.

53. De ce fait, il est à craindre que le nivellement, en ce qui concerne le droit pénal des affaires dans l'espace OHADA ne se fasse par référence à la législation la plus laxiste en terme de politique criminelle, et non par référence aux incriminations prévues dans les divers Actes uniformes. On est donc en droit d'affirmer que certaines législations nationales auront pour effet de paralyser le droit pénal OHADA, surtout que cette législation n'a pas organisé une forme particulière de coopération judiciaire.

B- Le vide juridique relatif à une véritable coopération judiciaire

54. L'étude des exigences du principe de la double incrimination et de la règle *non bis in idem* nous a permis de voir qu'il sera difficile, voire impossible de réprimer efficacement les comportements incriminés en droit pénal OHADA. Ces difficultés résultent, entre autres, de l'absence des règles spéciales de procédure permettant une véritable coopération judiciaire entre les Etats Parties. Pour résoudre un tel problème, l'on aurait dû songer à édicter des règles de forme permettant de combler les lacunes pouvant résulter de la mise en oeuvre des législations nationales. Pour mieux comprendre les conséquences de telles lacunes, il convient de partir de l'hypothèse selon laquelle sur le plan international, la criminalité économique a pu se développer à cause d'un environnement très favorable (internationalisation des opérations commerciales et

---

[1] Article 14 &7 du Pacte de 1966 relatif aux droits civils et politiques

[2] Article 667 Code sénégalais de procédure pénale

industrielles et développement technologique). Ce terrain criminogène devrait donc être compensé par un système répressif corrélatif[1].

55. Tel n'est cependant pas le cas dans l'espace OHADA où on s'est contenté de l'extradition sous sa forme classique, forme inadaptée aux contentieux international des affaires[2].

Il eut en effet été nécessaire de compléter les règles de fond par des règles de procédure à même de faciliter l'harmonisation du droit pénal des affaires. Comme il a été suggéré par certains auteurs, *« ces difficultés éventuelles auraient pu être tournées par les Etats de l'espace OHADA à leur avantage par la création d'une structure chargée de centraliser la répression des infractions d'affaires »*[3].

56. Tel n'est malheureusement pas le cas, ainsi que nous venons de le rappeler, du système actuel qui semble se contenter du système extraditionnel classique, fondé sur le décret d'extradition. La lourdeur et les aléas qui caractérisent ce système[4] ne permet pas de tenir compte de cette réalité qui résulte de ce que la région couverte par le droit OHADA est devenue une zone d'intense circulation des personnes et des biens,

---

[1] C. Elsen et G. Schleder, *La coopération entre les Etats en vue de la prévention et de la répression de la criminalité au Luxembourg, RJPIC,* 1983.497.

[2] J.P. Spreutels, *Vers un droit international des affaires ? JT* 1981, 188, n° 18. R. Merle et A. Vitu, *Traité de droit criminel. I. Problèmes généraux de la science criminelle. Droit pénal général,* 7e éd., Cujas, 1997). Il s'agit d'une pièce de l'entraide secondaire majeure, J. Pradel et G. Corstens. *Droit pénal européen,* 2e éd., Précis Dalloz, 2002, n° 26 et 86.

[3] Samb F. Anoukaha, A. Cissé, Ndiaw Diouf, Nguebou Toukam, P.-G. Pougoué et Moussa, op-cit. p. 231-232

[4] Traitant des défauts traditionnels de l'extradition J. Pradel (Le mandat d'arrêt européen, D.2004, 1392-1404 et 1462-1469) a pu écrire : Cette pièce cardinale de la coopération pénale internationale est traditionnellement une procédure aléatoire et lourde : aléatoire en ce qu'elle fait intervenir non seulement les autorités judiciaires de l'Etat requis, mais aussi le pouvoir exécutif (et donc politique) de celui-ci, ce qui peut bloquer la remise d'une personne ; lourde car elle comporte énormément de conditions, ce qui introduit une grande complexité dans le mécanisme extraditionnel. Tout donne l'impression que les Etats, certes portés à s'entraider, le font dans un climat de méfiance, au mieux de prudence. Le nationalisme pénal n'est pas loin, sous la couleur de la souveraineté pénale. Et ces deux caractères - aléa et lourdeur - font que les praticiens usent de succédanés fort regrettables et attentatoires aux droits de la personne comme la remise de fait ou enlèvement sans procédure formelle d'extradition ; en outre, apparaît un décalage entre le temps de l'extradition et le temps de la justice au plus grand préjudice des intérêts des victimes.

avec comme conséquences évidentes la multiplication d'infractions d'affaires prenant la forme de criminalité transfrontalière[1].

De manière plus concrète, on aurait pu s'inspirer du droit communautaire européen et du droit français et créer une forme particulière de coopération judiciaire plus efficace entre les Etats Parties[2].

57. On aurait également pu, pour éviter les conséquences de l'application de la règle *non bis in idem,* en s'inspirant des solutions souvent retenues en droit pénal international. L'on se souvient que la crainte de voir le recours à la règle *non bis in idem* déboucher sur la paralysie ou la banalisation de la répression de certaines infractions graves avait conduit les rédacteurs des statuts des tribunaux pénaux internationaux à prévoir une forme spéciale d'articulation des compétences des juridictions internationales d'avec celles des juridictions nationales, en vue d'éviter l'application d'un droit pénal interne laxiste. C'est donc dans ce cadre qu'a été introduit « un tempérament consistant en ce qu'une personne déjà jugée par un tribunal national peut être poursuivie devant le tribunal pénal international (...) si l'acte pour lequel la personne a été jugée a été qualifié de crime ordinaire »[3].

58. Ce tempérament se justifie par la circonstance que la réception des principes généraux de la procédure pénale dans l'ordre juridique international ne saurait permettre un usage de ces règles détourné de leur fonction de protection des droits de l'homme et favorisant la remise en cause de l'autorité du droit international à l'égard du droit

---

[1] En ce sens J-J Fomchigbou Mbanchout, *De quelques réflexions sur la « codification » pénale communautaire du « législateur » de l'OHADA,* in, L'effectivité du droit OHADA, sous la Direction de J. Gatsi. p.65.

[2] L'entraide judiciaire internationale a connu en France, avec l'article 17 de la loi n° 2004-204 du 9 mars 2004 portant adaptation de la justice aux évolutions de la criminalité, un toilettage complet. Deux nouveaux chapitres ont été introduits dans le titre X du code de procédure pénale : le chapitre IV, qui transpose en droit interne la décision-cadre du Conseil européen du 13 juin 2002 relative au mandat d'arrêt européen et aux procédures de remise entre les Etats membres de l'Union européenne, et le chapitre V qui intègre dans le code les dispositions de la loi du 27 mars 1927 relative à l'extradition des étrangers tout en les modernisant. Pour plus de détails sur cette question, V. J. Pradel, *Le mandat d'arrêt européen,* op-cit.

[3] V. Articles 10 du Statut du tribunal de la Haye et 9 du Statut du tribunal d'Arusha. Minkoa She, op.cit. pp. 275-276

national[1]. S'inspirant de cette solution, on aurait pu construire un système permettant de minimiser l'impact de la règle non bis in idem en permettant de réprimer plus efficacement les comportements considérés à tort comme infractions bénignes dans les pays à législation laxiste.

59. Une telle dérogation devrait alors avoir pour conséquence, l'anéantissement des législations laxistes en ce domaine et obliger les pays concernés à prévoir des sanctions raisonnables[2]. Des précautions de nature à résoudre ces problèmes n'ayant pas été prises, le droit pénal OHADA court le risque d'ineffectivité, d'autant plus qu'à ces défauts, il faudra en ajouter d'autres, notamment la non prise en compte des problèmes que soulève l'application de la loi dans le temps.

C- Les problèmes pouvant résulter du conflit de lois pénales dans le temps

60. Traiter des questions relatives au conflit des lois pénales dans le temps ne devrait pas poser de problèmes majeurs, étant donné qu'en ce domaine, les règles sont toutes simples, en ce qu'elles visent le principe de la non rétroactivité et de la dérogation y afférente, à savoir : *la rétroactivité in mitius.* Ces deux règles étant de valeur universelle, on devrait tout simplement se contenter de les rappeler en cas de besoin. Le problème peut cependant se compliquer si, faisant appel à ces règles, on ne se retrouve pas dans un contexte facilitant leur application. Le problème proviendra surtout de la recherche d'éléments de réponse à ces questions que des auteurs ont pris la peine de souligner : » *Quand dit-on qu'une loi pénale est plus douce qu'une autre ? A quelle aune mesure t-on la sévérité d'une loi pénale ? »*[3]. Là également, les éléments de réponse peuvent paraître facile à dégager, puisqu'il s'agira tout simplement de comparer la sévérité des deux lois en conflit. De là à affirmer que : » *Doit être considérée comme plus douce et appliquée immédiatement toute loi pénale nouvelle qui complique une*

---

[1] Sur ces arguments, v. Ph. Weckel, *L'institution d'un tribunal international pour la repression des crimes de droit humanitaire en Yougoslavie*, AFDI, p. 257, A. Minkoa She,, op.cit. p. 276

[2] Nous devons cependant souligner les difficultés que l'on pourra rencontrer dans la mise en œuvre effective de cette solution, étant donné que certaines législations nous semblent trop sévère. C'est le cas du Cameroun qui retient les peines criminelles pour détournement de l'article 184 de son code pénal relatif au crime de détournement.

[3] Samb F. Anoukaha, A. Cissé, Ndiaw Diouf, Nguebou Toukam, P.-G. Pougoué et Moussa, op-cit. p. 230.

incrimination et rend ainsi la poursuite plus difficile). Dans le cas de lois nouvelles complexes c'est-à-dire comportant des dispositions de caractère différent et non divisibles, il faut pour comparer la mansuétude de deux lois se référer à la disposition principale du texte ou apprécier si globalement le texte est plus favorable que le précédent ».

61. Ces principes n'auraient cependant pu s'appliquer très facilement que si les Actes uniformes portant incriminations avaient également prévu des sanctions. Une telle approche aurait alors permis de procéder, d'un seul trait à des comparaison des sanctions anciennes des législations anciennes en ce domaine là où il en existait afin de déterminer la loi applicable et dégager définitivement les solutions aux conflits de lois dans le temps. Le législateur OHADA ayant préféré procéder par renvoi aux législations nationales pour ce qui est des sanctions, la solution à retenir nécessitera la combinaison de la norme communautaire et de la loi de chaque pays. En procédant ainsi, nous nous retrouverons malheureusement en présence de deux difficultés.

62. La première concerne la multiplication des textes à retenir. Etant donné la latitude donnée à chaque Etat de fixer ses sanctions, la recherche de la loi applicable risque de conforter le défaut que nous déplorions plus haut, celui du caractère variable des sanctions d'un pays à l'autre et par voie de conséquence l'apparition des « pays refuges ».

63. La deuxième difficulté est celle résultant du vide juridique qui caractérise encore certaines législations sur cette question. Ce vide conduit à nous placer dans une période transitoire indéterminée.

TITRE DEUXIEME

ASPECTS PARTICULIERS

SOLILOQUE SUR UN EXEMPLE D'INCOHERENCE EN DROIT OHADA : LA CESSATION DES FONCTIONS DES DIRIGEANTS SOCIAUX

par

André AKAM AKAM

Agrégé de droit privé
Doyen de la Faculté des sciences juridiques et politiques
Université de Ngaoundéré (Cameroun)

1. La situation des dirigeants sociaux[1] est loin d'être une sinécure. Investis des pouvoirs les plus larges pour conduire les affaires sociales et souvent fort bien rémunérés pour ce faire, ils sont jugés à l'aune des performances ou des échecs de la société[2]. Leur survie à la tête de celle-ci dépend en grande partie des résultats obtenus. Il va de soi que pour les associés ou actionnaires, le maintien des dirigeants ne saurait se faire au détriment de leurs intérêts ou de ceux de la société[3]. C'est ainsi que à un moment ou à un autre de la vie sociale, la question de la cessation des

[1] Dans la présente étude, l'expression « *dirigeants sociaux* » comprend non seulement les personnes investies d'un pouvoir de direction tels que les gérants des sociétés de personnes ou de la société à responsabilité limitée, le président directeur général, le président du conseil d'administration, le directeur général, l'administrateur général de la société anonyme, mais aussi celles qui sont investies des pouvoirs d'administration tels que les administrateurs de la société anonyme.

[2] A ce titre, leur responsabilité civile ou pénale peut d'ailleurs être engagée. Sur le premier point, v. A. Akam Akam, *La responsabilité civile des dirigeants sociaux en droit OHADA*, Revue Internationale de Droit Economique 2007-3.

[3] Sur la distinction de ces différents intérêts, v. D. Schmidt, *De l'intérêt social*, JCP 1995, éd. E, I, p. 361 ; A. Pirovano, *La boussole de la société, Intérêt commun, intérêt social, intérêt de l'entreprise* ? D. 1997, chron. P. 189 ; Ph. Bissara, *L'intérêt social*, Rev. sociétés 1999.p. 5 ; C. Bailly-Masson, *L'intérêt social : une notion fondamentale*, Petites affiches, n° 224, p. 6 ; G. Goffaux-Callebaut, *La définition de l'intérêt social, Retour sur la notion après les évolutions législatives récentes*, RTD com. 2004, p. 35 ; B. Basuyaux, *Intérêt social, une notion aux contours aléatoires qui conduit à des situations paradoxales*, Petites affiches, 2005, n° 4, p. 3 ; D. Martin, *L'intérêt des actionnaires se confond-il avec l'intérêt social ?*, in Mélanges D. Schmidt, 2005, p. 359 ; M-A. Mouthieu, *L'intérêt social en droit des sociétés*, thèse, Yaoundé II, 2006.

fonctions des dirigeants va se poser inéluctablement. Un auteur[1] observe de manière fort pertinente que « *Pas plus qu'aucune autre activité humaine, celles qu'exercent les dirigeants des sociétés commerciales au sein de l'entreprise ne sont destinées à durer indéfiniment* ». Quelle que soit sa cause, la cessation des fonctions d'un dirigeant n'est jamais un acte indifférent dès lors qu'elle peut être lourde de conséquences tant pour la société que pour le dirigeant lui-même. Il est alors du plus grand intérêt d'examiner la manière dont le droit l'appréhende et l'organise.

2. L'Acte uniforme OHADA[2] du 17 avril 1997 relatif au droit des sociétés commerciales et du groupement d'intérêt économique[3] (ci-après AUS) aborde effectivement le problème de la cessation des fonctions des dirigeants sociaux et lui consacre nombre de ses dispositions. Pour l'essentiel, il prévoit que les fonctions des dirigeants prennent fin par expiration de leur mandat, décès, démission, révocation ou par dissolution de la société. Si la plupart de ces causes de cessation des fonctions des dirigeants ne posent pas de difficultés particulières, il en va autrement de la démission et de la révocation. Ce sont ces deux modalités de départ des dirigeants qui sont au centre de la présente étude.

---

[1] H. Souleau, *La démission des dirigeants des sociétés commerciales*, RTD com. 1972, p. 21

[2] L'OHADA est née à la faveur d'un Traité signé à Port-Louis (Ile Maurice) le 17 octobre 1993 (J.O. OHADA n° 4, 01/11/97, p. 1) et entré en vigueur le 18 septembre 1995. Elle regroupe aujourd'hui seize pays membres : Bénin, Burkina Faso, Cameroun, Centrafrique, Comores, Congo (Brazzaville), Côte d'Ivoire, Gabon, Guinée Bissau, Guinée Conakry, Guinée Equatoriale, Mali, Niger, Sénégal, Tchad, Togo. Sur la place et le rôle de l'OHADA, v. G. De Lafond, *Le Traité relatif à l'harmonisation du droit des affaires en Afrique*, Gaz. Pal. 1995, 20-21 sept. 1995, doctr., p. 2 ; J. Issa-Sayegh, *L'OHADA, instrument d'intégration juridique des pays africains de la zone franc*, RJ com., 1999, p. 237 ; J. Lohoues-Oblé, *L'apparition d'un droit international des affaires en Afrique*, RID comp. 1999, p. 543 ; J. Issa-Sayegh, J. Lohoues-Oblé, *OHADA, Harmonisation du droit des affaires*, Bruylant, 2002 ; M. Koné, *Le nouveau droit commercial des pays de la zone OHADA. Comparaisons avec le droit français*, LGDJ. 2003, Biblio. Dr. privé, t. 406 ; A. Cissé, *L'harmonisation du droit des affaires en Afrique : l'expérience de l'OHADA à l'épreuve de sa première décennie*, Rev. int. dr. éco. 2004.2. p. 197.

[3] V. J.O. OHADA n° 2, 01/10/97, p. 1. Pour une vue générale, v. P. Agboyibor, *Nouveau droit uniforme des sociétés*, RDAI 1998, n° 6 ; D. Tapin, *Droit des sociétés commerciales et du G.I.E*, Penant, 1998, n° 827, p. 136 ; F. Anoukaha, A. Cissé, N. Diouf, J. Nguebou Toukam, P.-G. Pougoué, M. Samb, *OHADA. Sociétés commerciales et G.I.E*, Bruylant, 2003 ; J. Paillusseau, *L'Acte uniforme sur le droit des sociétés*, Petites affiches, 13 oct. 2004, n° 205, p. 19.

3. De toute évidence, l'AUS n'accorde pas la même importance à la démission et à la révocation, notamment à propos de la fixation de leur régime juridique. Autant les règles surabondent en ce qui concerne la révocation, autant elles semblent fort discrètes pour ce qui est de la démission.

Comme en droit français[1], la démission qui consiste, pour un dirigeant, à mettre un terme à ses fonctions, ne semble pas avoir véritablement attiré l'attention du législateur OHADA. En effet, sans pourtant l'ignorer totalement, l'AUS consacre quelques rares dispositions à la démission des organes de gestion des sociétés commerciales. Force est d'ailleurs de relever qu'il n'évoque expressément que la démission des gérants de la société à responsabilité limitée[2] et des dirigeants de la société anonyme[3]. Il y a ainsi un véritable vide juridique en ce qui concerne la démission des dirigeants des sociétés de personnes, qu'il s'agisse de la société en nom collectif que de la société en commandite simple. Le silence de la loi laisse donc toute liberté aux associés de fixer dans les statuts, les règles gouvernant la démission des gérants. En tout état de cause, si l'AUS prévoit bien la possibilité d'une démission de certains dirigeants, il n'en précise ni le régime, ni les conditions de la responsabilité éventuelle du dirigeant démissionnaire envers la société.

Contrairement à la démission, la révocation[4] qui est l'acte par lequel les associés ou les organes habilités décident, avec ou sans motifs, de

---

[1] H. Souleau, *op.cit.* ; D. Martin, *La démission des organes de gestion des sociétés commerciales*, Rev. sociétés. 1973. 373.

[2] V. art. 327 AUS.

[3] V. art. 433 pour les administrateurs ; art. 468 pour le président –directeur général ; art. 476 pour le directeur général adjoint ; art. 483 pour le président du conseil d'administration et art. 493 pour le directeur général ; art. 508 pour l'administrateur général.

[4] Sur la révocation des dirigeants sociaux en général, v. J-L. Aubert, *La révocation des organes d'administration des sociétés commerciales*, RTD com., 1968. 977 ; Ph. Reigné, *Révocabilité ad nutum des mandataires sociaux et faute de la société*, Rev. sociétés, 1991. 449 ; K. Adom, *La révocation des dirigeants de sociétés commerciales*, Rev. sociétés, 1998. 488 ; M-H. De Laender, *La révocation des dirigeants sociaux*, Dr. sociétés, mai 2000, p. 4 ; F.-X. Lucas, *L'avenir de la révocabilité ad nutum des dirigeants sociaux*, Dr. soc., nov. 2001, p. 3 ; J-F. Barbiéri, *La révocation des dirigeants sociaux : pour la liberté statutaire*, JCP E. Cah.dr. entr. 3/2001, p. 5 ; A. Dione, *La révocation des dirigeants des sociétés anonymes et des sociétés à responsabilité limitée à la lumière de l'acte uniforme relatif au droit des sociétés commerciales et de groupement d'intérêt économique*, Rev. EDJA (Dakar), n° 54 (juil-août-sept) 2002. 55.

mettre un terme prématuré aux fonctions des dirigeants, fait l'objet d'une extrême « sollicitude » de la part du législateur OHADA. Quelle que soit la forme sociale considérée, le régime juridique de la révocation est minutieusement fixé par la loi. S'agissant de dispositions impératives[1], elles ne peuvent être remises en cause, ni modifiées ou complétées par les statuts. Ceux-ci doivent donc s'y conformer.

4. L'attitude du législateur OHADA est surprenante. Elle semble procéder d'une appréciation ambivalente des conséquences de la démission et de la révocation. On peut penser qu'en prenant soin de fixer le régime de la révocation des dirigeants par les associés ou par tout organe compétent, les rédacteurs de l'AUS ont eu le souci de protéger ceux-là contre les abus que ceux-ci peuvent commettre dans l'exercice du droit de révocation. Autrement dit, le régime juridique mis en place vise à prémunir le dirigeant contre les conséquences d'une révocation infondée. Si tel est le fondement de la démarche retenue par l'OHADA, il y a lieu d'observer qu'il aurait pu également justifier la réglementation de la démission des dirigeants. En effet, la démission d'un dirigeant ne va pas sans inconvénients pour la société. Comme on l'a bien souligné, « il s'attache à la démission d'un organe social un risque de perturbation grave au fonctionnement de la société[2] ». L'importance des effets de la démission pour la société, si elle avait été bien perçue par le législateur, aurait pu inciter celui-ci à fixer les contours du régime juridique de la démission des dirigeants sociaux. En s'abstenant de le faire, le droit OHADA a failli à son devoir d'établir un juste équilibre entre les intérêts du dirigeant démissionnaire et ceux de la société ou des associés. Au delà, on peut même se demander s'il ne compromet pas l'équilibre qui doit exister entre le droit des associés de révoquer le dirigeant et la liberté de ce dernier de démissionner.

5. La démission et la révocation sont, en quelque sorte, *les deux faces d'une même médaille*. L'une ne se conçoit pas sans l'autre. C'est que, d'une part, il ne faut pas que les dirigeants soient inamovibles. D'où la reconnaissance d'un *pouvoir de révocation* aux associés. Ainsi perçue, la

---

[1] L'article 2 de l'AUS prévoit que les dispositions dudit acte sont d'ordre public, sauf dans les cas où il autorise expressément l'associé unique ou les associés, soit à leur substituer les dispositions dont ils sont convenus, soit à les compléter par leurs dispositions. Sur le caractère d'ordre public des dispositions de l'AUS, v. J. Paillusseau, *L'Acte uniforme sur le droit des sociétés*, Petites affiches, 13 oct. 2004, n° 205, p. 21.
[2] D. Martin, op. cit, p. 273, n° 2.

révocation « est la traduction de l'exercice par les associés de leur droit de surveiller la gestion de la société et de pourvoir au remplacement des dirigeants en qui ils n'ont plus confiance[1] ». D'autre part, l'engagement des dirigeants ne saurait être perpétuel. Aussi, leur est-il reconnue (comme une contrepartie du droit de révocation des associés), la *liberté de démissionner* de leurs fonctions.

Ces considérations font apparaître le lien qui existe entre la démission et la révocation en même temps qu'elles soulignent la nécessité d'établir une certaine cohérence entre leurs régimes juridiques. Celle-ci passe par la fixation de règles qui organisent d'une manière symétrique et équilibrée, l'exercice par les associés du pouvoir de révocation, et l'usage par les dirigeants de la liberté de démissionner.

6. L'AUS est loin d'avoir satisfait à cette exigence de cohérence juridique. Certes, il envisage bien la cessation des fonctions des dirigeants sociaux en prévoyant leur démission ou leur révocation. Mais, ces deux modalités de retrait des fonctions des dirigeants sociaux obéissent à une *pluralité* de règles apparemment *irréductible* alors même qu'aucune justification sérieuse ne s'oppose à l'édiction de règles communes. Aussi, qu'il s'agisse de la démission ou de la révocation, les règles applicables varient d'une forme sociale à une autre, ce qui renforce une opposition artificielle entre les sociétés de personnes, la société à responsabilité limitée et la société anonyme. L'institution de règles propres à chaque type de société, notamment en ce qui concerne la révocation ne saurait pourtant être justifiée par la forme des sociétés ou la nature des rapports que les dirigeants entretiennent avec les associés ou actionnaires.

Au total, l'intervention du législateur OHADA, incontestablement insuffisante en ce qui concerne la démission (I), et particulièrement hardie pour ce qui est de la révocation (II) des dirigeants sociaux, s'avère dans l'ensemble fort critiquable.

---

[1] V. K. Adom, *La révocation des dirigeants de sociétés commerciales*, Rev. sociétés 1998. 488.

I. L'INSUFFISANTE REGLEMENTATION DE LA DEMISSION DES DIRIGEANTS SOCIAUX

7. Comme le Code de commerce français[1], l'AUS ne consacre que quelques rares dispositions à la démission des dirigeants. Ce faisant, il ne précise pas le régime de la démission (A), ni les conditions de la mise en oeuvre éventuelle de la responsabilité du dirigeant démissionnaire envers la société (B).

A- Le régime de la démission des dirigeants

8. L'AUS ne semble expressément évoquer que la démission des dirigeants des sociétés à responsabilité limitée et des sociétés anonymes. Est-ce à dire que celle des dirigeants des sociétés en nom collectif ou en commandite simple soit exclue ? Il n'en est rien. Les gérants de ces deux types de sociétés peuvent, comme tous autres dirigeants, se démettre volontairement[2]. Cela dit, il convient de préciser les formes de démission (1) avant de préciser les conditions dans lesquelles la démission devient effective (2).

1. Les formes de démission

9. On distingue deux sortes de démission : la démission volontaire (a) et la démission forcée (b).

a) La démission volontaire

10. Il y a *démission volontaire* lorsqu'un dirigeant décide de quitter ses fonctions sociales, sans aucune contrainte[3]. Autrement dit, la démission volontaire est celle qui résulte d'une décision prise à l'initiative du dirigeant, de son plein gré[4]. C'est ce que semble confirmer

---

[1] V. par ex. art. L. 225-24 C. com. qui vise la vacance d'un ou plusieurs sièges d'administrateurs de la société anonyme par démission.

[2] H. Souleau, op.cit, n° 19 et s. L'auteur explique que depuis la loi du 22 juillet 1966, les gérants statutaires associés étant désormais révocables, ils sont en droit de mettre fin à leurs fonctions en démissionnant. V. en ce sens, Bastian, *La réforme du droit des sociétés commerciales*, JCP. 1967. I. 2121 ; D. Martin, *ibid*, notam. n° 8 ; B. Mercadal, Ph. Janin, *Mémento pratique Francis Lefebvre, Sociétés commerciales*, 2003, n° 3846. En tout cas, les rares décisions qui admettent la démission du gérant d'une société en nom collectif (Trib. com. Seine, *28 juil. 1953*, RTD com. 1953. 932) ou en commandite (Nancy, *27 mars 1952*, D. 1952. 624) ont fait appel aux règles du mandat.

[3] Cas. Soc. *6 mai 1982*, Rev. sociétés 1982. 523, note P. Le Cannu.

[4] Souleau, *op. cit.*, n° 2.

l'article 327 de l'AUS : « *Le ou les gérants* (de la Sarl) *peuvent librement démissionner*[1] ». La démission volontaire résulte normalement d'un acte positif de la part du dirigeant[2]. S'il s'agit d'une personne morale dirigeante, la démission doit être décidée par ses organes sociaux compétents et non par la personne physique désignée pour la représenter[3].

La démission volontaire peut susciter quelque difficulté lorsqu'un dirigeant est en même temps salarié de la société[4]. La question est de savoir si la rupture du contrat de travail doit entraîner la démission du dirigeant salarié de ses fonctions d'administration ou de direction. Pour y répondre, il faut, en l'absence de disposition légale, distinguer selon que le dirigeant est devenu salarié ou que le salarié a été nommé dirigeant. Dans le premier cas, les fonctions de dirigeant étant antérieures au contrat de travail, il y a indépendance entre le mandat social et le contrat de travail[5]. Par conséquent, la rupture du contrat de travail n'a aucune incidence sur le mandat social. En revanche, lorsqu'un salarié a été nommé à une fonction de dirigeant social, il y a un lien d'interdépendance, voire une indivisibilité entre le contrat de travail et le mandat social, de sorte que la rupture du contrat de travail doit nécessairement entraîner la démission du dirigeant concerné.

---

[1] En ce qui concerne les dirigeants de S.A, v. art. 433 pour les administrateurs ; art. 468 pour le président –directeur général ; art. 476 pour le directeur général adjoint ; art. 483 pour le président du conseil d'administration et art. 493 pour le directeur général ; art. 508 pour l'administrateur général.

[2] V. Cass. Com. *13 mars 1979*, Rev. sociétés 1979. 828, note Merle, qui décide que le fait qu'un administrateur n'exerce plus ses fonctions depuis un certain temps ne permet pas de le considérer comme démissionnaire.

[3] V. B. Mercadal, Ph. Janin, op.cit, n° 7857.

[4] Sur le cumul d'un mandat social et un contrat de travail, v. Ph. Laurent, *Le salaire des dirigeants sociaux titulaires d'un contrat de travail*, Gaz.Pal. 1978.I. doctr. p. 146 ; A. Sayag, *Mandat social et contrat de travail* : *attraits, limites et fictions*, Rev. sociétés. 1981. 3 ; M. Deslandes, *Réflexions sur le cumul d'un mandat social et d'un contrat de travail*, D. 1982, chron. p. 19 ; E. du Pontavice, *Quelques arrêts récents rendus en matière du cumul d'un mandat social et d'un contrat de travail*, Juri-social 1987, n° 1, p. 45 ; D. Gibirila, *L'administrateur salarié d'une société anonyme*, RJ com. 1989. 337 ; C. Puigelier, *Les incidences du cumul d'un contrat de travail et d'un mandat social : de trop nombreuses incertitudes*, JCP. E. 1992. I. 188.

[5] Sur l'indépendance des deux statuts, v. C. Puigelier, *op. cit.*, n° 2.

b) La démission forcée

11. Il y a *démission forcée* lorsqu'un dirigeant est contraint de mettre fin à ses fonctions. Il s'agit donc d' » un acte qui ne résulte pas de la libre volonté du dirigeant[1] ». On peut distinguer trois cas.

En premier lieu, l'AUS prévoit la *démission d'office* dans le cas où un administrateur dépasse le nombre de mandats d'administrateur, de président de conseil d'administration ou d'administrateur général prévu par la loi[2]. Se trouvant en infraction avec les prévisions légales, il doit se démettre de l'un des ses mandats. C'est dire que la démission forcée est, dans ce cas, la « *sanction* » du non-respect de la prescription légale et vise certainement à éviter une « dispersion » des dirigeants susceptible d'être préjudiciable à la conduite des affaires sociales[3]. Cette démission doit intervenir dans les trois mois qui suivent la nomination du dirigeant ; à défaut la personne concernée sera réputée s'être démise de son nouveau mandat et devra restituer les rémunérations déjà perçues[4].

En second lieu, toute personne qui exerce une fonction incompatible avec celle de dirigeant social ou qui est frappée d'incapacité ou d'une mesure d'interdiction ou de déchéance doit normalement démissionner[5].

---

[1] Souleau, *op. cit.*, n° 2.

[2] V. art. 425 qui limite à cinq (5) le nombre de conseils d'administration auxquels une personne physique peut appartenir ; art. 479 qui prévoit que nul ne peut exercer plus de trois (3) mandats de président de conseil d'administration ; art. 497 qui dispose que nul ne peut exercer simultanément plus de trois (3) mandats d'administrateur général de sociétés anonymes.

[3] D. Martin, *op. cit.*, n° 10.

[4] Art. 425 de l'AUS.

[5] L'article 203 de l'AUPCAP énonce que *« La décision qui prononce la faillite personnelle emporte de plein droit l'interdiction générale de faire le commerce et notamment de diriger, gérer, administrer ou contrôler une entreprise commerciale à forme individuelle ou toute personne morale ayant une activité économique* ». V. P-G. Pougoué, F. Anoukaha, J. Nguebou, *Le droit des sociétés commerciales et du groupement d'intérêt économique OHADA*, PUA (coll. droit uniforme), 1998 et notam. n° 164 et s. S'agissant des incompatibilités, signalons, en droit camerounais, les dispositions de l'article 21 de la loi n° 99/016 du 22 décembre 1999 qui précisent que « *Les fonctions de président de conseil d'administration d'un établissement public administratif, d'une société à capital public ou d'une société d'économie mixte à participation publique majoritaire, sont incompatibles avec celles de membre du gouvernement, de parlementaire, de directeur général ou de directeur général adjoint des établissements publics administratifs et des entreprises du secteur public et parapublic* ».

Dans ce cas, la démission forcée imposée au dirigeant est « un moyen de protection de l'intérêt social[1] ».

En dernier lieu, un dirigeant peut être contraint à la démission par les associés soit que ceux-ci ne sont pas ou plus satisfait de sa gestion, soit qu'ils estiment qu'il n'est plus « l'homme de la situation ». Ainsi, au lieu de prendre eux-mêmes la décision de révoquer le dirigeant contesté, ils « poussent » plutôt ce dernier à quitter « volontairement » ses fonctions.

2. Les conditions d'effectivité de la démission

12. La démission volontaire soulève deux problèmes que l'AUS n'aborde nullement : celui de la détermination du moment où elle devient effective d'une part, et celui de sa rétractation, d'autre part.

La détermination du moment où la démission d'un dirigeant prend effet dépend de la réponse à la question de savoir si celle-ci doit intervenir avec ou sans l'accord de la société. Dans le premier cas, la démission résulte d'un acte de volonté unilatérale du dirigeant qui se suffit à lui-même ; dans le second, elle est la suite d'un acte bilatéral pris à l'initiative du dirigeant et subordonné à l'agrément d'un autre organe agissant pour le compte de la société. Devant le silence de la loi, la doctrine admet le *caractère unilatéral de l'acte de démission*[2]. La démission devient effective dès lors que le dirigeant prend la décision de renoncer à ses fonctions et la notifie aux organes chargés de représenter la société[3]. Celle-ci doit simplement prendre acte de la démission. Son acceptation n'a pas pour effet de rendre la démission effective. Le droit de démissionner unilatéralement est donc la règle[4].

13. Etant libre de démissionner de ses fonctions, le dirigeant est-il en droit de revenir sur sa décision de quitter ses fonctions ? En droit français, la jurisprudence reconnaît au dirigeant démissionnaire le droit de se rétracter[5]. Reste alors à déterminer le moment où cette rétractation

---

[1] D. Martin, *ibid.* n° 10.

[2] Souleau, *op. cit.*, n° 4 et s.

[3] Pour D. Martin, seule la collectivité des associés paraît habilitée à enregistrer la démission d'un dirigeant social, à l'exclusion de tout autre organe d'administration ou de direction. C'est dire que c'est l'assemblée générale des associés ou actionnaires qui doit prendre acte de la démission. V. art. précité, n° 22.

[4] Cass. Soc, *6 mai 1982*, Rev. sociétés, 1982. 523 note Le Cannu.

[5] V. Martin qui cite notamment un arrêt de la cour d'appel de Nancy en date du 27 mars 1952 qui a décidé que « *le gérant* (…) *est libre de retirer sa démission* », v. art. précité, n° 20.

est possible. Selon un auteur[1], « deux directives méritent (...) d'être prises en considération pour établir le moment jusqu'auquel la rétractation est recevable. La première est que le retrait d'une décision unilatérale doit toujours, en principe, être possible tant que le tiers, jusqu'alors lié au retrayant, n'a pas pris les dispositions que lui impose cette décision. La seconde tient en ce que la faculté de retrait subsiste même si ces dispositions ont été prises, mais avec précipitation et visiblement dans le but d'empêcher l'auteur de la décision de la reprendre efficacement ».

14. En définitive, qu'elle soit volontaire ou forcée, la démission doit être publiée au registre du commerce et du crédit mobilier[2]. Cette formalité qui doit être effectuée à la diligence et sous la responsabilité des représentants légaux de la société, a pour effet de rendre la démission opposable aux tiers[3].

Cela dit, devant les lacunes de la loi, il revient aux statuts de préciser les conditions dans lesquelles un dirigeant peut être amené à donner sa démission afin d'éviter les inconvénients qu'une telle décision peut avoir pour la société. Ainsi, par exemple, les statuts sans entraver la liberté des dirigeants de démissionner, peuvent notamment prévoir un préavis dont la durée doit être raisonnable pour permettre à la société ou aux organes compétents de prendre les dispositions pour pourvoir au remplacement du démissionnaire. Pareille stipulation est de nature à prévenir toute responsabilité éventuelle envers la société.

B- La responsabilité du dirigeant démissionnaire

15. Le problème de la responsabilité éventuelle du dirigeant démissionnaire envers la société amène d'abord à s'interroger sur le caractère discrétionnaire ou non de la démission volontaire avant d'envisager les conditions de cette responsabilité.

Il faut, en effet, se demander si un dirigeant social peut discrétionnairement renoncer à ses fonctions, c'est-à-dire sans qu'il soit

---

[1] Martin, *op. cit.*, n° 21.

[2] Art. 124 de l'AUS.

[3] Cas. Soc. *27 oct. 1999*, Dr. sociétés, fév. 2000, n° 19, obs. Th. Bonneau. Dans un arrêt rendu le *23 mai 1995* (Bull.Jolly 1995, p. 879, note Le Cannu), la chambre commerciale a cependant décidé que la démission du gérant commun à plusieurs sociétés, bien que n'ayant pas été régulièrement publiée au registre du commerce et des sociétés, n'en est pas moins opposable au tribunal dans la mesure où celui-ci en a été informé par le gérant lui-même à l'audience.

tenu d'indiquer les motifs pour lesquels il prend une telle décision. Au regard des dispositions de l'AUS, il semble que la réponse diffère d'une société à l'autre.

Comme il a déjà été relevé, l'AUS ne réglemente pas la démission des gérants des sociétés de personnes. Dès lors, il est tentant d'invoquer les règles du mandat, et notamment l'article 2007 du Code civil qui prévoit que « *Le mandataire peut renoncer au mandat en notifiant au mandant sa renonciation* », pour déterminer les conditions dans lesquelles la démission des gérants peut intervenir. La jurisprudence considère plutôt que le régime de la démission des gérants est déterminé par transposition des règles applicables à la révocation[1]. Ainsi, les gérants peuvent donc librement démissionner même sans motifs, à leurs risques et périls.

Par contre, lorsqu'il s'agit de la société à responsabilité limitée, la loi fait directement allusion à la justification de la démission par les dirigeants. L'article 327 de l'AUS énonce que « *Le ou les gérants peuvent librement démissionner. Toutefois, si la démission est faite sans juste motif, la société peut demander en justice réparation du préjudice qu'elle subit*[2] ». Ainsi, si un gérant peut librement renoncer à ses fonctions sans motifs, il reste que la juridiction saisie par la société en réparation du préjudice éventuel qu'elle aurait subi du fait de cette démission, doit rechercher si celle-ci était ou non fondée sur de justes motifs.

La situation paraît différente en ce qui concerne la société anonyme. En effet, la multitude des dispositions qui font allusion à la démission des dirigeants sociaux ne fixe pas les contours de cette décision. Aussi, par référence aux règles relatives à la révocation[3] qui reconnaissent à l'assemblée générale ordinaire ou au conseil d'administration le pouvoir de révoquer les dirigeants *ad nutum*, il faut admettre que ceux-ci peuvent aussi démissionner sans avoir à motiver leur décision.

---

[1] Cass. Req. *8 déc. 1890*, D. 1891. 1. 458 ; Rouen, *16 juin 1983*, BRDA 1983/21 p. 10.
[2] Cette disposition est propre au droit OHADA et n'a pas d'équivalent en droit français.
[3] Selon H. Souleau (*op. cit.*, n° 9), « La quasi unanimité de la doctrine estime que dans le silence de la loi, le régime de la démission doit être déterminé par référence aux dispositions légales régissant la révocation. La possibilité pour le dirigeant de donner sa démission par acte unilatéral ne serait que la contrepartie du droit de révocation, par nature unilatéral, que la loi confère à la société ».

En somme, il apparaît que si les dirigeants sociaux ont tous le droit de démissionner librement, ce droit s'exerce différemment suivant les sociétés. Cela n'est pas sans conséquence sur l'appréciation de leur responsabilité.

16. La responsabilité des dirigeants peut être recherchée soit en cas de démission sans justes motifs, soit à raison des circonstances ayant entouré la démission, soit même pour non respect de l'obligation de loyauté envers la société.

D'abord, s'agissant de la démission sans justes motifs, il faut préciser d'emblée qu'elle ne concerne que les dirigeants des sociétés de personnes et ceux de la société à responsabilité limitée. Leur situation est identique à celle de tout mandataire dont la responsabilité doit être engagée lorsque la renonciation au mandat préjudicie au mandant[1]. La démission doit être considérée comme non fondée sur de justes motifs lorsqu'un dirigeant décide de renoncer à ses fonctions sans raison sérieuse avérée, voire par simple convenance personnelle. Par contre, il faut admettre que la démission est justifiée dans les cas où le dirigeant démissionnaire invoque par exemple sa maladie, l'intérêt de la famille, la mésentente avec les autres organes dirigeants, le désaccord sur la gestion sociale ou l'impossibilité d'exercer normalement ses fonctions. Il appartient à la société qui veut engager la responsabilité du dirigeant démissionnaire de démontrer que la démission était dépourvue de motifs légitimes et qu'elle lui a causé un préjudice[2]. Les juges du fond disposent d'un pouvoir souverain d'appréciation.

Ensuite, la responsabilité de tout dirigeant, quelle que soit la forme de la société, peut être fondée sur les circonstances de sa démission. Comme le précise un auteur[3], « *Elles* (les circonstances) *ne sont prises en considération qu'autant qu'elles confèrent à la démission un caractère abusif impliquant de la part du dirigeant la commission d'une faute* ». On considère qu'il en est ainsi lorsque la démission a un caractère intempestif ou tapageur (publicité excessive), est assortie de menaces envers la société, ou est faite à contretemps et avec l'intention de nuire à la société[4].

---

[1] V. art. 2007 al. 2 du Code civil.

[2] V. cependant, Paris, *12 mai 1993*, RJDA 3/94, n° 289.

[3] Souleau, *op.cit*, n° 27.

[4] En ce sens, Martin, *op. cit.*, n°15 ; Lamy Sociétés commerciales 2004, n° 3404.

La responsabilité du dirigeant procède ici de l'exercice abusif de son droit de démissionner, notamment lorsque les circonstances de son retrait traduisent un comportement fautif ou l'intention de nuire[1]. Les tribunaux apprécient souverainement les circonstances de chaque espèce afin de dire si la démission est fautive ou non et peut donner lieu à responsabilité. C'est ainsi que la Cour d'appel de Paris[2] a pu juger que dès lors que des délais raisonnables ont été respectés, la démission d'un dirigeant en désaccord sur la gestion sociale, fût-elle préjudiciable, n'est pas fautive. De même, la Cour de Versailles[3] a considéré que la démission d'un président-directeur général intervenue dix neuf mois après sa nomination et qui avait été acceptée par le conseil d'administration n'était pas abusive. Enfin, il a été jugé que si une démission intempestive constitue une faute de la part du gérant, il en est autrement lorsque celui-ci se trouvait en pratique évincé par un tiers de la direction de la société[4].

Enfin, la responsabilité d'un dirigeant démissionnaire peut être retenue pour manquement à son devoir de loyauté à l'égard de la société[5]. Telle est la solution qui se dégage d'un arrêt rendu par la chambre commerciale de la Cour de cassation le 24 février 1998[6]. En l'espèce, une société avait assigné en dommages et intérêts un ancien directeur général qui, après avoir démissionné de ses fonctions, avait créé une société menant une activité concurrente, non sans avoir fait démissionner en masse d'autres collaborateurs de la dite société en les déliant de la clause de non-concurrence.

---

[1] Cette responsabilité est mise en œuvre conformément au droit commun, en application de l'article 1382 du Code civil. Comme telle, elle conduit à la condamnation du dirigeant social au paiement de dommages-intérêts à la société. On ne saurait le contraindre à une exécution forcée de ses fonctions sociales.

[2] *12 mai 1993*, RTD com., 1993. 536 ; JCP E. 1994.I, n° 331, p. 95. V. aussi, *31 oct. 1995*, Dr. sociétés 1996, n° 66.

[3] *11 juin 1998*, RJDA 1998, n° 1244, p. 936.

[4] Aix-en-Provence, *1er mars 1990*, Dr. sociétés 1991, n° 382.

[5] Sur le devoir de loyauté des dirigeants en général, v. Baille-Duclos, *Le devoir de loyauté du dirigeant*, JCP E 1998. 1486 ; H. Le Nabasque, *Le développement du devoir de loyauté en droit des sociétés*, RTD com. 1999. 273 ; J.J. Daigre, *Le petit air anglais du devoir de loyauté des dirigeants*, Mélanges P. Bézard, 2002, p. 79 ; J. J. Caussain, *A propos du devoir de loyauté des dirigeants de sociétés*, Mélanges B. Mercadal, 2002, p. 301 ; F.G. Trebulle, *Note sous Com, 12 mai 2004*, Dr. sociétés 2004 (août/ sept), n° 139.

[6] D. aff. 1999, p. 850 (SA Protection individuelle et collective c/ Kopcio).

Il apparaît ainsi que le dirigeant d'une société n'est pas seulement tenu d'une obligation de loyauté envers la société durant ses fonctions[1], mais également après y avoir volontairement mis fin par sa démission. S'il y contrevient, sa responsabilité pourrait être engagée sur le fondement du droit commun[2].

17. En définitive, la démission reste dans la plupart des cas un acte de cessation volontaire des fonctions sociales. Il peut cependant arriver qu'elle soit forcée, comme dans le cas de la démission d'office qui est prévue par les textes, ou encore lorsque le dirigeant est en réalité contraint ou « poussé » à la démission par les organes compétents ou par les associés. Dans cette dernière hypothèse, la démission se rapproche de la révocation[3] ou pour le moins, « peut apparaître pour le dirigeant ou pour la société, comme un moyen d'éviter avec élégance le recours à la révocation[4] » dont le régime juridique se caractérise par une incontestable diversité.

II- L'INTROUVABLE UNITE DES REGLES DE REVOCATION DES DIRIGEANTS SOCIAUX

18. Contrairement à la démission qui relève de son fait, la révocation est une décision extérieure au dirigeant et qui s'impose à lui. On a écrit que la révocation « est la traduction de l'exercice par les associés de leur droit de surveiller la gestion de la société et de pourvoir au remplacement des dirigeants en qui ils n'ont plus confiance[5] ». L'AUS prévoit la révocation de tous dirigeants sociaux. Celle-ci est discrétionnaire en ce qui concerne la société anonyme (A) et contrôlée dans le cas des autres sociétés (B). Il y a donc une dualité de régimes juridiques de la révocation qui ne paraît pas justifiée.

---

[1] Jugé que le gérant d'une SARL ne peut avant la démission, exercer des activités pour le compte d'une société concurrente sans engager sa responsabilité délictuelle (Paris, *10 nov. 1992*, D. 1994, Somm. P. 75) ; ou créer une société avant de présenter sa démission (Com. *7 juin 1994*, Rev. sociétés 1995, p. 275).

[2] Sur l'ensemble de la question, v. Lamy sociétés, *op. cit.*, n° 628.

[3] Pour une illustration du caractère ténu de la distinction entre révocation et démission, v. par ex. Versailles, *24 sept. 1992*, Bull. Joly 1992.§ 418, note P. Le Cannu ; Rev. sociétés 1993. 130, obs. Y. Guyon ; Dr. sociétés 1993, comm. 38, note H. Le Nabasque.

[4] G. Creff, *La responsabilité des dirigeants sociaux retirés*, RTD com. 1978. 479, spéc. n° 2.

[5] K. Adom, *op.cit*, p. 488.

A- La révocation « discrétionnaire » des dirigeants de la société anonyme

19. Il s'agit d'une révocation *ad nutum*[1]. Elle concerne les dirigeants de la société anonyme. Ainsi, les administrateurs[2], le président-directeur général[3], le directeur général adjoint[4], le président du conseil d'administration[5] et le directeur général[6] peuvent, selon le cas, être révoqués à tout moment, soit par l'assemblée générale ordinaire, soit par le conseil d'administration. De même, en ce qui concerne la société anonyme avec administrateur général, celui-ci ainsi que son adjoint peuvent quitter leurs fonctions à tout moment par décision de l'assemblée générale ordinaire[7]. Dans toutes ces hypothèses, la révocation *ad nutum* est subordonnée à un régime juridique strict qu'il convient de préciser (1) avant de voir comment, en droit comparé, la jurisprudence et la pratique essayent de l'atténuer (2).

1. Le régime de la révocation « ad nutum »

20. Il est traditionnellement admis que la révocabilité *ad nutum* signifie que le dirigeant qui y est soumis peut être renvoyé à tout moment, sans préavis, sans justification de motifs et sans aucune indemnité[8]. Autrement dit, la loi reconnaît aux associés ou aux organes compétents le droit de mettre fin aux fonctions des dirigeants quand ils le

---

[1] V. Ph. Reigné, *Révocabilité ad nutum des mandataires sociaux et faute de la société*, Rev. sociétés 1991. 449 ; K. Adom, *La révocation des dirigeants de sociétés commerciales*, Rev. sociétés 1998. 488 ; F-X. Lucas, *L'avenir de la révocabilité ad nutum des dirigeants sociaux*, Dr. soc. nov. 2001, p. 3.

[2] Art. 433.

[3] Art. 469.

[4] Art. 475.

[5] Art. 484.

[6] Art. 492.

[7] Art. 509 (administrateur général) et 515 (administrateur général adjoint).

[8] En ce sens, v. Mercadal et Janin, op.cit., n° 7851 ; P. Le Cannu, *op. cit.*, n° 674 ; J-L. Aubert, *La révocation des organes d'administration des sociétés commerciales*, RTD com., 1968. 977 ; Ph. Reigné, *Révocabilité ad nutum des mandataires sociaux et faute de la société*, Rev. sociétés 1991. 449 ; K. Adom, op. cit., n° 1 ; M-H. De Laender, *La révocation des dirigeants sociaux*, Dr. sociétés, mai 2000, p. 4 ; Cass. Com. *21 juin 1988*, Bull.civ.IV, n° 214, p. 147 ; JCP 1988.I. 17741 ; Rev. sociétés 1989. 46. Au Cameroun, le renvoi en novembre 2003 par le conseil d'administration de M. Fotso Yves-Michel de ses fonctions de Directeur général de la Cameroon Airlines constitue l'un des rares cas de révocation *ad nutum*.

souhaitent ou le veulent, « sans s'embarrasser de motifs, ni de préavis, encore moins d'indemnités[1] ». Le droit ainsi reconnu à l'assemblée générale ou au conseil d'administration ne souffre, en principe, d'aucune restriction[2]. On considère même qu'il a un caractère d'ordre public[3] dès lors que « toute disposition contraire est réputée non écrite[4] ». Ainsi, les clauses statutaire ou conventionnelle ayant « pour objet ou pour effet de restreindre ou d'entraver[5] » le droit de révocation *ad nutum*, ou les pactes ou décisions assurant au dirigeant soit la pérennité de ses fonctions[6] soit un contrat de travail ou son reclassement dans une autre fonction[7], soit une indemnisation[8] sont interdites[9]. En tout cas, les juges, sont « opposés, ou à tout le moins très réservés à l'égard des techniques imaginées par la

---

[1] A. Dione, *La révocation des dirigeants des sociétés anonymes et des sociétés à responsabilité limitée à la lumière de l'acte uniforme relatif au droit des sociétés commerciales et de groupement d'intérêt économique*, Rev. EDJA (Dakar), n° 54 (juil-août-sept) 2002. 55.

[2] Pour justifier la révocabilité *ad nutum*, on a d'abord invoqué la théorie du mandat selon laquelle le mandant peut à tout moment révoquer le mandat (art. 2004 C.civ). Cette opinion étant contestée par la théorie de l'institution, certains ont essayé de la fonder sur le nécessaire équilibre qu'il convient d'établir dans les rapports entre les organes de direction ou d'administration et les actionnaires, l'instabilité des fonctions des premiers étant la contrepartie des pouvoirs accrus qui leur sont reconnus par la loi. D'autres, enfin, ont tenté de justifier la révocabilité *ad nutum* par le caractère discrétionnaire du droit reconnu aux associés de remercier les dirigeants sans conditions. Pour la présentation et la critique de ces arguments, v. K. Adom, *op.cit.*, n°2.

[3] Cass.civ. *20 déc. 1910*, DP 1912, 1. 441 ; Versailles, *1er déc. 1988*, Bull. Joly 1989. 172 ; JCP E. 1989.II. 15517, n° 8 ; Paris, *14 déc. 1993*, RJDA n° 3/1994, n° 290, p. 241.

[4] V. en ce sens les articles 484 (révocation du président du conseil d'administration) et 509 (révocation de l'administrateur général) de l'AUS.

[5] Cass.com. *2 juin 1992*, Bull. civ. IV, n° 226, p. 159 ; JCP E. 1993.I. 215, n° 4 ; *4 juin 1996*, JCP E. 1996.II. 849, D. aff. 1996. 817, n° 13-3.

[6] V. par ex. Paris, *11 fév. 1994* (engagement d'irrévocabilité pour 5 ans) cassé mais sur un autre point par Cass.com. *1er avril 1997*, RJDA 5/1997.n° 659 (2e esp).

[7] Cass.soc. *15 mars 1983*, JCP 1983.II. 20002 ; D. 1984. 99 ; *3 mai 1995*, RJDA 10/1995. 878, n° 1113 ; 20 mars 1996, RJDA 1996. 669 ; *30 mars 1999*, RJDA 10/1999, n° 1094 ; Bull. Joly 1999. 1107.

[8] V. par ex.Cass. com. *9 janv. 1964*, D. 1964. 519 ; *15 mars 1983*, D. 1984. 99 ; *7 mars 1989*, JCP 1989.IV. 175 ; *18 oct. 1994*, Bull. Joly 1994. 1311 ; *3 mai 1995*, JCP E. I.505, n° 10 ; *4 juin 1996*, Bull. Joly 1996. 930.

[9] Sur l'ensemble de la question, v. K. Adom, *op.cit.*, n° 3 et s ; J. El Ahdab, *Les parachutes dorés et autres indemnités conventionnelles de départ des dirigeants : approche pluridisciplinaire et comparée*, Rev.sociétés 2004. 18, notam. n° 14 et s.

pratique en vue de protéger les dirigeants des effets néfastes de la révocation[1] ».

21. La compétence en matière de révocation *ad nutum* est réservée à l'assemblée générale ordinaire et au conseil d'administration, selon les dirigeants concernés.

De la combinaison des articles 433, 509 et 515 de l'AUS, il résulte que l'assemblée générale ordinaire peut révoquer à tout moment les administrateurs, l'administrateur général et l'administrateur général adjoint de la société anonyme. Si l'assemblée générale ne peut normalement délibérer sur une question qui n'est pas inscrite à l'ordre du jour, elle peut néanmoins « lorsqu'elle est réunie ordinairement, révoquer un ou plusieurs membres du conseil d'administration ou, le cas échéant, l'administrateur général ou l'administrateur général adjoint et procéder à leur remplacement[2] ». Une telle disposition confirme bien l'idée que la révocation des dirigeants sociaux peut intervenir à tout moment sans restriction.

Cela étant, pour statuer sur la révocation d'un administrateur, d'un administrateur général ou de son adjoint, l'assemblée générale ordinaire ne peut valablement délibérer, sur première convocation, que si les actionnaires présents ou représentés possèdent au moins le quart des actions ayant le droit de vote ; si cette condition n'est pas remplie, aucun quorum n'est requis sur deuxième convocation[3]. Quant à la majorité nécessaire pour décider, l'article 550 de l'AUS précise que l'assemblée générale ordinaire statue à la majorité des voix exprimées. Une fois la décision de révocation prise, elle doit être publiée au registre du commerce et du crédit mobilier pour être opposable aux tiers[4].

La question reste posée en ce qui concerne la compétence de l'assemblée générale extraordinaire. A cet égard, il faut relever qu'en droit français, jurisprudence[5] et doctrine[6] admettent que l'assemblée générale extraordinaire peut valablement prendre une décision de

---

[1] K. Adom, *ibid.*
[2] Art. 522 AUS.
[3] Art. 549 AUS.
[4] Art. 124 et 434 AUS.
[5] Rennes, *25 fév. 1972*, JCP 1972, II, 17220 note Synvet ; Paris, *15 mars 1990*, BRDA 1990/14, p. 18.
[6] V. notamment Mercadal et Janin, *op. cit*, n° 7854 ; A. Dione, *op. cit.*, p. 58.

révocation aux conditions de quorum et de majorités prévues pour les assemblées ordinaires[1]. Cette solution devrait normalement être reprise dans l'espace régi par le droit OHADA.

Quant au conseil d'administration, il est compétent pour révoquer à tout moment le président-directeur général[2] et le directeur général adjoint[3], le président du conseil d'administration[4], le directeur général[5]. Pour statuer valablement, il est nécessaire que la moitié au moins des membres du conseil soit présente[6]. La décision est par contre prise à la majorité des membres présents ou représentés, à moins que les statuts ne prévoient une majorité plus forte[7]. Bien entendu, la révocation doit être publiée au registre du commerce et du crédit mobilier[8].

22. Les dirigeants des sociétés anonymes sont donc exposés au risque permanent d'un renvoi *ad nutum*. Ils ne peuvent recourir au juge pour vérifier les motifs de la décision qui met fin à leurs fonctions[9]. Cependant, les juges du fond peuvent naturellement exercer le contrôle de la régularité formelle de la décision de révocation, c'est-à-dire le

---

[1] A ce propos, Mercadal et Janin (*ibid*) écrivent : » Puisque la loi admet la révocation des administrateurs par l'assemblée générale ordinaire, on ne voit aucune raison, en dehors d'un souci excessif de formalisme, d'exiger le quorum et la majorité requis pour les modifications statutaires sous prétexte que le problème de la révocation a surgi au cours d'une assemblée générale extraordinaire. Cette exigence empêcherait la révocation d'un administrateur alors que celle-ci aurait pu être valablement décidée si, au même moment, s'était tenue une assemblée ordinaire ».

[2] Art. 469 AUS.

[3] Art. 475 AUS.

[4] Art. 484 AUS.

[5] Art. 492 de l' AUS qui exclut ainsi du calcul du quorum le mécanisme de la représentation. Curieusement, la représentation est admise pour la majorité requise pour la prise de décision. Cette contradiction est critiquable. V. Anoukaha et autres, *op.cit.*, n° 905.

[6] Toute clause contraire est réputée non écrite. V. Art. 454 AUS.

[7] Signalons qu'au Cameroun, la révocation du directeur général d'une société à capital public ayant comme actionnaire unique l'Etat ou une collectivité publique ne peut être prise par le conseil d'administration convoqué en session extraordinaire, qu'en présence des deux tiers au moins des membres présents (la représentation étant interdite) et à l'unanimité. V. art. 49 de la loi n° 99/016 du 22 décembre 1999 portant statut général des établissements publics et des entreprises du secteur public et parapublic.

[8] Art. 124 AUS.

[9] Cass. Com. *26 nov 1996*, JCP E 1997.II. n° 918, D. aff. 1997, chron. p. 81 qui censure la cour d'appel de Paris pour s'être livrée à une appréciation des griefs faits par la société à son président.

respect des règles de procédure et, le cas échéant, de prononcer la nullité de la décision[1]. De même, il leur est reconnu le pouvoir de contrôler les circonstances de la révocation *ad nutum* pour apprécier si elle est abusive. Tel est le cas lorsque celle-ci porte une atteinte injustifiée aux droits de la personne[2] ou lorsque la décision a un caractère intempestif entraînant en fait une impossibilité de défense de la part du révoqué. C'est ce que confirme la Cour de cassation[3] lorsqu'elle décide que la révocation *ad nutum* n'est abusive que « *si elle a été accompagnée de circonstances ou a été prise dans des conditions qui portent atteinte à la réputation ou à l'honneur du dirigeant révoqué, ou si elle a été décidée brutalement sans respecter le principe de la contradiction* ». En décidant ainsi, la haute juridiction contribue à élargir la voie qui tend au rapprochement entre la révocation *ad nutum* et la révocation contrôlée par le juge et que certains[4] souhaitent voir aboutir à l'unification des deux régimes de révocation.

2. Les techniques d'assouplissement du régime de la révocation « ad nutum »

23. Force est d'observer, en droit français, que les principales caractéristiques de la révocation *ad nutum* (décision de révocation pouvant intervenir à tout moment, sans préavis, motifs et d'indemnisation) sont remises en cause par la jurisprudence (a) et la pratique (b), dans le but d'assurer une meilleure protection aux dirigeants sociaux.

a) L'œuvre de la jurisprudence

24. D'abord, bien que la révocation *ad nutum* puisse intervenir à tout moment, sans préavis et sans motifs, la jurisprudence impose aux organes pouvant prendre une telle décision le respect du *principe du*

---

[1] Par exemple, si le conseil révoque un dirigeant sans que les règles de quorum ou de majorité soient respectées, l'article 454 de l'AUS édicte la nullité de la décision prise.
[2] J-L. Aubert, *op.cit.*, n° 10 et s. V. Cass.com. *21 juin 1988*, Rev. sociétés 1989. 46 ; Bull. Joly 1988, p. 687 ; *26 nov 1996*, D. aff. 1997, chr. P. 81
[3] Com. *3 janv. 1996*, JCP E. 1996, pan. 146 ; Bull. Joly 1996. 133, p. 388, note B. Saintourens ; JCP G. 1996.II.22658, note D. Gibirila ; D. 1996, IR 43 ; Dr. sociétés, avr. 1996, n° 83, note T. Bonneau.
[4] K. Adom, *op. cit.*, n° 4 et s.

contradictoire[1]. L'application de ce principe en cette matière consacre le droit des dirigeants d'être avertis du projet de révocation entrepris à leur encontre[2]. Il y a là une exigence qui se rapproche du préavis, « si l'on entend par préavis le fait d'informer au préalable le dirigeant du projet de sa révocation afin d'éviter une décision qui interviendrait par surprise[3] ». Dès lors, un délai suffisant[4] devrait donc être accordé au dirigeant pour lui permettre de préparer sa défense « sauf si la révocation s'est imposée ultérieurement à la convocation ou au cours de la réunion[5] ». En outre, le respect du principe du contradictoire emporte obligation pour l'organe compétent de préciser à l'avance les motifs de la révocation. C'est conférer au dirigeant le droit d'être informé du motif pour lequel sa révocation est envisagée afin qu'il puisse préparer et présenter sa

---

[1] Cass.com. *26 avr. 1994*, Rev. sociétés 1994. 725, note D. Cohen ; RTD com. 1994. 736 ; *3 janv. 1996*, Bull. Joly 1996. 388, note B. Saintourens ; JCP 1997.II. 22658 ; *26 nov. 1996*, JCP E 1997.II.n° 918 ; *24 fév. 1998*, Bull. Joly 1998. 527. Sur cette extension, v. P. Le Cannu, *Le principe de la contradiction et la protection des dirigeants*, Bull.Joly 1996. 11 ; K. Adom, *op.cit.*, n° 7 et s ; B. Daille-Duclos, *L'application extensive du principe du contradictoire en droit des affaires*, JCP E. 2000. 1990 ; M. Azavant, *La sanction civile en droit des sociétés ou l'apport du droit commun au droit spécia*l, Rev. sociétés 2001. 442 ; L. Godon, (*Le président de SAS en instance de révocation est-il protégé par le principe du contradictoire ?*) Note sous Versailles, 5 juin 2003, Rev. sociétés 2004. p. 108 et s.

[2] Pour justifier cette exigence, on a songé à invoquer soit la notion de droit naturel, soit le respect de la dignité humaine. V. K. Adom, *op.cit.*, n° 7 ; J-F. Barbiéri, *La révocation des dirigeants sociaux : pour la liberté statutaire*, JCP E. Cah.dr. entr. 3/2001, p. 5 ; L. Godon, note précitée, n° 11 qui écrit notamment que « *Même si l'issue du vote ne laisse aucun doute, l'intéressé ne peut-il pas malgré tout prétendre à un minimum d'égard lors de la rupture du lien qui l'unit à une société aux destinées de laquelle il a présidé ? Il nous semble que dans un état de droit, tout individu mérite une certaine déférence lorsqu'il est exposé à une mesure de sanction* ». Cependant, une partie de la doctrine conteste cette solution car elle considère que l'application du principe du contradictoire est contraire à la loi et détruit le mécanisme même de la révocabilité ad nutum. En ce sens, v. Ph. Reigné, *Révocabilité ad nutum des mandataires sociaux et faute de la société*, Rev. sociétés 1991. 499 ; A. Viandier et J.J. Caussain, Note sous Paris, *4 juil. 1996*, JCP E.I. 639, n° 8 ; M-H. de Laender, *op.cit.*, n° 9 et s.

[3] K. Adom, *op.cit.*, n° 10.

[4] Ce délai doit être raisonnable. La cour d'appel de Paris (*24 nov. 1998*, Dr. sociétés fév. 1999, comm. n° 25, note D. Vidal) a par exemple jugé que compte tenu des circonstances, un délai d'un mois pour présenter ses observations semblait suffisant pour considérer que le dirigeant n'a pas été révoqué abusivement.

[5] K. Adom, *ibid.*

défense[1]. En tout cas, comme l'a constaté un auteur[2], « la concrétisation du respect du principe de la contradiction introduit inévitablement la prise en compte des motifs de la révocation puisque le dirigeant doit être en mesure de se défendre ». Dès lors, la violation du principe du contradictoire « constitue une cause autonome de l'abus du droit de révocation, détachable des circonstances qui ont entouré la mesure »[3].

b) L'apport de la pratique ou des « milieux d'affaires »

25. Ensuite, par divers autres moyens, la pratique essaye de « contourner » la règle selon laquelle la révocation *ad nutum* intervient sans aucune indemnité pour le dirigeant[4]. Comme l'a écrit un auteur[5], il s'agit « de solutions palliatives destinées à lui assurer une certaine sécurité et lui éviter les conséquences parfois dramatiques qu'engendre la suppression de ses attributions ».

L'un de ces mécanismes conventionnels est la pratique des *golden parachute*[6]. D'origine américaine, le parachute doré peut se définir comme une « indemnité conventionnelle d'éviction -ou de départ- consentie à un dirigeant, social et/ou salarié, qui autrement n'aurait pas légalement droit à cette compensation spécifique, versée au titre de la

---

[1] Par ailleurs, si le juge ne doit pas en principe exercer un contrôle sur l'existence ou la pertinence du motif, la connaissance de celui-ci peut lui permettre de dire si les circonstances de la révocation sont légitimes. En ce sens, K. Adom, *op.cit.*, n° 16. V. aussi, Cass. Com. *21 Juin 1988*, Rev. sociétés 1989. 46 ; *27 mars 1990*, JCP E.II. 15802 ; *26 nov. 1996*, D. 1997. 493 qui limitent le contrôle du juge aux circonstances ou conditions de la révocation.

[2] B. Saintourens, note sous Cass.com. *3 janv. 1996*, Bull. Joly 1996. 133, p. 388 ; v. en ce sens, K. Adom, op.cit., n° 9.

[3] K. Adom, *op.cit.*, n° 8.

[4] Sur ces techniques, v. J-J. Caussain, *La précarité de la fonction de mandataire social (Révocation et modes de protection)*, Bull. Joly 1993,§ 151, p. 523 ; L. Reiner-Sacau, *Les protections des dirigeants d'entreprise*, Dr. et patr. 1995. 23 ; J. Delga, *Révocation sans indemnités des P-DG de SA en France, Mythe ou réalité ?*, D. aff. 1996. 763 ; M-Ch. Sordino, *Aménagements conventionnels et révocation* ad nutum *des dirigeants de société anonyme*, Mélanges Ch. Mouly, Litec 1998, t. 1, p. 245 ; M-H. de Laender, *op. cit.*, n° 9 et s ; J. El Adhab, *op. cit.*

[5] L. Reiner-Sacau, *op.cit.*, p. 23.

[6] V. J. El Adhab, *Les parachutes dorés et autres indemnités conventionnelles de départ des dirigeants : approche pluridisciplinaire et comparée*, Rev. sociétés 2004. 18. L'affaire Messier (PDG de Vivendi Universal) est l'une des plus retentissantes manifestations de cette pratique.V. Le *golden parachute* controversé de Jean-Marie Messier, in Le Monde, *4 juillet 2002*, p. 18.

cessation de ses fonctions et dans l'objectif d'aménager les conséquences financières de ce départ[1] ». Il existe plusieurs catégories de parachutes dorés qui se présentent sous la forme soit de conventions et/ou de décisions prévoyant ou promettant le versement pur et simple d'une indemnité forfaitaire au dirigeant en cas de cessation de fonctions, soit de conventions promettant le rachat des actions du dirigeant à un prix déterminé souvent supérieur à leur valeur vénale, soit de conventions et/ou résolutions prévoyant le versement d'une pension complémentaire de retraite au dirigeant en cas de cessation de ses fonctions, soit d'engagements conventionnels ou institutionnels en vertu desquels des avantages matériels ou « en nature » sont octroyés au dirigeant sortant.

D'une manière générale, la jurisprudence semble divisée, déclarant ces conventions, décisions ou résolutions tantôt illicites[2], tantôt valides[3]. En tout état de cause, la Cour de cassation admet de plus en plus qu'elles sont valables à condition d'être conformes à l'intérêt social et que le montant de la somme promise ne soit pas tel qu'il serait dissuasif, en pratique, de toute révocation[4]. Il revient aux juges du fond de rechercher, dans chaque cas, si la convention litigieuse avait « pour objet ou pour effet d'entraver ou restreindre la révocabilité *ad nutum*[5] ». C'est dire que la jurisprudence s'oriente vers une solution qui consiste à considérer

---

[1] J. El Adhab, *op.cit.*, n° 3 bis.

[2] Ces décisions sont fondées sur la libre révocabilité des dirigeants qui ne saurait être ni entravée, ni restreinte. Cass. Com. *2 juin 1992*, JCP E 1993.I. 215 ; *3 mai 1995*, JCP E 1995. I. 505 ; *4 juil. 1996*, Bull. Joly 1996. 930 ; Versailles, 1er déc. 1988, Bull. Joly 1989. 172 ; Paris, 28 mars 1995, RJDA n° 6/1995. 579 ; *6 juin 1997*, Dr. soc. Sept. 1997. 14, n° 144 (versement d'une indemnité forfaitaire) ; Cass. Com. *22 juil 1986*, JCP 1987.II.20796 ; *7 fév. 1989*, JCP 1989.IV. 175 ; Versailles, *11 juil. 1991*, Bull. Joly 1991. 1008 ; Paris, *30 oct. 1976*, Rev. sociétés 1977. 695 ; *13 déc. 1993*, RJDA 3/1994, n° 290, p. 241 (conventions d'achat d'actions) ; Cass.com. *15 juil. 1987*, D. 1987. IR. 202 ; Paris, *21 mars 1987*, Bull.civ. IV, n° 194, p. 142 (pensions de retraite).

[3] Cass.com. *16 nov. 1983*, Bull. civ.IV, n° 312, p. 270 ; *22 juil. 1986*, JCP 1987.II.20796 ; *22 juin 1993*, RTD civ. 1994. 443 ; *12 mars 1996*, D. 1996, somm. comm., p. 347 ; Paris, *26 juin 1998*, JCP E. 1998, n° 43, p. 1669 (validité de conventions de versement d'une indemnité forfaitaire) ; Cass.com. *7fév.1989*, D. 1989.IR, p. 60 ; JCP E 1989.II. 15517, n° 3 ; *22 juin 1993*, RJDA 1/1994, n° 3, p. 17 (validité de conventions d'achat d'actions à prix déterminé) ; Paris, *30 avril 1987*, D. 1987, IR. P. 170 (versement d'une pension de retraite).

[4] Cass.com. *12 mars 1996*, JCP E. 1996, pan. 724 ; Bull. Joly 1996. 176, p. 516. Sur l'analyse de ces conditions, v. J. El Adhab, *op. cit.*, n° 17 et s.

[5] Cass.soc. *5 nov. 1984*, JCP 1985.II. 20510 ; Com, *2 juin 1992*, RTD com 1993. 521 ; *12 mars 1996*, préc.

qu' » une convention réglant les conditions de départ d'un mandataire social n'est pas nulle par essence[1] » et que « la prohibition des indemnités en cas de révocation n'est pas d'ordre public contrairement au principe de libre révocabilité[2] ».

26. Une autre technique qui vise à atténuer la rigueur de la révocation *ad nutum* est le cumul d'un contrat de travail et d'un mandat social qui permet au dirigeant salarié de bénéficier en quelque sorte de la protection du droit du travail[3]. Un salarié de la société peut donc être nommé administrateur à la condition de justifier d'un emploi effectif donnant lieu à des rémunérations distinctes et supposant un lien de subordination[4]. Et quand bien même le cumul ne serait pas possible, il ne perd pas le bénéfice du contrat de travail[5]. Aussi, en cas de révocation, le dirigeant salarié retrouve son poste de travail. Toujours dans le souci de protéger le dirigeant de la révocation *ad nutum*, la Cour de cassation a admis, dans le cas d'un groupe de société, que le salarié d'une société mère pouvait

---

[1] Cass.com. *7 mars 1989*, JCP E.II. 15517, n° 3, spéc. p. 374, chron. A. Viandier, J-J. Caussain.

[2] J. Delga, *op.cit.*, spéc. p. 765 ; D. Mellet, *Les clauses d'indemnisation au profit des mandataires sociaux tendent-elles à être reconnues* ? JCP E. 2001, p. 212. Le droit français se rapproche ainsi du droit anglais qui, tout en maintenant le principe de la révocabilité *ad nutum*, n'interdit pas pour autant la possibilité d'accorder tout paiement ou compensation au dirigeant remercié. En droit américain, la validité des golden parachute est admise en vertu de la « *business judgement rule* », principe prétorien qui reconnaît aux administrateurs de décider de l'octroi ou non d'un parachute doré au dirigeant révoqué ou retiré. V. J. EL Adhab, *op.cit.*, n° 23 et s.

[3] V. J.-L. Aubert, *La révocation des organes d'administration des sociétés commerciales*, RTD com., 1968. 977, et spéc. n° 11 et s. L. Reiner-Sacau, *Les protections des dirigeants d'entreprise*, Dr. et patrim. 1995, p. 23 ; M-H. de Laender, *op. cit.*, n° 13 et s. Il convient de relever que l'AUS est plus souple que la loi française en matière de cumul et reconnaît même à un administrateur le droit de conclure un contrat de travail avec la société. V. art. 426. Il faut cependant lever toute équivoque : les dirigeants sociaux, en tant que tels, ne bénéficient pas, en ce qui concerne la cessation de leurs fonctions, de la protection instituée par le droit du travail.

[4] V. art. 93 alinéa 1er de la loi n° 66-537 du 24 juillet 1966 issu de la loi n° 94-123 du 11 février 1994 qui prévoit que : « *Un salarié de la société ne peut être nommé administrateur que si son contrat de travail correspond à un emploi effectif ; il ne perd pas le bénéfice de ce contrat de travail* ».

[5] La Cour de cassation considère que « *sauf disposition contraire, le contrat de travail est suspendu pendant la durée du mandat social* ». V. Cass. soc. *11 juil. 1997*, JCP E 1998, p. 510, n° 8, obs A. Viandier et J-J. Caussain.

exercer les fonctions de dirigeant au sein d'une filiale, de sorte qu'en cas de révocation, il est protégé par son statut de salarié de la société mère[1].

27. Au total, ces tentatives de « contournement » de la révocation *ad nutum* montrent que celle-ci est de plus en plus remise en cause dans son principe, son fondement et ses effets[2]. Aussi, pour assurer une plus grande stabilité aux dirigeants sociaux, deux alternatives ont été proposées : soit la contractualisation du régime de la révocation des dirigeants (les règles étant fixées librement par les statuts), soit l'extension du régime de la révocation pour justes motifs à tous les dirigeants sociaux (celle-ci étant soumise au contrôle du juge)[3]. La loi n° 2001- 420 du 15 mai 2001 relative aux nouvelles régulations économiques a en partie accueillie cette deuxième solution en prévoyant que si le directeur général (ainsi que le directeur général délégué) est révocable à tout moment par le conseil d'administration, la révocation peut donner lieu à des dommages-intérêts si elle est décidée sans juste motif[4]. Il s'agit d'un système hybride qui tend à sauvegarder le droit des associés à révoquer le dirigeant quand ils le souhaitent et celui du dirigeant de prétendre à une indemnisation en cas de révocation injustifiée.

B- La révocation « contrôlée » des dirigeants des autres formes sociales

28. « Il y a révocabilité contrôlée dès l'instant qu'un débat peut s'engager sur les motifs d'une révocation et que ce débat peut aboutir à une sanction de la révocation injustifiée alors même que le fait de la cessation des fonctions ne serait pas remis en cause[5] ». L'AUS consacre

---

[1] Cass. soc. *4 mars 1997*, D. 1998, somm. p. 183 ; RTD com., 1997. 650. On a reproché très justement à cette solution de faire fi du principe de l'autonomie juridique des entités du groupe et des règles élémentaires de nomination des dirigeants sociaux. En ce sens, v. M-H de Laender, *op. cit.*, note n° 40 ; B. Petit, Observations sous Cass.com. *6 oct. 1994*, Rev. sociétés 1994, p. 76. En droit OHADA, v. H-D. Modi Koko Bebey, *Le contrôle de la gestion des filiales par la société mère dans le droit uniforme des sociétés commerciales en Afrique*, in Mélanges Y. Guyon, 2003, p. 846.

[2] F-X. Lucas, *L'avenir de la révocabilité ad nutum des dirigeants sociaux*, Dr. soc. nov. 2001, p. 3.

[3] V. M-H de Laender, *op. cit.*, n° 16 et tous les auteurs cités à la note n° 41.

[4] V. art. L. 225-55 du Code de commerce. Le régime de la révocation *ad nutum* ne concerne désormais que les administrateurs (art. L. 225-18 C. com.) et les membres du conseil de surveillance (art. L. 225-75 C. com.).

[5] J-L. Aubert, *op.cit.*, n° 15 *in limine*.

la libre révocation des gérants des sociétés de personnes et de la société à responsabilité limitée par les associés, tout en la tempérant par le contrôle éventuel par le juge du motif fondant une telle décision. En effet, il prévoit que « *Si la révocation est décidée sans justes motifs, elle peut donner lieu à dommages et intérêts*[1] ». Dans ce cas, le contrôle du juste motif ne peut intervenir qu'*a posteriori* (a). En revanche, lorsque la révocation est prononcée par le juge, il est tenu de procéder à un contrôle *a priori* de la cause légitime de révocation (b).

a) La révocation décidée par les associés : le contrôle a posteriori du juste motif de révocation

29. Les associés ont le droit de révoquer le dirigeant de la société. Dans le cas de la société en nom collectif, « *si tous les associés sont gérants, ou si un gérant associé est désigné par les statuts, la révocation de l'un d'eux ne peut être faite qu'à l'unanimité des autres associés*[2] ». En revanche, si le gérant n'est pas nommé par les statuts, qu'il soit associé ou non, sa révocation peut être décidée par la majorité en nombre et en capital des associés[3]. Les conditions de révocation varient donc selon que le gérant associé ou non, a été désigné par les statuts. Quant à la société à responsabilité limitée, l'article 326 de l'acte uniforme prévoit que « *le ou les gérants statutaires ou non sont révocables par décision des associés représentant plus de la moitié des parts sociales*[4] ».

30. Quelle que soit la forme de la société, les associés décident librement de la révocation du gérant sans avoir l'obligation d'indiquer les motifs qui les ont conduit à prendre une telle décision[5]. Le problème de la recherche et de l'appréciation du juste motif de révocation ne se pose alors que si le dirigeant remercié conteste la décision. Il revient au juge de contrôler *a posteriori* le motif invoqué par les associés pour révoquer le dirigeant. Il ne s'agit pas de constater simplement l'existence d'un ou

---

[1] V. art. 281 (révocation du gérant de la SNC) et 326 (révocation du gérant de la SARL).
[2] V. art. 279. Cette révocation entraîne en principe dissolution de la société, sauf stipulation contraire des statuts ou décision des associés prise à l'unanimité de continuation. V. Cass. Com. *26 nov. 2003*, Dr. sociétés 2004 (fév.), p. 27, note J. Monnet, qui approuve une cour d'appel d'avoir décidé que la société avait été dissoute à l'issue de l'assemblée des associés au cours de laquelle l'associé gérant a été révoqué.
[3] V. art. 280, al. 2.
[4] Cette règle est d'ordre public. Toute clause contraire est réputée non écrite.
[5] En ce sens, R. Baillod, *Le « juste motif » de révocation des dirigeants sociaux*, RTD com., 1983. 395, spéc. n° 8, p. 400.

de plusieurs motifs, mais surtout d'apprécier s'ils sont justes. On estime que pour être « juste », le motif doit revêtir un caractère de *gravité* eu égard à l'importance de la mesure en jeu et un caractère d'*objectivité* en ce qu'il doit reposer sur des faits réels et précis[1]. D'une manière générale, le juste motif de révocation est tiré soit d'un manquement du gérant à ses fonctions, soit de la seule considération de l'intérêt social[2].

Dans la première hypothèse, c'est le comportement du dirigeant qui est mis en avant, les associés s'appuyant sur une faute de celui-ci dans l'exercice de ses fonctions pour décider de sa révocation. La faute consiste habituellement dans le non-respect de la loi[3], des statuts[4] ou des décisions ou instructions reçues. Ainsi par exemple a-t-il été jugé que la transgression reconnue d'instructions relatives au maniement des fonds de la société et de ses comptes bancaires constitue un juste motif de révocation du gérant d'une SARL[5]. En tout état de cause, la révocation est généralement fondée sur une faute de gestion[6] du dirigeant qui peut

---

[1] Baillod, *op. cit.*, n° 10. Cet auteur considère que ce double critère devrait conduire à tenir pour non justes des raisons subjectives ou incontrôlables telle que la perte de confiance alléguée par les associés sans autre précision.

[2] Sur cette notion, v ; G. Goffaux-Callebaut, *La définition de l'intérêt social. Retour sur la notion après les évolutions législatives récentes*, RTD com. 2004. 35 ; A. Constantin, *L'intérêt social : quel intérêt* ? Mélanges B. Mercadal, 2002, p. 315 ; C. Bailly-Masson, *L'intérêt social, une notion fondamentale*, Petites affiches, 9 nov. 2000, p. 6 ; Ph. Bissara, *L'intérêt social*, Rev. sociétés 1999. 5 ; A. Pirovano, *La boussole de la société - Intérêt commun, intérêt social, intérêt de l'entreprise* ? D. 1997, chron. 189 ; J-P. Bertrel, *L'intérêt social*, Dr. et patrim. Avril 1997, p. 42 ; Ph. Goulay et F. Danos, *De l'abus de la notion d'intérêt social*, D. affaires 1997. 877 ; A. Couret, *L'intérêt social*, Cah. dr. entr., 1996-4, p. 1 ; D. Schmidt, *De l'intérêt social*, JCP E. 1995, I, n° 488.

[3] Paris, *28 oct. 1980*, JCP G. 1981.IV. 393 (refus de convoquer l'assemblée générale) ; *28 oct. 1980*, Bull. Joly 1980, p. 608 (augmentation de capital décidée unilatéralement et violation des règles de présentation et d'approbation des comptes sociaux).

[4] Poitiers, *29 août 2002*, Juris-Data n° 2002-187269 ; Dr. sociétés 2002, comm. 220, note J. Monnet (embauche d'un salarié en violation des statuts).

[5] Paris, *24 oct. 2003*, Dr. sociétés 2004 (mars), p. 26. La faute du dirigeant est le motif le plus récurrent pour justifier la révocation. Sur l'ensemble de la question, v. R. Baillod, *op. cit.*, n° 11 et s.

[6] La faute reprochée au dirigeant doit être une faute de gestion commise dans l'exercice de ses fonctions et non une faute extérieure à ses fonctions de gérant. V. Reims, *23 avril 1979*, JCP G 1980.II. 19410 note Y. Guyon.

parfois être de nature à compromettre l'intérêt social[1]. Celui-ci est effectivement l'un des motifs invoqués par les associés pour se séparer d'un dirigeant.

Dans la seconde hypothèse, c'est l'intérêt social que les associés vont invoquer pour mettre fin aux fonctions du dirigeant alors même qu'ils n'ont rien de précis à lui reprocher. Il peut en être ainsi lorsque la conjoncture économique en provoquant la baisse d'activité de la société ou sa stagnation, oblige les associés à entreprendre la réorganisation de la société et pour ce faire à se séparer du dirigeant en place qui ne leur paraît plus être « *l'homme de la situation* ». Optant pour une appréciation extensive du juste motif[2], la jurisprudence admet bien que la révocation peut être justifiée par la considération de l'intérêt social[3] dès lors que celui-ci se traduit par des mesures qui ne permettent plus le maintien du dirigeant dans ses fonctions[4]. Ainsi, la cour d'appel de Paris [1], refusant de

---

[1] Dans ce sens, Cass. Com. *4 mai 1993*, RJDA 12/93, n° 1048 ; Cass. Com. *4 mai 1999*, RJDA 7/99 n° 792 ; Dijon, *4 avril 2003*, Dr. sociétés 2003 (août-sept), p. 23, note J. Monnet.

[2] M-H. de Laender, op.cit., n° 17 et s.

[3] Cet intérêt doit être réel et certain. Il doit reposer sur des éléments d'appréciation objectifs afin d'être contrôlable par le juge. On peut cependant légitimement s'interroger sur ce pouvoir du juge à apprécier l'intérêt social. Si on l'admet, c'est d'une certaine manière lui reconnaître le droit de s'immiscer dans la gestion de la société, fût-ce *a posteriori*, et partant, de remettre en cause la souveraineté des associés. V. K. Adom, *op. cit.*, n° 26 ; M. Jeantin, *Le rôle du juge en droit des sociétés*, Mélanges R. Perrot, Dalloz 1996, p. 149

[4] Paris, *24 nov. 1998*, Dr. sociétés 1999, comm. 42 ; *3 nov. 1995*, Dr. sociétés 1996, comm. 62 (inaptitude du dirigeant à conduire une nouvelle politique sociale) ; Cass. Com. *4 mai 1999*, JCP E., p. 1083, Dr sociétés 1999, comm. 126 ; Versailles, *11 févr. 1988*, JCP G 1988.II. 15292 (mésentente entre cogérants) ; Paris, *17 nov. 1992*, BRDA 15 janv. 1993, p. 6 (réorganisation de l'entreprise). En revanche, jugé que le simple changement de majorité au sein de l'assemblée des associés ne constitue pas un juste motif de révocation lorsqu'il ne s'accompagne pas d'une redéfinition des objectifs de la société. Cass. Com. *29 mai 1972*, Rev. sociétés 1973. 487. De même, le tribunal de commerce de Paris (*19 mars 2002*, Dr. sociétés 2003, janv, p. 34) a jugé que « la mésentente irréconciliable invoquée (entre la gérante et les autres cadres de la société) ne constitue pas un juste motif de révocation ». Rappelons que la Cour de cassation est constante pour décider que la mésentente entre les différents organes de gestion ou entre l'assemblée et le gérant ne peut constituer un juste motif de révocation que si elle est de nature à compromettre l'intérêt social ou le fonctionnement de la société. V. Com. *4 mai 1999*, Dr. sociétés (août-sept) 1999, comm.n° 126 ; *4 mai 1993*, Bull. Joly 1993, § 224, p. 769.

s'incliner devant la position prise par la Cour de cassation, a pu « valider » la révocation d'une gérante par l'assemblée générale pourtant convoquée dans des conditions non conformes à la loi et aux statuts, dès lors que la décision a été prise « pour un juste motif, celui de préserver les intérêts de la société dans des circonstances où la survie de celle-ci était en cause ».

En considérant que la notion de juste motif se définit aussi en fonction de l'intérêt social[2], la jurisprudence en arrive à « durcir » le régime de la révocation au détriment des dirigeants. On peut ainsi craindre qu'en faisant appel à un critère aussi subjectif, elle n'en vienne pas finalement à rendre la révocation des gérants de sociétés de personnes ou de SARL discrétionnaire, et partant, à la rapprocher de la révocation *ad nutum* des dirigeants de la société anonyme alors même qu'elle essaye, comme il a été démontré ci-dessus, d'atténuer les effets négatifs de cette dernière[3].

31. Cela étant, la révocation décidée sans justes motifs ouvre un droit à l'indemnisation au dirigeant[4], à l'exclusion de toute possibilité de réintégration dans ses fonctions[5]. Il en est de même lorsqu'il est remercié dans des circonstances injurieuses ou vexatoires[6] ou dans des conditions brusques ou portant atteinte à son honneur ou à sa réputation[7]. La théorie de l'abus de droit s'applique donc aussi en cas de révocation contrôlée. Reste à savoir si les statuts de la société peuvent prévoir des clauses excluant ou limitant l'indemnisation du dirigeant en cas de révocation injustifiée. Cette question a toujours divisé la doctrine française, certains auteurs se prononçant en faveur de la validité d'une telle clause en considérant que les dommages intérêts ne sont qu'une faculté lorsque les justes motifs ne sont pas constatés, d'autres par contre estimant que le

---

[1] *13 nov. 2002*, Juris-Data n° 2002-205298 ; Dr. sociétés 2003 (juin), p. 24. En l'espèce, deux irrégularités affectaient la validité de la convocation de l'assemblée des associés : d'une part la convocation avait été faite par un associé non gérant sans mandat judiciaire et, d'autre part, le délai de convocation de 15 jours n'avait pas été respecté. Elles auraient dû normalement entraîner la nullité de l'assemblée.

[2] V. notam. Paris, *20 nov. 1980*, Rev. sociétés 1981. 583, note P. Le Cannu.

[3] M-H. de Laender, *op. cit.*, n° 21.

[4] Le dirigeant devra nécessairement prouver qu'il a subi un dommage. V. Cass. Com. *18 févr. 1980*, Bull. civ. IV. n° 85, p. 65.

[5] Cass. Com. *22 nov. 1977*, Rev. sociétés 1978. 483.

[6] Cass. Com. *7 juin 1983*, Rev. sociétés 1983. 796.

[7] Cass. Com. *1er févr. 1994*, JCP G 1995. II. 22432 ; Rev. Sociétés 1995. 281.

droit à la réparation du dirigeant a un caractère impératif[1]. L'AUS adopte une attitude équivoque par rapport à ce problème. D'une part, en ce qui concerne la révocation des gérants de la société en nom collectif, l'article 282 répute *non écrite* toute clause des statuts contraire à la règle selon laquelle « *si la révocation du gérant est décidée sans justes motifs, elle peut donner lieu à dommages et intérêts* »[2]. D'autre part, aucune disposition de même nature n'est prévue à propos de la révocation des dirigeants de la société à responsabilité limitée. Il paraît alors cohérent d'étendre la règle édictée pour la révocation des dirigeants des sociétés de personnes à celle des dirigeants de la SARL car rien ne justifie que ceux-là soient plus protégés que ceux-ci. En conférant un caractère d'ordre public au droit à l'indemnisation des dirigeants révoqué sans justes motifs, l'AUS prend une position ferme en faveur de leur protection et s'inscrit à contre-courant du mouvement de *contractualisation* du régime de révocation que l'on observe en droit français[3].

b) La révocation décidée par le juge : le contrôle a priori de la cause légitime de révocation

32. La révocation judiciaire des dirigeants n'est expressément prévue qu'à propos de la SARL[4]. En effet, il résulte de l'article 326 de l'AUS que « *le gérant est révocable par le tribunal chargé des affaires commerciales, dans le ressort duquel est situé le siège social, pour cause légitime, à la demande de tout associé* ». Contrairement à la révocation décidée par les associés qui peut intervenir même sans justes motifs,

---

[1] Sur cette question, v. R. Baillod, *op.cit.*, n° 33 et s ; D. Mellet, *Liberté statutaire et contrôlée de la révocation des mandataires sociaux protégés*, JCP E 1999, p. 1278 ; J-L. Aubert, *op.cit.*, n° 16 ; Mercadal et Janin, *op. cit.*, n° 3835. Signalons que la Cour de cassation a admis la validité de telles clauses à propos d'une société civile sur le fondement de l'article 1851 du Code civil. V. Civ. *6 janv. 1999*, RJDA 8-9/99, n° 950 ; Dr. sociétés 1999 (mars), comm. n° 34.

[2] V. art. 281.

[3] Il s'agit de laisser aux associés la liberté de décider dans les statuts des modalités de révocation des dirigeants. Tel est déjà le cas dans les sociétés par actions simplifiées et la société en commandite par actions (art. L.226-2 C. com).

[4] Aucune disposition ne vise la révocation judiciaire des dirigeants des SNC. On estime cependant qu'elle doit être admise même dès lors qu'il n'y a pas de raison justifiant que les associés soient privés du recours au juge compétent pour assurer la protection de leurs intérêts. V. Mercadal et Janin, *op. cit.*, n° 3843 ; Paris, *12 sept. 1995*, Bull. Joly 1995, p. 1076 note P. Le Cannu.

l'existence d'une cause légitime est la condition de la révocation entreprise par le juge. Il revient donc aux associés d'établir la « cause légitime » qui justifie la demande de révocation du dirigeant et au juge compétent de la contrôler préalablement à toute décision.

33. Il y a lieu de se demander si la notion de « *cause légitime* » est vraiment distincte de celle de « *juste motif* ». On doit admettre qu'il n'en est rien car l'une ou l'autre suppose que la décision de révocation, quel que soit celui qui la prend, doit reposer sur une raison sérieuse et avérée. Elles sont donc interchangeables comme renvoyant à la même réalité[1]. La juridiction compétente doit rechercher ou vérifier si les motifs invoqués par le ou les demandeurs constituent une cause légitime de révocation du dirigeant. Elle dispose d'un pouvoir souverain d'appréciation des éléments qui lui sont présentés et décide librement. Ainsi, en droit français, il a par exemple été jugé que la demande de révocation avait une cause légitime lorsque le gérant : a abandonné ses fonctions et emporté un carnet de chèques de la société pour s'en servir à des fins personnelles[2] ; détenant la moitié du capital de la société, n'assiste plus aux assemblées depuis plusieurs années, paralysant ainsi le fonctionnement de la société[3] ; a été mis en curatelle à cause de la diminution de ses capacités intellectuelles[4] ; ou lorsque les deux cogérantes refusent de collaborer, entravant ainsi la bonne marche de la société[5]. Ces quelques exemples montrent bien que la cause légitime de révocation peut être fondée soit sur l'attitude ou le comportement du dirigeant, soit sur l'intérêt de la société.

34. La révocation judiciaire des gérants soulève un double problème : celui de la détermination du juge compétent d'une part, et celui de la nature et du régime de l'action en révocation d'autre part.

---

[1] V. tous les auteurs cités par R. Baillod, *op. cit.*, p. 400, note n° 36. Contra, v. Cl. Berr, *L'exercice du pouvoir dans les sociétés commerciales*, Sirey, 1961, spéc. n° 675 qui pense que l'on ne peut « considérer comme justes motifs de révocation judiciaire que les faits afférents à l'attitude du gérant, à l'exclusion des causes légitimes tirées de l'intérêt de la société ».

[2] Trib. com. Paris, *18 juin 1974*, Bull. Joly 1974, p. 596.

[3] Paris, *8 nov. 1996*, RJDA 2/97 n° 219.

[4] Paris, *4 avril 1997*, Dr. sociétés 1997 comm. 177 obs. Bonneau.

[5] Aix, *9 juil. 1982*, Bull. cour d'Aix 1982/2 p. 97.

L'AUS énonce que le gérant est révocable par le tribunal chargé des affaires commerciales[1]. On peut alors se demander si le juge des référés peut prononcer la révocation d'un gérant. Si en droit français, certains reconnaissent cette compétence au juge des référés en cas d'urgence[2], il semble difficile d'adopter la même solution pour ce qui est du droit OHADA. En effet, l'AUS en visant le tribunal, c'est-à-dire une juridiction statuant au fond, paraît dénier toute compétence du juge des référés pour prononcer la révocation. En outre, la révocation est une décision grave qui paraît excéder la compétence du juge de l'urgence. Celui-ci ne saurait prendre que des mesures conservatoires telle la suspension des fonctions du gérant ou la limitation de ses pouvoirs en attendant que la juridiction de fond se prononce.

35. La détermination de la nature juridique de l'action en révocation est assez délicate. Il s'agit de savoir si cette action est *individuelle* ou *sociale*. L'AUS en énonçant que le gérant est révocable par le tribunal « *à la demande de tout associé* », règle en réalité le problème de l'exercice ou du titulaire de l'action en révocation et non celui de sa nature. On peut considérer que bien que l'action en révocation soit exercée par un associé, elle n'en a pas moins une nature sociale en ce qu'elle ne se justifie que si les actes ou faits reprochés au dirigeant nuisent à l'intérêt social ou au bon fonctionnement de la société[3]. Autrement dit, l'action en révocation est une action qu'un associé exerce au nom et pour le compte de la société. Le seul problème qui se pose est de savoir si l'associé qui décide de saisir la juridiction compétente agit librement ou doit consulter ou obtenir l'accord des autres associés. En droit français, la cour d'appel de Paris a répondu par la négative[4]. Cette solution doit être approuvée car elle permet d'éviter la paralysie de

---

[1] Art. 326 al. 2. Au Cameroun, c'est soit le tribunal de grande instance (demande supérieure à 5 millions FCFA), soit le tribunal de première instance (demande inférieure ou égale à 5 millions).

[2] Cette solution serait fondée sur l'article 872 NCPC. V. Mercadal et Janin, *op. cit.* n° 5321 ; Pau, *6 mars 2003*, Dr. sociétés 2003 (août-sept), p. 26 (qui décide que le gérant dont le comportement met en péril la société peut être révoqué par décision du président du tribunal de commerce statuant en référé) ; Trib. com. Paris, *18 juin 1974*, Bull. Joly 1974, p. 596.

[3] Contra, Paris, *26 mai 2000*, JCP E 2000, panor. 1359 qui considère que l'associé demandeur doit mettre en cause tous les autres associés car l'action en révocation n'est pas une action sociale.

[4] Paris, *8 nov. 1996*, Bull. Joly 1997, p. 213, § 80, note G. Lesguillier.

l'action en révocation, notamment en cas de divergence entre les associés.

CONCLUSION

36. Le régime de la cessation des fonctions des dirigeants sociaux reste marqué par la diversité des règles applicables, notamment en matière de révocation. Le droit OHADA confirme ainsi sa « filiation » à la loi française de 1966, nonobstant quelques innovations. Il n'a apparemment pas tiré profit des mutations récentes intervenues en droit français. Certes, l'unité des régimes de révocation n'y est pas encore définitive. Mais, force est de constater que le droit français (loi et jurisprudence) tend de manière progressive au rapprochement de la révocation *ad nutum* et de la révocation pour justes motifs, la première devenant même résiduelle. Une telle évolution aurait pu inspirer les rédacteurs de l'AUS. En effet, il est difficile de croire que l'unité des régimes de démission d'une part, et de révocation, d'autre part, soit introuvable. Les spécificités propres aux sociétés de personnes et aux sociétés de capitaux tendent à s'estomper. En tout cas, elles ne sont pas si importantes pour constituer un obstacle péremptoire à l'institution de règles communes applicables dans toutes les sociétés.

Dix ans bientôt après son entrée en vigueur, le temps semble venu pour que le régime de la cessation des fonctions des dirigeants sociaux instauré par l'Acte uniforme relatif au droit des sociétés commerciales et du groupement d'intérêt économique, reçoive « une cure de jouvence » en vue de sa cohérence et de son unité[1].

---

[1] Sur l'évaluation de l'application du droit OHADA en général, v. A. Cissé, *L'harmonisation du droit des affaires en Afrique : l'expérience de l'OHADA à l'épreuve de sa première décennie*, Rev. int. dr. éco. 2004.2. p. 197.

LE ROLE DU REGISTRE DU COMMERCE ET DU CREDIT MOBILIER OHADA DANS L'AMELIORATION DE L'ACCES AU CREDIT

par

Yvette -Rachel KALIEU ELONGO

Agrégée de droit privé
Vice Doyen chargée de la scolarité et du suivi des étudiants
Faculté des Sciences Juridiques et Politiques
Université de Dschang (Cameroun)

1. Le Registre du Commerce et du Crédit Mobilier ci-après RCCM est une des innovations majeures dans le nouveau paysage juridique des pays de l'OHADA[1]. Il est institué par l'article 19 de l'A.U.D.C.G. et remplace l'ancien Registre du commerce. Il joue un double rôle. Le premier est un rôle traditionnel qui est celui de recevoir l'immatriculation des commerçants personnes physiques, des sociétés et autres personnes morales dans les conditions prévues aux art. 25 et suivants de l'A.U.D.C.G. Le second est un rôle nouveau introduit par le droit OHADA, qui est de recevoir l'inscription de certaines sûretés limitativement énumérées par la loi d'où l'appellation Registre du Commerce et du Crédit Mobilier. Il n'y a donc pas un, mais deux registres car, à bien y regarder et à la lecture des textes, les deux fonctions du RCCM sont différentes. L'article 19 prévoit en effet que : le RCCM a pour objet :

- d'une part de recevoir l'immatriculation des personnes physiques commerçantes, des sociétés commerciales et autres personnes morales assujetties à l'immatriculation.
- d'autre part, de recevoir les inscriptions relatives aux différentes sûretés que le texte prend le soin d'énumérer limitativement. Il s'agit : du nantissement des actions et des parts sociales, du nantissement du fonds de commerce, du privilège du vendeur du fonds de commerce, du

[1] Koné (M.), *Le nouveau droit commercial des pays de la zone OHADA, comparaisons avec le droit français*, L.G.D.J., 2003, n° 353 et sv. ; n°62 et sv. ; Santos (A.P.), *commentaire sous livre II AUDCG, OHADA traité et actes uniformes commentés et annotés*, 3 7 2D. 2008, pp. 198 et sv.

nantissement du matériel professionnel et des véhicules automobiles, du privilège du trésor, de la douane et des institutions sociales[1], du nantissement des stocks, de la réserve de propriété, du contrat de crédit-bail.

2. La fonction d'inscription est donc différente de la fonction d'immatriculation[2]. C'est parce qu'il ne reçoit que l'inscription des sûretés réelles mobilières plus précisément de certaines d'entre elles – que le registre est dénommé registre du crédit mobilier. Registre du crédit et non registre des sûretés parce que les inscriptions de sûretés que ce registre est appelé à recevoir sont nécessairement liées à la mise en place d'un crédit consenti au débiteur que le crédit soit antérieur, ce qui est l'hypothèse la plus courante, ou postérieure à l'inscription de la sûreté. Le lien, la relation est donc établie entre le crédit, les sûretés et le registre en ce qu'il est possible de schématiser en disant : que le crédit suppose la sûreté (même si cela n'est pas toujours le cas) et que la sûreté nécessite l'inscription au RCCM. Mais, il faut aller plus loin et dire qu'à travers le RCCM c'est le crédit, entendu comme confiance (du latin *credere,* c'est-à dire croire) du débiteur ou du contractant en général, qui est apprécié de manière globale et le RCCM est l'un des moyens juridiques qui permet d'apprécier ce crédit et parant la crédibilité, qui est l'un des moyens juridiques permettant d'établir une relation d'affaires. D'où l'intérêt de la présente contribution.

3. Dix ans après l'entrée en vigueur de l'AUDCG qui a institué le RCCM, il s'agit d'apprécier le rôle du RCCM dans l'amélioration de l'accès au crédit. Autrement dit, dans quelle mesure ce registre et les mécanismes mis en place pour en assurer l'effectivité et l'efficacité contribuent réellement à l'amélioration de l'accès au crédit des entreprises de l'espace OHADA, c'est-à-dire à renforcer le crédit des entreprises de la région en terme de confiance et de possibilité d'accès au crédit ?

---

[1] En principe, les privilèges, qu'ils soient généraux ou spéciaux sont d'origine légale et ne sont pas soumis à l'exigence de publicité pour leur opposabilité aux tiers. Toutefois l'art 108 A.U.S. impose la publicité de certains privilèges. C'est le cas en particulier des privilèges pour les créances fiscales, douanières, et des organismes de sécurité sociale lorsque ces créances sont au-delà d'un certain montant prévu par la loi.

[2] Il faut d'ailleurs noter qu'à côté des dispositions générales, un titre III est consacré à l'inscription des sûretés (article 44 et sv.).

4. Si la fonction que l'on assigne traditionnellement au RCCM ou à d'autres mécanismes jouant un rôle identique est d'abord une fonction de publicité qui permet notamment aux tiers d'avoir accès à des informations concernant des actes juridiques dont ils ne sont pas partie, cette fonction de publicité est elle-même conditionnée dans son effectivité et son efficacité par un autre rôle qui est celui de la collecte voire de la centralisation des informations qui en l'espèce ont trait aux différents droits réels consentis, généralement à titre provisoire, sur des biens mobiliers. Le RCCM ne peut atteindre les objectifs à lui assignés que s'il remplit convenablement ces deux fonctions différentes, mais complémentaires qui lui sont assignées à savoir la centralisation des inscriptions et leur publicité à travers la diffusion des informations.

5. Sur ces deux aspects, il s'agira de montrer que le RCCM apporte des innovations certaines favorisant l'accès au crédit (I) bien que des réformes soient encore nécessaires pour consolider cet accès au crédit (II).

I- DES INNOVATIONS CERTAINES CONTRIBUANT A FAVORISER L'ACCES AU CREDIT

6. Les innovations du RCCM OHADA sont notables surtout à travers le système de centralisation des inscriptions des sûretés. Il convient de présenter le nouveau mécanisme avant de voir comment il contribue à renforcer le crédit des entreprises de l'espace OHADA.

A- Le mécanisme de la centralisation des inscriptions des sûretés

7. La centralisation des inscriptions telle qu'organisée par le droit OHADA à travers le RCCM doit être comprise dans ses différents sens. Elle comporte deux innovations qui contribuent toutes à améliorer le crédit des entreprises :

- Il s'agit d'abord de la centralisation des différentes inscriptions en un seul et même lieu, compte non tenu de la nature du bien.

8. Cela a été dit et il convient de le redire, c'est une évolution, voire une révolution par rapport à la situation antérieure. Hérité du droit français où le système existe encore aujourd'hui malgré les réformes intervenues en droit des sûretés, ce système prévoyait que le lieu d'inscription de la sûreté était fonction de la nature du bien donné en garantie ; ce lieu était forcément différent suivant les biens et même suivant les pays.

Ainsi par exemple, pour le cas du Cameroun, le greffe du tribunal était compétent pour recevoir l'inscription du nantissement du fonds de commerce, de l'outillage et du matériel professionnel, alors que les services administratifs et plus précisément les services de transport recevaient l'inscription des nantissements sur les véhicules automobiles.

9. L'acte uniforme prévoit désormais que les inscriptions des sûretés qu'il énumère se fait au RCCM tenu au greffe de la juridiction compétente *ratione loci* et *ratione materie* (article 20 AUDCG). La juridiction compétente est, suivant le cas, le lieu d'immatriculation de la société, le lieu d'immatriculation de l'acquéreur ou le lieu d'immatriculation du propriétaire en cas de nantissement sur les stocks.

Quant à la procédure, c'est le créancier nanti qui doit solliciter l'inscription en produisant le titre constitutif de la sûreté comportant certaines informations relatives, par exemple, à l'identité du créancier, au montant de la créance garantie, à la description du matériel ou des marchandises dans le cas du nantissement de matériel ou de stock. Le créancier doit ensuite remplir un formulaire d'inscription en quatre exemplaires dont l'un va au dossier ouvert au nom du constituant, l'autre est remis au créancier et les deux autres envoyés au fichier national et au fichier régional.

10. En plus de ces règles générales, chaque nantissement fait l'objet de règles particulières, quant aux formalités d'inscription dont les conditions et la durée d'opposabilité des inscriptions diffèrent quelque peu. Il faut s'en référer ici aux règles prévues aux articles 44 à 62 A.U.D.C.G. qu'il faut combiner avec les articles 63 et suivants A.U.S. La durée de l'inscription qui correspond à celle de l'opposabilité aux tiers varie de 5 à 2 ans. Elle est de 5 ans pour les nantissements de droits d'associé et de valeurs mobilières, fonds de commerce, matériel professionnel et véhicule automobile et de 2 ans seulement pour le nantissement des stocks. Cette durée limitée pour les stocks est probablement justifiée par le caractère fongible et périssable des marchandises. L'inscription prend fin à l'issue de la durée, si elle n'est pas renouvelée. Mais avant l'expiration de ce délai, l'inscription peut être radiée. La radiation peut être totale ou partielle, elle peut être conventionnelle ou contentieuse. Dans le premier cas, le créancier consent expressément la radiation. Dans le second, elle est faite par décision judiciaire généralement à la demande du débiteur constituant.

- Il s'agit ensuite de la centralisation de toutes les inscriptions des sûretés au niveau national et régional

11. La centralisation se fait ensuite à partir des différents fichiers locaux vers un fichier national et les différents fichiers nationaux contribuent à l'élaboration d'un fichier régional. Il s'agit donc d'une centralisation à deux niveaux (échelles). Des registres locaux vers les fichiers nationaux et des fichiers nationaux vers le registre régional. C'est ce qui ressort de l'article 20 de l'AUDCG :

- le fichier national comme son nom l'indique est tenu au niveau de chaque Etat auprès d'une institution désignée par l'Etat (greffe d'une juridiction d'appel ou autre autorité administrative) ;
- le fichier régional quant à lui est tenu auprès de la Cour de Justice communautaire dont le siège est à Abidjan.

L'uniformisation a donc été recherchée au maximum.

B- Les avantages de la centralisation au regard de l'amélioration du crédit des entreprises

Au regard du crédit et de l'accès au crédit, la centralisation présente plusieurs avantages :

- elle permet un gain de temps

12. Par rapport à la centralisation en un même lieu des différentes inscriptions, le créancier à travers la consultation d'un seul fichier est désormais renseigné sur toute la situation du débiteur par rapport à l'ensemble de son patrimoine mobilier.

Par rapport à la centralisation au niveau national ou régional, l'accès à un seul fichier (national ou régional) permet d'avoir accès, au même moment et au même lieu, aux informations concernant plusieurs partenaires potentiels dans le même pays ou dans la sous-région, ce qui peut être utile pour les investisseurs potentiels se situant hors de la région OHADA.

- elle permet un gain d'argent

13. Conséquence logique du gain de temps, la centralisation permet un gain d'argent parce que les coûts d'accès aux informations sont sensiblement réduits, qu'il s'agisse des coûts directs ou des frais indirects, ce qui peut se ressentir positivement sur le coût du crédit qui sera octroyé.

- elle permet une prise rapide des décisions de financement

14. L'appréciation de la situation patrimoniale du débiteur ou du partenaire est souvent antérieure à la décision de mise en place effectivement d'un financement ou d'un crédit surtout si celui-ci est d'un montant élevé. Les difficultés d'accès aux éléments d'appréciation peuvent retarder, voire compromettre cette possibilité. Il est donc important pour le demandeur de crédit que l'accès soit aisé à ces éléments pour le prêteur.

- elle établit la confiance entre les partenaires

15. Le RCCM permet d'avoir une situation de l'actif mobilier essentiel du débiteur qui ne peut redouter que certaines informations sur la situation de l'entreprise lui ait été dissimulées.

II- LES MESURES NECESSAIRES POUR CONSOLIDER L'ACCES AU CREDIT DES ENTREPRISES

16. Si les innovations apportées sont importantes, dans la pratique leur effectivité et partant leur efficacité posent problème de sorte qu'il convienne que des mesures soient prises pour consolider l'accès au crédit des entreprises.

17. L'effectivité de l'amélioration de l'accès au crédit des entreprises sera illusoire aussi longtemps que le mécanisme particulièrement innovant qu'est le RCCM ne sera pas mis en place ; le succès de l'OHADA en dépend[1]. Des mesures qui, pour certaines restent encore attendues, devraient être prises pour sa mise en place effective, pour assurer son fonctionnement harmonieux conformément aux articles 20 à 23 de l'AUDCG et pour organiser un système de communication au public afin de renforcer la transparence et la publicité recherchées par le législateur OHADA.

---

[1] Anoukaha (F.), *L'OHADA en marche,* Annales de la Faculté des sciences juridiques et Politiques de l'Université de Dschang ; T.6, pp. 6 et sv. ; Chifllot (B.), Ben Kemoun (L.) et Thouvenot (S.), *Pérenniser le succès de l'OHADA : pistes de réflexion,* RDAI/IBLJ, n°2, 2006, pp. 229 et sv.

A- La mise en place effective des fichiers

18. Les Registres de commerce ne sont pas véritablement des institutions nouvelles puisqu'ils existent déjà auprès des greffes des juridictions. Le problème de la mise en place est surtout un problème de réorganisation de ces fichiers surtout le volet crédit mobilier qui, dans la pratique, a du mal à se mettre véritablement en place.

Il s'agit ici d'évoquer quelques problèmes qui se posent :

- transfert des compétences des anciennes aux nouvelles autorités (exemple : service des transports – greffes) ;

- création des fichiers nationaux (désignation de l'autorité compétente puisque le choix a été laissé par la loi aux autorités nationales, organisation des procédures de transferts des fichiers ;

- mise en place du fichier régional (création, organisation matérielle, désignation des responsables, etc.).

B- Le fonctionnement harmonieux des fichiers

19. -tenue matérielle des registres des greffes suivant les exigences légales (question des lenteurs et des coûts qui pourraient entraîner des variations importantes d'un greffe à l'autre, d'un pays à l'autre) ;

- transmission des informations d'un registre à l'autre : le fichier national est alimenté par les fichiers locaux et le fichier régional par les fichiers nationaux, harmonisation de la procédure (question de la prise en charge des coûts, problème des mises à jour et donc de fiabilité des informations des différents registres) Exemple : Mise à jour des modifications intervenues (radiation d'une inscription).

C- L'organisation du système de communication

20. C'est à travers l'accès aux différentes sûretés inscrites dans les différents fichiers que les investisseurs peuvent être informés de la situation des entreprises partenaires et apprécier le crédit (en terme de confiance) qui peut leur être accordé. Cette fonction de publicité du RCCM semble être apparue tellement évidente pour les rédacteurs de l'acte uniforme qu'ils n'ont pas spécialement organisé le système de publicité, d'accès aux différents registres, ce qui en affecte largement l'efficacité.

21. En effet, le RCCM permet d'assurer la publicité des sûretés. Cette fonction de publicité, entendue comme l'ensemble des moyens mis en œuvre pour porter une sûreté à la connaissance du public, n'est pas propre aux sûretés organisées par l'AUS mais est inhérente à la quasi-totalité des sûretés, surtout les sûretés réelles (exemple : pour l'hypothèque, la publicité est faite par le biais du livre foncier).

22. Pour ce qui est de son rôle, en plus d'être un substitut à la dépossession du constituant, la publicité, surtout celle des nantissements, joue un rôle spécifique. Elle permet le classement des droits de préférence entre les créanciers, puisque chacun sera traité en fonction de son rang d'inscription ; mais surtout, au regard de l'accès au crédit, elle permet aux partenaires commerciaux de mesurer les risques encourus dans leurs relations avec l'entreprise débitrice, car ils peuvent avoir accès à l'état des inscriptions des sûretés au R.C.C.M. Ainsi par exemple, l'inscription d'un nombre important de sûretés peut dévoiler la situation compromise de l'entreprise constituante. *A contrario* une situation favorable au regard du RCCM peut améliorer l'accès au crédit de l'entreprise.

L'ESSOR DE L'EXPERTISE DE GESTION DANS L'ESPACE OHADA

par

Athanase FOKO

Docteur d'Etat en Droit privé, Chargé de cours
Vice Doyen chargé de la scolarité et du suivi des étudiants
Faculté des sciences juridiques et politiques, Université de Ngaoundéré (Cameroun)

1. L'expertise de gestion s'inscrit dans le cadre des principes de la « *corporate governance* »[1] ou « gouvernement d'entreprise », introduite en droit français des sociétés commerciales par la grande réforme du 24 juillet 1966, sur inspiration des modèles anglo-saxons[2]. Avant 1966, l'arsenal juridique applicable en matière de sociétés commerciales ne contenait aucune disposition formulée à cette fin. Les dispositions du code civil de 1804, celles du code de commerce de 1807, la loi du 24 juillet 1867 sur les sociétés par actions, ainsi que la loi du 7 mars 1925 conçue spécialement pour les sociétés à responsabilité limitée, textes référentiels dans leurs champs d'applications respectifs, ignoraient complètement les notions dont il s'agit ici.

2. Génitrice de l'expertise de gestion, l'expertise de minorité a été instaurée en France comme déjà souligné, par l'effet de la loi du 24 juillet 1966. Conçu spécialement pour les seules sociétés par actions, en l'occurrence les sociétés anonymes et les sociétés en commandite par

[1] Système par lequel les sociétés sont organisées et contrôlées, elle prend sa source aux Etats - Unis. Encadré par la loi, le modèle américain est différent de l'expérience britannique qu'on peut qualifier plutôt « d'autorégulation ».

[2] Ces modèles ont largement inspiré d'autres initiatives françaises tels le rapport Ph. Marini sur *La modernisation du droit des sociétés* de 1996 et la loi n°2001-420 du 15 mai 2001 portant Nouvelle Régulation Economique. A propos de quelques spécificités françaises, voir notamment, A. Couret, *Le gouvernement d'entreprise, la corporate governance »*, D., 1995, chron., pp. 163 et s. ; J.-J. Daigre, *Vers un nouvel équilibre des pouvoirs dans les sociétés cotées ? La " corporate governance " à la française*, Les Petites affiches, 27 sept. 1995, n°spécial ; N. Rontchevsky, *Le gouvernement d'entreprise à la française (brèves observations sur le volet société de la loi " NRE "),* D., 2001, n°31, 8578 ; P. Bissara, *Le gouvernement d'entreprise en France : faut-il légiférer encore et de quelle manière ?* Rev. soc., 2003, n°1, pp. 68 et s.

actions, l'article 226 de ladite loi, destiné à protéger particulièrement les actionnaires minoritaires était ainsi libellé : « Un ou plusieurs actionnaires représentant au moins le dixième du capital social peuvent demander en justice la désignation d'un expert chargé de présenter un rapport sur une ou plusieurs opérations de gestion ». Dans son principe, ce dispositif fut favorablement accueilli par la doctrine[1]. Mais dans sa mise en œuvre, quelques critiques se sont développées à son sujet. Il fut malheureusement regardé comme un acte grave parce qu'entraînant « une intervention de la justice dans le fonctionnement des organes sociaux »[2]. Prenant en compte cette double considération, le législateur a revu et corrigé l'expertise de minorité en même temps qu'il l'étendait à la société à responsabilité limitée par le biais de la loi n° 84 -148 du 1er mars 1984 relative à la prévention et au règlement amiable des difficultés des entreprises[3]. Cette loi a aussi ouvert l'action en désignation de l'expert au ministère public[4], au comité d'entreprise, et si la société fait publiquement appel à l'épargne[5], à la commission des opérations de bourse (COB)[6]. C'est d'ailleurs pour cette raison que l'expression « expertise de gestion » est désormais préférée à celle « d'expertise de minorité ». La loi n°94-1 du 3 janvier 1994 portant création de la société

---

[1] Voir notamment Contin et Hovasse, *L'expert de minorité dans les sociétés par actions*, D.S., 1971, chron., p.75 ; Y. Chartier, *L'expertise de l'article 226*, JCP, 1972, I, 2507 ; L. Boy, *Réflexions sur le sort de l'expertise de minorité*, D.S., chron., 79.

[2] C. Penhoat, *Droit des sociétés*, 3è éd., 1991, p. 131. Et plus récemment, C. Champaud et D. Danet, obs. dans RTD com., 2005, p.744.

[3] Voir article 64-2 de cette loi qui dispose : « Un ou plusieurs associés représentant au moins le dixième du capital social, peuvent soit individuellement, soit en se groupant sous quelle que forme que ce soit, demander en justice la désignation d'un ou plusieurs experts chargés de présenter un rapport sur une ou plusieurs opérations de gestion.
Le ministère public et le comité d'entreprise sont habilités à agir aux mêmes fins.
S'il est fait droit à la demande, la décision de justice détermine l'étendue de la mission et des pouvoirs des experts. Elle peut mettre les honoraires à la charge de la société.
Le rapport est adressé au demandeur, au ministère public, au comité d'entreprise, au commissaire aux comptes ainsi qu'au gérant. Ce rapport doit en outre, être annexé à celui établi par le commissaire aux comptes en vue de la prochaine assemblée générale et recevoir la même publicité ».

[4] Voir Trib. com., Paris, *9 juin 1989*, Rev. soc., 1990, somm., 76.

[5] Loi n°2003-706 du 1er août 2003, art. 46-V.

[6] Voir sur cette question, Y. Guyon, *Les nouveaux aspects de l'expertise de gestion*, JCP, éd. E., 1985, I, 14593.

par actions simplifiée[1] marque le point d'aboutissement de l'extension de la procédure d'expertise à l'ensemble des sociétés par actions autorisées et aux sociétés à responsabilité limitée en droit français.

3. Quasiment inconnue des législations antérieures des Etats membres de l'OHADA, l'expertise de gestion a été « importée », et organisée par les articles 159 et 160 de l'Acte uniforme du 17 avril 1997 relatif au droit des sociétés commerciales et du groupement d'intérêt économique (AUDSGIE)[2]. A cet effet, le premier texte cité stipule : « Un ou plusieurs associés représentant au moins le cinquième du capital peuvent, soit individuellement, soit en se groupant sous quelque forme que ce soit, demander au président de la juridiction compétente du siège social, la désignation d'un ou de plusieurs experts chargés de présenter un rapport sur une ou plusieurs opérations de gestion ». Le second texte est rédigé de la manière suivante : « S'il est fait droit à la demande, le juge détermine l'étendue de la mission et les pouvoirs des experts. Les honoraires des experts sont supportés par la société. Le rapport est adressé au demandeur et aux organes de gestion, de direction et d'administration ».

4. Destiné à renforcer le droit des associés dans le contrôle d'une société commerciale[3], l'institution ainsi mise sur pied constitue une innovation majeure dans l'espace géographique et juridique OHADA. Elle est d'application générale. Prévue dans la première partie de l'Acte uniforme intitulée « Dispositions générales sur les sociétés commerciales », et ne comporte aucune restriction relativement aux formes commerciales. Allant plus loin que le texte français du 24 juillet 1966 qui l'a inspiré, l'Acte uniforme prévoit que l'expertise de gestion peut être enclenchée particulièrement dans le cadre des sociétés en nom collectif, des sociétés en commandite simple, des sociétés à

---

[1] On a qualifié celle-ci de « big-bang du droit des sociétés ». Voir J. Paillusseau, *La nouvelle société par actions simplifiées, le big-bang du droit des sociétés*, D., 1999, n°32, chron., pp. 433 et s.

[2] Cet Acte uniforme est entré en vigueur le 1er janvier 1998.

[3] Voir P.-G. Pougoué, J. Nguebou Toukam et F. Anoukaha, *Commentaire de l'Acte uniforme du 17 avril 1997 relatif au Droit des sociétés commerciales et du groupement d'intérêt économique, in OHADA, Traité et Actes uniformes commentés et annotés*, 3è éd., Juriscope, 2008, p.375.

responsabilité limitée et des sociétés anonymes[1]. Cette mesure est proche d'autres dispositifs introduits dans le même esprit, mais qui ont leurs spécificités : les procédures d'alerte et de questions écrites notamment.

5. Innovation importante au même titre que l'expertise de gestion, la procédure d'alerte constitue en réalité un mode de traitement non judiciaire des difficultés des entreprises. Non prévue par l'Acte uniforme du 10 avril 1998 portant organisation des procédures collectives d'apurement du passif, elle est envisagée plutôt par l'Acte uniforme relatif au droit des sociétés commerciales, singulièrement en ses articles 150 à 158[2]. Cette procédure a pour but fondamental d'informer le chef d'entreprise de tout fait de nature à compromettre « la continuité de l'exploitation ». Elle consiste à attirer l'attention des dirigeants sociaux sur la situation de la société lorsqu'elle commence à se détériorer, en vue de prendre les mesures nécessaires pour éviter de compromettre la continuité de l'exploitation[3]. Précisément, il s'agit de neutraliser tout risque sérieux, susceptible d'entraîner la cessation d'exploitation et donc, de justifier le redressement judiciaire ou la liquidation des biens de la société concernée. A travers l'alerte, les dirigeants sociaux sont mis face à leurs responsabilités, soit par les commissaires aux comptes, soit par les associés. Concernant particulièrement ces derniers, ils ont le droit, deux fois par exercice, de poser par écrit des questions selon les cas au gérant[4], au président du conseil d'administration, au président directeur général ou à l'administrateur général[5], sur l'éventuel fait de nature à compromettre la continuité de l'exploitation. Le destinataire de la question est tenu de donner une réponse écrite dans le délai d'un mois ; une copie de ladite réponse devant être adressée aux commissaires aux comptes s'il en existe, dans les mêmes formes qu'une ampliation de la

[1] Ce sont celles qui sont commerciales à raison de leur forme quel que soit leur objet conformément à l'article 6 de l'Acte uniforme relatif au droit des sociétés commerciales et du groupement d'intérêt économique. La société en commandite par action a été purement et simplement supprimée.

[2] Ceci exclut d'office l'alerte dans les entreprises individuelles. Mais ce n'est pas ce qui nous préoccupe à ce niveau.

[3] Oumar Sambe et Mamadou Ibra Diallo, *Guide Pratique des sociétés commerciales et du groupement d'intérêt économique (GIE) OHADA, Schémas didactiques, modèles (statuts, procès-verbaux et autres formulaires), Jurisprudence*, 2è éd., Comptables et juridiques, 2008, p.3.

[4] Article 157 de l'AUDSGIE pour les sociétés autres que les sociétés anonymes.

[5] Article 158, AUDSGIE pour les sociétés anonymes.

question posée. Dans les sociétés anonymes, la mise en mouvement et l'exercice de cette procédure d'expertise se confondent avec la procédure de communication des documents instituée à titre spécial par l'article 526 de l'AUDSGIE[1]. Il en est autrement de la possibilité de faire usage de ce moyen d'information dans d'autres types de sociétés commerciales.

6. La procédure de questions écrites ici visée participe pareillement que l'expertise de gestion, du souci de renforcer l'intervention des associés à la gestion de leur structure. Dans les sociétés à responsabilité limitée, outre la latitude de mettre en œuvre la procédure d'alerte, le droit de communication s'exerce durant les quinze jours précédant la tenue de l'assemblée générale annuelle. Ce droit porte sur les états financiers de synthèse de l'exercice et le rapport de gestion établis par le gérant, sur le texte des résolutions proposées et, le cas échéant, sur le rapport général du commissaire aux comptes ainsi que sur le rapport spécial de ce dernier relatif aux conventions intervenues entre la société et un gérant ou un associé. Son mécanisme est simple : à compter de la communication de ces documents, tout associé a la latitude de poser par écrit des questions auxquelles le gérant est tenu de répondre au cours de l'assemblée. Dans les sociétés en nom collectif (SNC), en plus du droit de faire appliquer les dispositions relatives à la procédure d'alerte prévues aux articles 150 à 152 pour les SNC ayant nommé un commissaire aux comptes et à l'article 157 pour celles dépourvues de ces types de responsables, ainsi que du droit de faire effectuer l'expertise de gestion instituée aux articles 159 et 160 de l'AUDSGIE, il est prévu un contrôle spécial à l'avantage des associés. En effet, les associés non gérants ont le droit de consulter, au siège de la société, deux fois par an, tous les documents et pièces comptables ainsi que les procès-verbaux des délibérations et des décisions collectives. Rien ne les empêche de prendre des copies à leurs frais[2]. Seulement, ils sont tenus d'avertir les gérants de leur intention d'exercer ce droit au moins quinze jours à l'avance, par lettre au porteur contre récépissé ou par lettre recommandée avec demande d'avis de

---

[1] L'alinéa 1 de cet article dispose : « Tout actionnaire peut, en outre, à toute époque, prendre connaissance et copie : 1°) des documents sociaux visés à l'article précédent concernant les trois derniers exercices ;
2°) des procès-verbaux et des feuilles de présence des assemblées tenues au cours de ces trois derniers exercices ;
3°) de tous autres documents, si les statuts le prévoient ».

[2] Art. 289, AUDSGIE.

réception, télex ou télécopie. A cet effet, la doctrine[1] qu'il y a lieu d'approuver enseigne que ces associés ont la possibilité de poser des questions écrites au gérant. L'article 307 de l' AUDSGIE, conçu pour les sociétés en commandite simple, corrobore cette thèse. D'après ce texte, « les associés commanditaires et les associés commandités non gérants ont le droit, deux fois par an, d'obtenir communication des livres et des documents sociaux et de poser par écrit des questions sur la gestion sociale, auxquelles il doit être répondu également par écrit ». La seule différence avec ce que prévoit l'article 289 pour les SNC est que, dans les sociétés en commandite simple, les associés disposant du droit de questionner n'ont pas à avertir les gérants de leur intention quinze jours à l'avance, et n'ont pas théoriquement, le droit de se faire assister par un expert-comptable ou commissaire aux comptes à leurs frais[2] ; toutes choses qui font la force des procédures de questions écrites sans toutefois les confondre avec l'expertise de gestion.

7. Cette dernière a donc son individualité propre. Entrée en vigueur avec les premiers Actes uniformes de l'OHADA le 1er janvier 1998, elle a une existence d'un peu plus de dix années. A notre humble avis, il n'est pas prématuré d'effectuer un premier bilan de son assimilation et sa mise en oeuvre par divers utilisateurs. Un regard non innocent sur les données jurisprudentielles[3] du droit OHADA en la matière permet de faire un constat important : après moins de deux années d'observation[4], l'expertise de gestion est devenue une réalité. Avec le temps, elle a connu plusieurs cas d'application, d'où l'intérêt à examiner son essor.

8. A cet effet, plusieurs démarches sont envisageables : la première pourrait consister à faire un inventaire des cas d'exercice de ce droit, et à

---

[1] Voir P.-G. Pougoué, J. Nguebou Toukam et F. Anoukaha, *Commentaire de l'Acte uniforme du 17 avril 1997 relatif au Droit des sociétés commerciales et du groupement d'intérêt économique, op. cit.*, p. 413 ; *OHADA, Droit des sociétés commerciales, commentaires*, EDICEF/ éd. FFA, p.88.

[2] Dans le cas contraire, il est possible que l'accès aux documents de la société leur soit refusé par la gérance, ce qui pose par ailleurs le problème de l'efficacité d'une telle opération, l'associé contrôleur ayant la compétence requise pour mener seul son opération à bien.

[3] En guise de droit comparé, nous aurons à citer aussi des décisions rendues dans des pays autres que ceux de l'OHADA.

[4] La première décision disponible dans ce domaine a été rendue au Tribunal hors classe de Dakar, Ordonnance de référé, n°901 du *9 août 1999*, aff. Hassane Yacine c/ Société Nattes Industries, Ibrahima Yazback et autres, Ohadata J-02-198.

dresser les statistiques en fonction des types de sociétés, des pays abritant les sièges de celles-ci, des pourcentages détenus par les initiateurs de la procédure dans le capital de la société ou des opérations de gestion ayant justifiées la mise en mouvement de l'action. Une telle démarche présente l'avantage de mettre en exergue des données chiffrées et fiables. Mais, elle présente l'inconvénient majeur de ne pas offrir suffisamment d'espace aux analyses théoriques et prospectives. La seconde méthode pourrait consister à faire une étude dans une perspective historique, marquée par une présentation de l'application dudit dispositif année par année, depuis l'entrée en vigueur de l'AUDSGIE jusqu'à la réalisation du présent travail. Ce cheminement qui regorge des aspects positifs en ce sens qu'il permet par exemple de situer les personnes intéressées sur la cadence de mise en oeuvre de la procédure d'expertise de gestion comporte aussi des aspects négatifs non négligeables : il confine le travail dans un plan analytique susceptible de conduire à des redites sur certains points. La dernière démarche qui nous semble meilleure consiste à effectuer des développements dans une logique synthétique. Celle-ci a l'avantage de permettre d'allier au moins quatre choses : les enjeux, les données réelles, les analyses et la prospective.

En prenant en considération l'ensemble de ces éléments, force est de souligner que telle qu'elle est comprise et pratiquée dans l'espace OHADA, l'expertise de gestion a indubitablement plusieurs acquis (I). Mais toute institution nouvelle étant perfectible, elle développe par ailleurs de nombreux requis (II).

I- LES ACQUIS DE L'EXPERTISE DE GESTION

9. L'intégration de l'expertise de gestion dans la législation des Etats membres de l'OHADA n'est pas le fruit du hasard. Elle participe de l'objectif d'améliorer le climat au sein des sociétés, et de garantir une participation efficace des associés dans la gestion de leurs affaires. On peut donc relever que les acquis de l'institution sont doubles : le souci de transparence (A) et le souci d'assurer surtout la protection des associés minoritaires (B).

A- Le souci de transparence

10. De façon générale, la transparence peut se définir comme « la qualité de ce qui laisse paraître la réalité toute entière, de ce qui exprime la vérité sans l'altérer »[1]. En droit des sociétés, elle impose au dirigeant d'exercer ses fonctions en avisant, de façon permanente et régulière, ses différents partenaires. La transparence est donc liée globalement au devoir d'information dont le versant contraire constitue un droit pour les salariés.

11. Dans le souci d'accroître et de renforcer la transparence dans la gestion des sociétés commerciales, le législateur communautaire a mis l'accent sur plusieurs formules ; l'expertise de gestion instaurée par les articles 159 et 160 de L'AUDSGIE, n'en constituant qu'un démembrement. Ainsi, outre les procédures de questions écrites sus-présentées, dans toutes les sociétés commerciales autorisées dans l'espace OHADA, le législateur a pris soin de renforcer l'information de toutes les personnes ayant contribué à la mise sur pied du capital social, en qualité d'associés. A titre illustratif, de l'article 526 de l'AUDSGIE, il ressort clairement que tout actionnaire a le droit à toute époque, de prendre connaissance et copie[2] : des documents sociaux visés à l'article 525[3] au cours des trois derniers exercices ; des procès verbaux de feuilles de présence des exercices correspondants ; et tous autres documents si les

---

[1] L. Boussard, *La responsabilité civile des dirigeants de sociétés commerciales*, thèse, Nantes, 2000, p.49.

[2] La formule utilisée ici semble exclure la possibilité de tenir ces documents en un lieu autre que le siège de la société. Elle semble également écarter la possibilité d'expédier une copie de ces documents aux actionnaires qui en exprimeraient le besoin.

[3] Aux termes de cet article : « En ce qui concerne l'assemblée générale ordinaire annuelle, tout actionnaire a le droit, pour lui-même ou par le mandataire qu'il a nommément désigné pour le représenter à l'assemblée générale, de prendre connaissance au siège social : 1°) de l'inventaire, des états financiers de synthèse et de la liste des administrateurs lorsqu'un conseil d'administration a été constitué ;
2°) des rapports du commissaire aux comptes et du conseil d'administration ou de l'administrateur général qui sont soumis à l'assemblée ;
3°) le cas échéant, du texte de l'exposé des motifs, des résolutions proposées, ainsi que des renseignements concernant les candidats au conseil d'administration ou au poste d'administrateur général ;
4°) de la liste des actionnaires ;
5°) du montant global certifié par les commissaires aux comptes des rémunérations versées aux dix ou cinq dirigeants sociaux et salariés les mieux rémunérés selon que l'effectif de la société excède ou non deux cent salariés (…).
En ce qui concerne les assemblées autres que l'assemblée générale ordinaire annuelle, le droit de prendre connaissance porte sur le texte des résolutions proposées, le rapport du conseil d'administration ou de l'administrateur général selon le cas et, le cas échéant, le rapport du commissaire aux comptes ou du liquidateur ».

statuts le prévoient. A l'occasion de chaque assemblée générale, les actionnaires disposent également d'un droit de communication ponctuel. Ce droit porte en matière d'assemblée générale annuelle sur la liste des actionnaires, celle des administrateurs, le rapport de gestion, le rapport général et celui du commissaire aux comptes, les états financiers de synthèse, le document certifié par le commissaire aux comptes indiquant le montant global des rémunérations versées aux cinq dirigeants sociaux et salariés les mieux rémunérés, ainsi que le texte des résolutions proposées à l'assemblée. Pour toutes les autres assemblées, ce droit de communication porte sur le rapport du conseil d'administration ou de l'administrateur général, sur celui du commissaire aux comptes et sur le texte des résolutions.

12. Dans le même sens, l'article 288 de l'Acte uniforme relatif aux sociétés commerciales impose désormais dans les sociétés en nom collectif la tenue obligatoire d'une assemblée générale annuelle dans les six mois qui suivent la clôture de l'exercice aux fins d'approbation du rapport de gestion, de l'inventaire et des états financiers de synthèse établis par les gérants. Surtout, ce texte impose au gérant de la société, l'obligation de communiquer aux associés ces documents ainsi que le texte des résolutions proposées au moins quinze jours avant la tenue de l'assemblée. Cet article va d'ailleurs plus loin pour indiquer que toute délibération prise en violation de ses dispositions est susceptible d'annulation.

13. Les articles 306 et 307 de l'AUDSGIE consacrent des dispositions quasi - identiques aux sociétés en commandite simple. En revanche, la situation des sociétés en nom collectif est envisagée à l'article 344. Dans ce texte, le souci de transparence, amplifié par l'instauration de la procédure d'expertise de gestion telle que rappelée à maintes reprises est posé en ces termes : « Les associés ont un droit d'information permanent sur les affaires sociales. Préalablement à la tenue des assemblées générales, ils ont en outre un droit de communication ». Ce droit offre aux associés d'une telle société, la latitude de prendre connaissance et copie, en tant que de besoin de divers documents comptables relatifs aux trois derniers exercices, à toute époque de l'année[1].

---

[1] Voir H.-D. Modi Koko Bebey, *La réforme du droit des sociétés commerciales OHADA*, Rev. soc., 2002, n°2, p. 260.

La remarque fondamentale susceptible d'être effectuée à cet égard est que, à l'instar de la plupart des législations modernes, l'AUDSGIE a étendu aux sociétés de personnes, le droit à l'information et la participation des associés jusque là limités aux sociétés anonymes. Autrement dit, à travers l'émergence du souci de transparence, on peut noter le recul de certains tabous traditionnellement constitués par les principes de secret de l'information, de confidentialité ou de discrétion exigés des dirigeants sociaux.

14. L'objectif cardinal de la nouvelle réglementation est louable : permettre une gestion participative des sociétés, et surtout, rendre fiables les résolutions et décisions prises. Il est normal que les associés, personnes habituellement exposées aux risques[1] de l'activité puissent être régulièrement informés de son déroulement. Leur accès facile aux points de stockage des informations, tout comme l'obligation de leur communiquer un certain nombre de documents, sont des innovations à saluer.

15. En dépit des rapports de gestion, des comptes sociaux et même, le cas échéant, des rapports des commissaires ou des questions que les associés ou actionnaires peuvent poser dans le cadre de la procédure d'alerte[2], l'expertise de gestion peut être demandée. Il peut en être ainsi

---

[1] Voir la définition de la société par l'art. 4, AUDSGIE : « La société commerciale est créée par deux ou plusieurs personnes, qui conviennent, par un contrat, d'affecter à une activité des biens en numéraire ou en nature, dans le but de partager le bénéfice ou de profiter de l'économie qui pourra en résulter. Les associés s'engagent à contribuer aux pertes dans les conditions prévues par le présent Acte uniforme ». Le principe de la participation aux bénéfices et aux pertes est l'essence du contrat de société. La jurisprudence est bien établie à cet effet. Voir Cass. *com., 19 mai 1954*, Bull., III, n°189, p.143 ; Cass. com., *21 oct. 1970*, Bull., IV, n°277, p.243. Sur l'interdiction des clauses léonines, Cass. com., *20 mai 1986*, Rev. soc., 1986, 587, note Randoux ; Cass. com., *10 janv. 1989*, Bull., IV, n°19, p.11 ; JCP, 1989, II, 21256, note Viandier ; *D.*, 1990, note Forschbach ; Cass. com.,*12 mars 1996* ; Bull., IV, n°88, p.73 ; Cass. com., *19 oct. 1999*, JCP G, 2000, II, 10250 ; JCP N, 2000, 1003, note Guyon ; Bull., IV, n°177, p.150 ; Paris, *13 févr. 1996*, JCP, *1996, éd. E.I.*, 589, n°11, obs. Viandier et Caussain.

[2] Voir A. Fénéon, *La mésentente entre associés dans les sociétés anonymes OHADA, prévention et modes de règlement*, Penant, 2004, n°848, p. 269 ; D.Tapin, *Droit des sociétés commerciales et du GIE en Afrique*, Penant, n°827, p.202 ; P.-G. Pougoué, F. Anoukaha et J. Nguebou, *Le droit des sociétés commerciales et du groupement d'intérêt économique*, collection Droit uniforme, PUA, 1998, p.86 ; F. Anoukaha, Abdoullah Cissé, Ndiaw Diouf, J. Nguebou Toukam, P.-G. Pougoué et Moussa Samb, OHADA, *Sociétés commerciales et GIE*, éd. Bruylant, Bruxelles, UNIDA, Juriscope, 2002,

si certains associés estiment être insuffisamment informés sur la situation de la société. L'opération consiste alors, pour ces derniers pris individuellement ou en groupe, à demander en justice une enquête sur des opérations de gestion. L'une des exigences fortes est que le demandeur invoque des faits précis sur lesquels il demande que lumière soit faite. L'expertise de gestion n'étant nullement un audit de la société dans l'optique de détecter des éventuelles irrégularités, mais plutôt une action exercée pour cause de soupçon de mauvaise gestion[1], le juge se doit de désigner les diverses opérations de la société sur lesquelles doit porter l'investigation.

16. Il est toutefois possible de se demander s'il n'est pas paradoxal qu'à l'introduction d'une demande d'expertise, il y ait formulation de griefs déjà précis. Les associés ne peuvent-ils pas estimer que certains actes de gestion sont irréguliers ou inopportuns sans pouvoir en donner d'amples précisions, l'espoir étant que l'expertise de gestion explicite davantage leurs soupçons ? Lorsque la question s'est posée en droit français, le juge a fait preuve de souplesse compréhensible en acceptant de désigner un expert dans un cas de simple présomption de faute de gestion[2].

17. En tout état de cause, le souci premier de la procédure d'expertise de gestion étant la transparence, le président du tribunal est tenu de s'assurer avant de désigner un expert que toutes les autres voies d'information mises à la disposition de l'associé ont été vainement utilisées ; sans lui permettre d'obtenir les réponses escomptées.

Pour conclure sur ce point avec un auteur[3] de regrettée mémoire, « D'une manière générale, la transparence semble prendre le dessus sur le secret des affaires même dans le contexte africain. Elle s'oppose ainsi

---

p.174 ; J. Nguebou Toukam, *Environnement juridique et développement du secteur privé : l'exemple de l'OHADA*, Revue Africaine des Sciences Juridiques, 2001, n°1, Vol.2, p. 39.

[1] Il en est de même en droit français. Voir Y. Guyon, *Droit des affaires, Droit commercial général et des sociétés*, 11è éd., t.1, p.478. Et sur le plan jurisprudentiel, on peut consulter avec intérêt, Com., *29 nov. 1983*, Rev. soc., 1984, 317, note Chartier ; 22 mars 1988, Rev. soc., 1988, 227.

[2] Com., *15 juill. 1987*, Bull. civ., IV, n° 193, p. 141 ; RTD com., 1988, 75, note Reinhard.

[3] J.Nguebou Toukam, *Les contrats à vocation économique dans le droit africain des affaires*, communication préparée pour le colloque Ngango, février 2001, p.14.

à l'opaque, à l'obscur, perçus comme synonymes de mensonge, de manœuvres, de tromperie[1]. L'enjeu (...) est qu'il faut plus de transparence pour mieux servir l'intérêt d'autrui ». Les sociétés commerciales évoluant dans l'espace OHADA avaient grandement besoin de cette transparence. En la consacrant, l'AUDSGIE a renforcé l'objectif de contribuer de façon significative au développement de l'entreprise et de l'esprit sociétaire[2]. Au demeurant, le souci ainsi caractérisé vise principalement à protéger l'intérêt des associés minoritaires.

B- Le souci de protéger l'intérêt des associés minoritaires

18. L'article 159 de l'AUDSGIE donne le droit à « un ou plusieurs associés représentant au moins le cinquième du capital social (...) de demander au président de la juridiction compétente du siège social, la désignation d'un ou de plusieurs experts chargés de présenter un rapport sur une ou plusieurs opérations de gestion ». Dans sa formulation, ce texte donne l'impression de poser en principe général que la procédure d'expertise de gestion est exercée dans l'intérêt social (1). Mais à l'analyse et surtout à l'application, on se rend compte que les premiers intéressés sont les associés minoritaires (2).

1. Le principe de la protection de l'intérêt social

19. La notion d'intérêt est protéiforme et très controversée[3]. On peut la définir de façon générale comme ce qui est avantageux et profitable à quelqu'un. Guy Canivet[4] considère qu'elle est ce qui renvoie à l'utilité matérielle ou morale actuelle ou future qu'une personne peut tirer d'une situation. L'intérêt social quant à lui est la boussole de la société[5]. Il existe plusieurs conceptions de cette notion. La première est dite contractuelle. D'après celle-ci, la raison d'être de toute société réside dans l'enrichissement de ses associés à travers la distribution des

---

[1] J. Mestre, *Ethique et Droit des sociétés*, communication au forum des juristes francophones, inédit.

[2] P.-G. Pougoué et Y.-R. Kalieu Elongo, *Introduction critique à l'OHADA*, PUA, 2008, p. 83.

[3] Voir une excellente étude réalisée par J. Fometeu, *L'exigence processuelle d'un intérêt à agir*, Cahiers Juridiques et Politiques, 2008, n°1, pp.137 et s.

[4] « Les conflits d'intérêts, une question majeure pour le droit des affaires du XXIè siècle, colloque organisé par l'association Droit et commerce, Deauville, 1er et 2 avril 2006.

[5] Voir A. Pirovano, *La boussole de la société, intérêt commun, intérêt social, intérêt de l'entreprise ?* D., 1997, chron., 189.

dividendes. Dans cette perspective, l'intérêt social étant le but poursuivi tel que prévu dans l'acte de société, se confond avec celui des associés[1]. Cette position se justifie par le fait que les associés sont libres de décider du sort de la société dans le respect de l'ordre public et des engagements souscrits[2]. La deuxième conception est dite institutionnelle. Elle estime que l'intérêt social ne se confond pas avec l'intérêt égoïste et immédiat des associés fussent-ils en majorité ou en minorité, encore moins avec celui des dirigeants. La société a son propre intérêt qui transcende celui des associés. Autrement dit, l'intérêt social s'identifie à l'intérêt supérieur de la personne morale elle-même. La dernière conception est inspirée par les principes du gouvernement d'entreprise[3]. L'intérêt social s'entend alors comme l'intérêt de l'entreprise[4]. Ce dernier doit être défini comme une synthèse des intérêts des différents acteurs de la vie de l'entreprise : salariés, associés, créanciers et autres partenaires de la société.

20. Selon l'AUDSGIE, l'intérêt social, compris comme l'intérêt de l'entreprise serait moins mauvais que l'intérêt social appréhendé au titre de l'intérêt commun des associés. En effet, ce dernier pècherait par sa non prise en compte de la pérennité de l'entreprise, de l'emploi au profit des seuls intérêts capitalistes à court terme des associés. En revanche, dans le premier sens, il y a plus de flexibilité : il permet une réelle protection de la société en assurant son fonctionnement et sa continuité, non uniquement l'intérêt des associés.

---

[1] J. Paillusseau, *La modernisation du droit des sociétés*, D., 1996, chron., 287, spéc., n°15. On fait en quelque sorte appel aux dispositions de l'article 1833 du code civil selon lesquelles, « Toute société doit avoir un objet licite et être constituée dans l'intérêt commun des associés ».

[2] Sur cette question, voir F. Rizzo, *Le principe d'intangibilité des engagements des associés*, RTD com., 2000, 53(1), pp. 27 et s.

[3] Ces principes permettent d'assurer le bon fonctionnement de la société. Le législateur semble veiller à la prospérité et à la continuité de la société, personne morale en assurant un meilleur équilibre des pouvoirs en son sein.

[4] L'entreprise et la société sont deux choses fondamentalement distinctes. La première est une organisation économique et humaine ; la seconde, une notion purement juridique et qui n'est que juridique. L'entreprise particulièrement, doit être entendue comme un ensemble de moyens en capital et en travail destiné à assurer la production des biens et des services. Voir J. Paillusseau, *Les fondements du droit moderne des sociétés*, JCP E, 1995, I, 488.

21. Dans tous les cas, pris dans une acception ou dans l'autre, l'intérêt social a pour principal rôle de protéger la société. Etant une boussole, un standard, un guide qui indique la direction à suivre à propos du respect des éléments fondamentaux de la société, il doit être respecté dans l'accomplissement de tous actes dans le cadre social : respect par les associés, respect par tous les organes sociaux, aussi bien dans le fonctionnement normal que pendant les périodes de difficulté de la structure.

22. Nonobstant le fait que l'initiative de l'expertise de gestion est réservée aux associés, et donc que la survie de l'entreprise sociétaire dépend d'abord d'eux[1], on peut parfaitement imaginer la prise en compte de l'intérêt social par le juge dans le prononcé de sa décision. La constance est qu'une irrégularité qui affecte la vie juridique, économique ou comptable de la société n'épargne pas généralement l'intérêt social, au moins dans l'une de ses conceptions. A titre d'exemple, une irrégularité durant la gestion de la société pourrait facilement mettre à mal l'exécution de l'un des éléments fondamentaux du pacte social, telle la répartition des bénéfices obtenus de l'entreprise commune.

23. Afin de maximiser la probabilité d'assurer la protection de l'intérêt social, le législateur OHADA a fixé au cinquième du capital social, le pourcentage plancher à détenir par les instigateurs de l'expertise de gestion. Aucun chiffre plafond n'ayant été institué, tout porte à croire qu'il ne saurait y avoir un acte de gestion irrégulièrement accompli, et par conséquent, susceptible de porter atteinte à l'intérêt de la société qui échappe à l'expertise. L'essentiel est que la demande ait un caractère sérieux. Outre cette condition, Jacques Bussy[2] a développé une nouvelle exigence en précisant que « la mise en œuvre de l'expertise de gestion n'est possible qu'en cas de risque d'atteinte à l'intérêt social ». Cette position a été confirmée par la chambre commerciale de la Cour de cassation française, dans un important arrêt rendu en date du 10 février 1998[3], à l'occasion d'une demande d'expertise formulée par deux actionnaires minoritaires d'une société de promotion immobilière, pour

---

[1] J. Nguebou Toukam, *Environnement juridique et développement du secteur privé : l'exemple de l'OHADA*, Revue Africaine des Sciences Juridiques, *op. cit.*, p.39.

[2] Voir son ouvrage intitulé, *Droit des affaires*, 2è éd., mise à jour, Presses de science po et Dalloz, 2004, p.561.

[3] Cass. com., *10 févr.1998*, n°431P, Société SAE c/Société Promo Réal, *BRDA*, *15 mars 1998*, p.3.

déterminer les conditions et le bien-fondé de l'acquisition d'un immeuble par la société. La juridiction suprême a censuré la décision de la Cour d'appel qui reprochait aux actionnaires de faire prévaloir leur intérêt personnel sur l'intérêt social, du fait qu'il n'avait pas été démontré par cette dernière que l'acte de gestion n'était pas susceptible de porter atteinte à l'intérêt social.

24. Plus nuancée est la thèse soutenue par C. Penhoat. D'après cet illustre auteur français, l'expertise de gestion se justifie par le souci d'assurer la protection d'un double intérêt : l'intérêt des associés minoritaires et celui de la société. Il a fait connaître son interprétation des textes en ces termes : « La désignation de l'expert est une mesure exceptionnelle. Elle a pour but de prévenir les abus de la majorité[1] et de permettre aux actionnaires minoritaires de se renseigner sur la nature, la portée et les conséquences d'opérations de gestion susceptibles de leur porter préjudice et de nuire à l'intérêt de la société »[2]. Pour cette raison, les demandeurs de ladite opération sont tenus de fournir des présomptions suffisantes pour justifier leur intérêt et celui de la société à obtenir expertise[3].

25. Bien qu'il se soit inspiré de la législation française pour édicter ses propres normes applicables depuis le 1er janvier 1998, le législateur OHADA n'a pas pris clairement position à ce sujet. L'expertise de gestion vise-t-elle l'intérêt des associés minoritaires, celui des associés majoritaires, celui de la société, deux quelconque parmi ceux-ci ou les trois intérêts à la fois ? A l'analyse, Il nous semble permis de soutenir que la priorité est accordée à la protection de l'intérêt des associés minoritaires.

---

[1] Elle suppose une résolution prise contrairement à l'intérêt général de la société et dans l'unique dessein de favoriser les membres de la majorité au détriment de ceux de la minorité. Voir notamment M. Germain, *L'abus du droit de majorité*, Gaz. Pal., 1977, 157 ; J.L.Rives-Lange, *L'abus de majorité*, Rev.jur.com., n° spéc., nov. 1991, 65. Voir aussi l'arrêt de principe, Cass. com., *18 avril 1961*, JCP, éd. G., 1961, 2, 12164. A l'inverse, l'abus de minorité concerne toute décision « contraire à l'intérêt général et de la société et prise dans l'unique dessein de favoriser les intérêts des actionnaires minoritaires au détriment des autres associés ». Voir Cass. *com., 15 juillet 1992*, Rev. soc., 1993, p. 400.

[2] C. Penhoat, *Droit des sociétés*, *op. cit.*, p.281.

[3] Paris, *12 janv. 1977*, *JCP,* 1978, 11, 18823, note Chartier.

2. La réalité de la protection de l'intérêt des associés minoritaires

26. Dans l'espace OHADA, le législateur parle à l'article 159 de l'AUDSGIE, de « l'expertise de gestion », dont l'initiative est réservée à « un ou plusieurs associés représentant au moins le cinquième du capital social ». Nonobstant le fait qu'elle peut être tolérée, cette façon de désigner une telle expertise, est à notre sens inadaptée. N'étant en harmonie avec ni le droit comparé, ni la réalité, elle ne permet pas de cerner véritablement l'intérêt que l'opération protège.

27. Par rapport au droit comparé, en l'occurrence français, lorsqu'elle est instaurée par l'effet de la loi du 24 juillet 1966 relative aux sociétés anonymes, l'opération dont il s'agit est dénommée « expertise de minorité ». Destiné expressément à assurer la protection des actionnaires minoritaires[1], l'article 26 de cette loi offrait le droit d'initiative à « un ou plusieurs actionnaires représentant au moins le dixième du capital social ». Contrairement au droit OHADA où l'on parle d'expertise de gestion alors que le pourcentage minimal est plus faible et doit correspondre au cinquième du capital social[2], en droit français, l'expression consacrée était « l'expertise de minorité » pour un pourcentage minimal plus fort, c'est-à-dire le dixième du capital social.

28. L'expertise du droit français a changé de dénomination au terme d'une importante réforme des dispositions applicables en matière de sociétés anonymes, précédée par l'intégration de cette opération dans les sociétés à responsabilité limitée. L'innovation ainsi introduite par l'effet d'une loi du 1er mars 1984, s'est traduite au niveau des initiateurs par une multiplication significative des personnes habilitées à demander l'expertise. L'article 64-2 de cette loi fut ainsi conçu : « Un ou plusieurs associés représentant au moins le dixième du capital social, peuvent, soit individuellement, soit en se groupant sous quelque forme que ce soit, demander en justice la désignation d'un ou plusieurs experts chargés de présenter un rapport sur une ou plusieurs opérations de gestion. Le ministère public et le comité d'entreprise sont habilités à agir aux mêmes

---

[1] Voir C. Champaud et D. Danet, *Expertise de gestion (dite expertise de minorité), conditions d'exercice, interrogation préalable des dirigeants sociaux, formalité substantielle, forme des questions posées* (Cass. com., *14 févr. 2006*, Sté Bouffard-Mandon, pourvoi, n°05-11-822, D., 2006, AJ, p.721, obs. A. Lienhard), RTD com., *avril/juin 2006*, pp. 418 et 419.

[2] Voir art. 159, AUDSGIE.

fins (...) ». Rédigé dans le même esprit, l'article L. 226 qui traite du cas spécial des sociétés anonymes en élargissant davantage le champ des initiateurs, précise en son alinéa 2 que « Le ministère public, le comité d'entreprise et, dans les sociétés faisant publiquement appel à l'épargne, la commission des opérations de bourse sont habilités à agir aux mêmes fins ».

29. Au regard de ces dispositions, un pas important a été marqué dans l'organisation du régime juridique de l'expertise de gestion. A dire vrai, dans le projet initial, il était question de n'ouvrir la possibilité de déclencher l'expertise qu'au ministère public. Le gouvernement justifiait son point de vue par la nécessité d'assurer la protection des associés ne réunissant pas le plancher du dixième du capital social pour pouvoir assurer eux-mêmes la défense de leurs intérêts[1], c'est le parlement[2] qui a choisi d'en ouvrir davantage la latitude. Cette ouverture marque une étape décisive au niveau de la sémantique. Elle correspond à la fin d'utilisation de l'expression « expertise de minorité » et marque le début d'usage de la notion « d'expertise de gestion » qui lui a succédée. Ce changement de vocabulaire a fait l'unanimité au plan doctrinal[3]. Sur le plan législatif, la loi du 15 mai 2001, dite loi NRE[4] a donné une onction particulière à cette manière d'appréhender les choses. Non seulement ce texte[5] a réduit à 5 % (chiffre importé en droit OHADA), la portion minimale à détenir par les associés[6] intéressés dans le capital de la

---

[1] R. Badinter J.O., déb. Sénat, 17 novembre 1983, p.2917, 2è col.

[2] L'initiative est de l'assemblée nationale. Le sénat a approuvé celle-ci en des termes bien tranchés. Voir J.O.. déb. Sénat, 17 novembre 1983, pp.2917-2918.

[3] Voir notamment, C.Penhoat, *Droit des sociétés*, *op. cit.*, p.131 ; Y. Guyon, *Droit des affaires, Droit commercial général et des sociétés*, *op. cit.*, p.479 ; Mamadou Koné, *Le nouveau Droit commercial des pays de la zone OHADA, comparaisons avec le Droit fançais*, LGDJ, 2003, p.289.

[4] Voir F. Deboissy et G. Wicker, *Code des sociétés et autres groupements*, Litec, 2006, p.266.

[5] Voir aussi art. L. 225-231 du code de commerce français, 102è éd., Dalloz, 2007.

[6] Il en est ainsi pour les actionnaires même si les actions ne sont pas totalement libérées. Voir CA Lyon, *16 janv. 1998*, Juris-Data, n°043630 ; JCP E, 1999, p.351. Contra, CA Paris, *24 mai 1974*, Rev.soc., 1975, p.101, note J.H. Dès lors qu'un demandeur perd la qualité d'actionnaire après la désignation de l'expert, l'ordonnance de nomination doit être rapportée : CA Paris, *5 janv.1978*, Rev. soc., 1978, p. 742, note, Guilberteau. Contra, CA Versailles, *11 mars 1999*, Juris-Data, n°041615, JCP E, 1999, p.1238, obs. A. Viandier et J.-J. Caussin ; Bull. Joly, 1999, § 149, p.670, note P. Le Cannu ; D.,

société, mais aussi, il a confirmé que la demande en référé de la désignation d'un ou de plusieurs experts chargés de présenter un rapport sur une ou plusieurs opérations de gestion est ouverte au ministère public, au comité d'entreprise[1] et, dans les sociétés faisant publiquement appel à l'épargne[2], à « l'Autorité des marchés financiers ».

De ce qui précède, on peut faire une transposition en droit OHADA, pour soutenir que l'initiative de l'expertise étant l'apanage des associés, elle vise essentiellement à protéger les minorités[3]. Comment ne pas préciser avec des auteurs[4] avertis qu'il s'agit « concrètement d'une expertise de minorité (qui) autorise les associés minoritaires, pris individuellement ou en groupe, (à) demander en justice une enquête sur des opérations de gestion » ?

30. Dans tous les cas, les résultats du dépouillement des premiers arrêts rendus en ce domaine dans l'espace OHADA ne permettent pas de soutenir le contraire. Ainsi, dans un arrêt[5] de la Cour d'appel d'Abidjan en date du 2 mars 2004, affaire Société Tetalock Process-CI SARL c/Tourreguitart Jorge Clussela, la demande d'expertise avait été introduite par un seul associé détenant 24,9 % du capital. Dans le même sens, un associé, en l'occurrence, l'Etat béninois qui en dépit de son statut, n'était propriétaire que de 35% du montant des actions d'une société a dû faire recours au juge des référés aux fins de voir désigner un expert chargé d'élucider les opérations de gestion portant sur des

---

1999, inf. rap., p.132. Dans cet arrêt, il fut décidé que la condition de 10% du capital est suffisante et qu'il faut qu'elle soit remplie au moment de la saisine du juge.

[1] Voir CA Paris, *25 févr. 1991*, Bull. Joly, 1991, § 179, p. 519, note P. Le Cannu. Mais un comité d'établissement ne peut valablement demander une expertise de gestion, le texte devant être interprété de façon restrictive, en raison de son caractère exceptionnel. Voir CA Aix-en Provence, *8 juin 2001*, Juris-Data, n°150208.

[2] Il est interdit à la société quelle qu'en soit sa forme, d'introduire une demande en expertise de gestion : CA Paris, *11 mai 2001*, Juris-Data, n°155002.

[3] Cette notion est autant fluctuante que celle de la majorité. Il ne s'agit pas de deux groupes antagonistes, dont l'attitude et la composition sont fixées une fois pour toutes. La minorité est avant tout un reliquat. Elle réunit tous ceux qui pour des raisons diverses ne sont pas d'accord avec telle ou telle décision.

[4] F. Anoukaha, Abdoullah Cissé, Ndiaw Diouf, J. Nguebou Toukam, P.-G. Pougoué et Moussa Samb, OHADA, *Sociétés commerciales et GIE*, ouvrage, *op. cit.*, p.174.

[5] Arrêt, n° 376, Ohadata J-04-489. Le capital social étant de 50.000.000 F, réparti en 5000 parts, le demandeur détenait 10245 parts, soit 24, 9% du capital. On peut aussi souligner que cette société n'ayant que 4 associés, il était minoritaire en nombre et en capital.

mouvements suspects de fonds[1]. Enfin, l'expertise de gestion a été ordonnée au Tribunal Régional de Nyamey, sur demande d'un associé détenant juste 49 % du capital social, et qui se plaignait de n'avoir pas été informé de la vie sociale et doutait de la sincérité et du sérieux des résolutions prises en assemblée[2]. Mais, faisant une bonne et juste application des dispositions de l'article 159 de l'Acte uniforme relatif au droit des sociétés commerciales et du groupement d'intérêt économique, il a été refusé à Dakar, de désigner un expert, entre autre parce que la demande avait été formulée par un actionnaire ne détenant que 50 actions, représentant simplement 1% du capital social[3].

31. La jurisprudence dans les Etats membres de l'OHADA est donc suffisamment illustrative. Les associés sont seuls à pouvoir solliciter l'expertise de gestion. Bien plus, il s'agit jusque là de ceux ayant un pourcentage minoritaire dans le capital social[4]. Aussi, on ne peut que souligner qu'ils sont les principaux protégés dans cette opération[5]. Cette situation fait partie des acquis du droit OHADA. La législation conçue à cet effet étant encore en construction, elle demande quelques aménagements pour permettre à cette institution d'être véritablement efficace.

II- LES REQUIS DE L'EXPERTISE DE GESTION

32. Innovation importante dans l'espace OHADA, l'expertise de gestion a été introduite à point nommé. Dans l'optique de lui permettre

---

[1] CA Cotonou, Arrêt, n°256/2000 du *17/8/2000*, aff. Société Continentale des Pétroles et d'Investissements, Monsieur Fagbbohoun Sonacop, Monsieur Cyr Koty, Monsieur Mounirou Omichessan c/ Etat béninois, Ohadata J-06-101.

[2] Tribunal Régional de Niamey, Ordonnance de référé, n°245, du *22 oct. 2002*, Abass Hammoud c/Jacques Claude Lacour et Dame Evelyne Dorothée Flambard, Ohadata J-04-80.

[3] Tribunal Régional hors classe de Dakar, jugement, n°871 du *21 mai 2002*, Hassen Yacine c/ Société Natte industrie, Ohadata J-03-04, obs. Ndiaw Diouf.

[4] On a enregistré un seul cas dans lequel les demandeurs qui sollicitaient la désignation d'un expert, aux fins de vérifier les comptes de la Société (SERTIM) depuis sa création étaient détenteurs de 64% du capital social : Tribunal Régional hors classe de Dakar, Ordonnance de référé, n°1671 du *23 décembre 2002*, Abdoulaye Ndiaye c/ Ndiouga Lo, Ohadata J-03-186.

[5]Dans le même sens, Oumar Sambe et Mamadou Ibra Diallo, *Guide Pratique des sociétés commerciales et du groupement d'intérêt économique (GIE) OHADA, Schémas didactiques, modèles (statuts, procès-verbaux et autres formulaires), Jurisprudence, op.cit.*, p.325.

de jouer son rôle dans la redynamisation des sociétés de façon optimale, elle demande à être reconfigurée. Cette action devrait se réaliser sous une double dimension : d'une part, à travers l'encadrement de la notion « d'opérations de gestion » (A), d'autre part, au moyen de la révision de la procédure aboutissant à la décision du juge (B).

A- L'encadrement de la notion « d'opérations de gestion »

33. Le but fondamental de la demande introduite par un ou plusieurs associés est d'obtenir la désignation d'un expert chargé de présenter un rapport sur « une ou plusieurs opérations de gestion ». L'une des questions qui ne cessera d'alimenter la doctrine est relative aux véritables contours de cette notion. Afin de canaliser les interprétations jurisprudentielles qui peuvent parfois s'éloigner de l'esprit du législateur, il est nécessaire que des précisions supplémentaires soient données à cet effet (1). Cet important travail devra à notre sens être prolongé par l'instauration des sanctions pénales encourues en cas d'obstruction à l'opération d'expertise (2).

1. La précision de l'acte susceptible de donner lieu à expertise

34. Qu'entend-on par « opérations de gestion » ? La règle est qu'il s'agit des actes accomplis par les dirigeants sociaux et non des actes et décisions émanant des assemblées générales, lesquelles ne sont pas des organes de gestion[1]. En effet, au cours des diverses assemblées, on peut estimer que l'information des associés est assez bien assurée, d'où le refus de l'expertise pour des actes qui en résultent[2], ce qui n'est toujours pas le cas à propos des actes de gestion qui sont parfois entourés d'une relative opacité.

35. Par dirigeants sociaux, on pense selon la législation OHADA, au gérant des sociétés en nom collectif, des sociétés en commandite simple ou des sociétés à responsabilité limitée, au président du conseil d'administration, au président directeur général, au directeur général, au directeur général adjoint ou à l'administrateur général des sociétés

---

[1] CA Paris, *8 nov. 1991*, Bull. Joly, 1992, § 50, p.177 ; RDJA, 1992, p.123 ; CA Paris, *27 nov.1991*, D., 1992, inf. rap., p.71 ; CA Versailles, *27 févr. 1997*, Bull. Joly, 1997, § 220, p.543, note, P. Le Cannu et M. Menjucq.

[2] Com., *12 janv. 1993*, JCP, 1993, II, 22029, note Y. Guyon, Rev.soc., 1993, 426, note B. Saintourens, D., 1993, 139, note T. Bonneau.

anonymes[1]. A l'inverse, ne sont pas des dirigeants d'une personne morale, ni les organes de surveillance[2] tels les commissaires aux comptes[3], ni les salariés assurant les fonctions de directeurs techniques ou commerciaux de l'entreprise[4].

36. Une question préalable peut se poser de savoir si la notion de dirigeant social doit être appréhendée de façon restrictive ou de manière extensive. Précisément, outre les dirigeants de droit, peut-on valablement autoriser une expertise de gestion relativement à un acte accompli par d'autres types de dirigeants ? A notre humble avis, du moment où il s'agit au bout du compte d'aboutir à un fonctionnement harmonieux de la société, il est permis d'initier l'action dont il s'agit quel que soit le dirigeant ayant accompli l'acte : dirigeant de droit ou de fait, dirigeant apparent ou occulte, dirigeant bénévole ou rémunéré.

37. Par dirigeant de droit, il s'agit de toute personne (physique ou morale) ou organe régulièrement désigné pour gérer la société et qui à ce titre, assume les fonctions de direction ou d'administration en son sein et l'engage normalement à l'extérieur. C'est le cas des personnalités énumérées plus haut[5].

38. La notion de dirigeant de fait n'a malheureusement pas été précisée par le législateur OHADA qui a ainsi emboîté paresseusement le pas à son homologue français[6]. Ce dernier n'ayant pas cru utile d'en

---

[1] Voir A. Foko, *Radioscopie des organes de gestion des sociétés anonymes depuis l'Acte uniforme de l'OHADA relatif au droit des sociétés commerciales et du groupement d'intérêt économique*, Verfassung und Recht in Übersee, Law and Politics in Africa, Asia, and Latin America, n° III/1999, pp. 346- 374.

[2] Com., *9 mai 1978*, D., 1978, 419 ; Paris, *8 juillet 1975*, Rev. soc., 1976, 114, note J. P., cités par Y. Chaput, *Droit des entreprises en difficulté et faillite personnelle*, PUF, 1996, p. 524, n° 616.

[3] Les commissaires aux comptes exercent un rôle de contrôle dans la société. Leur nomination est obligatoire dans toutes les sociétés anonymes. Dans les SARL, leur désignation n'est obligatoire que dans l'une des hypothèses suivantes dégagées par l'art 376 de l'AUDSGIE : capital social supérieur à dix millions (10.000.000) de francs CFA ; chiffre d'affaires annuel supérieur à deux cent cinquante millions (250.000.000) de francs CFA ; effectif permanent supérieur à 50 personnes.

[4] Com., *20 févr. 1989*, Gaz. Pal., 1979, 2, 539, note Fagain.

[5] C. Saint-Halary-Houin, *La responsabilité patrimoniale des dirigeants des sociétés en difficulté*, Rev. proc. coll., 2001, n° 3, p. 146.

[6] La loi n° 67-563 du 13 juillet 1967 sur le règlement judiciaire et la liquidation des biens n'en avait donné aucune définition.

donner la définition, encore moins les caractéristiques, l'expression paraît alors abandonnée à l'appréciation souveraine des juges de fond[1], sous réserve du contrôle de la juridiction suprême[2].

Pour la doctrine qui a dégagé à cet effet une définition très vite récupérée par la jurisprudence[3], « est un dirigeant de fait celui qui en toute souveraineté et indépendance, exerce une activité positive de gestion et de direction »[4]. Pour appréhender davantage la notion, il importe de compléter cette définition avec celle qu'en ont donné récemment certains juges : il y a gestion de fait lorsque peuvent être relevés à l'encontre du dirigeant « des faits précis de nature à caractériser une immixtion dans la gestion, se traduisant par une activité positive et indépendante »[5].

Dans l'appréciation de la notion, ce qui est important est le comportement de la personne qui s'immisce dans les fonctions de direction. L'essentiel est que le demandeur à l'action apporte la preuve[6]

---

[1] G. Natte, *La notion de dirigeant de fait au regard du droit des procédures collectives*, JCP, éd. CI, 1980 ; C. Saint-Halary-Houin, *La responsabilité patrimoniale des dirigeants de sociétés en difficulté*, article précité, p. 147 ; J. -L. Rives-Lange, *La notion de dirigeant de fait au sens de l'article 99 de la loi du 13 juillet 1967 sur le règlement judiciaire et la liquidation des biens*, DS, 1975, chron., p. 41.

[2] Il appartient aux juges de fond de relever et d'exposer dans leur décision le faisceau d'indices qui les autorise à déduire qu'il y a véritablement direction de fait. Voir par exemple, Cass. com., *22 janv. 2002*, S. Troscia c/ Fray et A. : Juris-Data, n° 2002-013865 avec une note de J.-P. Legros, *in Droit des sociétés*, 53ème année, n° 7, juillet 2002, pp. 16 et 17. Les juges de fond avaient pour établir l'existence de la direction de fait, relevé les éléments suivants : l'identité du domicile du dirigeant de fait et du siège de la société, les réunions des assemblées en ce même lieu, le rôle actif de la personne qualifiée de dirigeant de fait qui définit la stratégie de la société à égalité avec les autres participants, l'usage par l'intéressé du titre de directeur commercial, l'emploi d'une délégation de pouvoir en matière bancaire donnée par le dirigeant de droit au dirigeant de fait, la transmission par ce dernier des renseignements nécessaires à l'établissement des comptes.

[3] Paris, *1er févr. 1978*, DS, 1979, IR, 4, obs. Derrida ; 11 mai 1978, inédit ; Nancy, *15 déc. 1977*, JCP, 1978, *éd G.*, II, 18912 ; Paris, *17 et 3 mars 1978*, DS, 1978, p. 420.

[4] J.-L. Rives-Lange, *La notion de dirigeant de fait au sens de l'article 99 de la loi du 13 juillet 1967 sur le règlement judiciaire et la liquidation des biens*, article, *op. cit.*, p. 77, n° 5.

[5] Cass. com., *18 janv. 2000*, Juris-Data, n° 000287 ; CA Paris, 3e ch., sect. C, *6 oct. 2000*, Bull. Joly, 2001, 95, n° 6.

[6] Rapporter la preuve c'est établir les différentes composantes de la définition : exercice d'une activité positive de direction. Pour amplifier la position d'un auteur (J. L. Rives-

de la qualité de dirigeant de fait de la personne contre qui l'action est intentée[1]. Ainsi, cette étiquette a-t-elle pu être retenue pour un membre du conseil de surveillance[2], contre un prétendu salarié ou contre un associé majoritaire parce qu'il avait réellement assuré la gestion de la personne morale aux lieu et place du dirigeant de droit[3]. Mais, ne constituent pas des actes de gestion susceptibles de conférer la qualité de dirigeant de fait et par conséquent, de justifier l'exercice d'une procédure d'expertise de gestion, notamment, un vote effectué lors d'une assemblée générale[4], une aide financière apportée par un associé[5], les conseils,

---

Lange, article, *op. cit.*, p. 42), qui a systématisé les différents critères : les abstentions même regrettables, voire condamnables ne peuvent conférer cette qualité. Ne devient pas dirigeant de fait le salarié, serait-il actionnaire, qui a connaissance des irrégularités graves et répétées commises par les dirigeants de droit dans la gestion de l'entreprise et qui ne dénonce pas ; ou encore l'associé majoritaire qui se désintéresse des affaires de la SARL(...). Le silence, la « complaisance », l'abstention ne sont pas en effet des actes de gestion.

Une activité positive de direction. Il s'agit de démontrer ici que la personne poursuivie exerçait des fonctions « de gouvernement », c'est-à-dire des fonctions qui la mettaient en mesure de décider du sort commercial et financier de l'entreprise.

Une activité accomplie en toute indépendance et liberté. En d'autres termes, il est question de démontrer que la personne assurait les actes de gestion en toute indépendance et souveraineté.

1 Com., *8 novembre 1973*, D., 1974, IR, 32.

2 Com., *20 décembre 1988*, Rev. proc. coll., 1989, p. 244, obs. Chaput.

3 Com., *26 mai 1983*, RTD com., 1983, p. 354. note Merle.

4 Cass. com., *15 avril 1959*, Bull. civ., III, n° 171, p. 157. Cpr. Cass. com., *5 mars 1958*, Bull. civ., III, n° 107, p. 88 ; Cass. com., *5 février 1973*, Bull. civ., IV, n° 58, p. 52.

5 Paris, *24 mars 1972*, JCP, 1973, éd. G., II, 17397. Concernant les dirigeants personnes morales, il a été décidé que les banques peuvent avoir la qualité de dirigeant de fait si elles apportent un certain soutien aux entreprises en difficulté. Voir Paris, *17 et 3 mars 1978*, DS, 1978, *op. cit.* Et dans l'espace OHADA, Tribunal de Libreville, *17 juin 1992*, Affaire Aba c/ Paris Gabon et BICCI -Gabon, note Diop-O ' Ngwero, Penant, 1995, n° 817, p. 99. Mais, il faut bien que la banque ait outrepassé son pouvoir ordinaire de conseil de ses clients pour s'immiscer dans la gestion de la personne morale. Ainsi, selon la jurisprudence, le fait pour un établissement de crédit d'assurer le contrôle des mouvements de fonds, des règlements, des achats, des ventes de terrain ainsi que de toutes les opérations envisagées par la société n'est pas suffisant pour caractériser le dirigeant de fait, du moment où les dirigeants de droit avaient conservé l'exercice de l'activité positive de gestion. Voir com., *15 avril 1986*. Paris, *3 mars 1978*, D., 1978, IR, 420, obs. Vasseur ; Cour d'appel de Paris, *15 décembre 1995*, D., 1996, IR, 74. Dans tous les cas, il appartient au tribunal compétent d'apprécier de manière souveraine si les critères de la qualité de dirigeant de fait sont réunis. Voir P.-G. Pougoué et Y. Kalieu, *L'organisation des procédures collectives d'apurement du passif*, PUA, 1999, p. 96.

suggestions ou recommandations apportés aux dirigeants de droit[1] ou les détournements d'actif social.

39. Par dirigeants apparents, l'on entend ceux qui agissent ouvertement à l'égard des tiers qui les considèrent comme des « dirigeants au sens plein »[2].

40. Concernant les dirigeants dits occultes, ce sont ceux qui assurent la direction de la personne morale sous le couvert d'un prête-nom ne disposant en réalité d'aucun pouvoir. On parle en d'autres termes d'une gestion confiée aux hommes de paille que dirige le véritable dirigeant ; ce dernier est en quelque sorte dans l'ombre et tire les ficelles.

41. Les deux types de dirigeants ainsi définis peuvent également accomplir des actes qui justifient l'expertise de gestion. C'est également le cas des dernières catégories de dirigeants dits rémunérés ou non, dont la compréhension ne soulève en réalité aucune difficulté.

Mais, il convient de préciser que ces différentes notions se recoupent très souvent, ce qu'il importe de connaître davantage, même si notre démonstration n'en subit aucune influence. En effet, les dirigeants rémunérés sont souvent les dirigeants apparents ou les dirigeants de droit. De même, les dirigeants non rémunérés sont souvent des dirigeants de fait ou des dirigeants occultes. Quelle que soit l'étiquette retenue, l'article 159 de l'AUDSGIE autorise que leurs opérations de gestion puissent faire l'objet d'une expertise.

42. En tout état de cause, l'essentiel est que les conditions fixées dans ce cadre soient réunies et surtout comme déjà souligné, qu'il s'agisse d'une incontestable « opération de gestion ».

---

[1] Cass. com., *23 mars 1971*, Bull. civ., IV, n° 91, p. 84 ; Cass. com., *26 oct. 1999*, Fauvet automobile c/ Ford- France, Juris-Data, n° 003859 (De simples directives de comptabilité ou un crédit fournisseur ne sont pas suffisants pour caractériser les faits d'immixtion, comme l'a jugé la Cour de cassation dans cette affaire) ; CA Pau, 21e ch., sect. 1, *29 févr. 2000*, Groupe Zannier c/ Berthe ; Cass com., 6 juin 2000, RJDA, 9/2000, n° 896.

[2] F. M. Sawadogo, OHADA, *Droit des entreprises en difficulté*, Bruylant, Bruxelles, UNIDA, Juriscope, 2002, p. 321.

En l'absence de critères légaux[1], la notion d'acte de gestion a un champ particulièrement élastique. Un auteur qui s'est particulièrement investi sur la question a déploré cette situation en ces termes : « Sur ce point, l'Acte uniforme est imprécis »[2]. Sans prétendre en dresser une liste exhaustive, on peut mentionner, d'abord en droit comparé : le fait pour un dirigeant social de faire bénéficier une autre entreprise dans laquelle il est intéressé des marchés passés avec la première[3], ou pour prévenir un abus de majorité[4] ; la constitution d'une société aux Etats-Unis par certains associés d'une société française aux frais de celle-ci lorsqu'en l'absence d'explications suffisantes, un risque de transfert de technologie vers la nouvelle société planait[5] ; l'achat d'un immeuble par l'actionnaire majoritaire d'une société anonyme[6] ; les conventions réglementées par l'article 101 de la loi du 24 juillet 1966 (C.com., art. L.225-238), soumises à autorisation du conseil d'administration et nécessitant une délibération spéciale[7].

Ensuite, en droit spécifique OHADA, l'expertise de gestion a été demandée pour : la réalisation de l'audit d'une société aux fins de déterminer la valeur actuelle des actions et le montant réel des bénéfices dégagés depuis la création de la société[8] ; la réalisation d'un audit de la gestion d'un directeur intérimaire[9] durant six exercices (1998-2003)[10] ; la vérification de la régularité des transactions ayant entourées le rachat des actions d'une société par une autre et celle du mouvement des fonds entre

[1] Le critère organique va de soi dans la mesure où l'acte doit être accompli par un dirigeant de la société. Voir M. Germain et J.-P. Legros, *Travaux Dirigés de droit des sociétés*, 4è éd., 1998, Litec, p.111.

[2] Mamadou Koné, *Le nouveau droit commercial des pays de la zone OHADA, comparaisons avec le droit français*, ouvrage, *op. cit.*, p.331.

[3] Cass. com., *6 juill. 1982*, Rev.soc., 1983, p.356 ; CA Paris, *12 mars 1986*, inédit.

[4] CA Paris, *12 mars 1990*, Bull. Joly, § 140, p. 535.

[5] CA Toulouse, *19 mars 1998*, Juris-Data, n°0400478.

[6] Cass. com., *10 févr. 1998*, Juris-Data, n°000528 ; Rev.soc., 1998, n°66, obs. D. Vidal.

[7] CA Versailles, *27 févr. 1997*, préc. ; CA Paris, *20 mai 1998*, Juris-Data, n°021192, Dr.sociétés, § 355, p.1159, note, P. Le Cannu.

[8] Tribunal Régional hors classe de Dakar, Ordonnance de référé, n°901 du *9 août 1999*, Hassane Yacine c/ Société des Nattes Industries, Ibrahima Yazback et autres, Ohadata, J-02-198, obs. J.Issa Sayegh.

[9] Dans cette espèce, le gérant, rapatrié en urgence en France pour des raisons de santé et qui y a séjourné pendant huit (8) mois, avait avant son départ, confié la gestion de la société à son Directeur technique.

[10] CA Abidjan, Arrêt, n° 376 précité.

les deux sociétés[1] ; la vérification des comptes d'une société depuis sa création[2] ; la vérification de la sincérité des bilans des deux exercices ainsi que la détermination de la façon dont le gérant a fixé la rémunération qu'il a proposée pour les deux exercices ; la précision si les besoins de financement de la société nécessitent la non distribution systématique des bénéfices et la détermination des engagements éventuels des associés vis-à- vis de la société[3].

43. A l'analyse de ces différents cas, on peut faire un important constat : l'assiette de la notion d'acte de gestion n'a pratiquement pas de borne. Elle semble se présenter comme un véritable fourre-tout où l'on verse la quasi-totalité des points d'ombres relevés dans le fonctionnement de la société[4]. Qui pis est, tantôt, l'expertise de gestion a été autorisée pour des actes isolés à l'instar de la régularité des transactions ayant entourées le rachat des actions d'une société par une autre, tantôt, on l'a admis sur la base des demandes comportant plusieurs points, certains ayant un caractère général tels « les engagements éventuels des associés vis-à- vis de la société ou l'audit de celle-ci depuis sa création ». Pourtant, selon une jurisprudence constante, la mission de l'expert ne saurait porter sur l'ensemble de la gestion de la société[5]. Elle ne peut non plus comprendre la vérification des bilans car l'expert se substituerait directement aux commissaires aux comptes alors que son travail ne saurait avoir pour résultat de remettre directement en cause la régularité et la sincérité des comptes sociaux[6]. La doctrine est dans le même sens lorsqu'elle martèle que « l'expertise de gestion n'est pas un moyen de faire procéder à un audit de la société afin d'y détecter d'éventuelles

---

[1] CA Cotonou, Arrêt, n°256/2000 du *17/8/2000*, préc.

[2] Tribunal Régional hors classe de Dakar, Ordonnance de référé, n°1671 du 23 déc. 2002, *op. cit.*

[3] Tribunal Régional de Niamey, Ordonnance de référé, n°245, du *22 oct. 2002*, préc.

[4] Voir Tribunal régional hors classe de Dakar, jugement n°871 du 21 mai 2002, précité où la demande d'expertise fut introduite aux fins : d'ordonner un audit de la société ; de déterminer la valeur des investissements réels faits pour le compte de la société dans l'intérêt social depuis la création de la structure ; déterminer la valeur réelle des actions ; déterminer l'actif réel de la société ; déterminer la valeur réelle des actions et déterminer, au vu du rapport d'expertise, le montant réel des bénéfices qui auraient dû être distribués à la clôture de chaque exercice comptable.

[5] Cass. com., *25 mars 1974*, JCP, 1974, II, 17853, Rev. soc., 1975, p.98, note J.H. ; Cass. com., *7 déc. 1983*, Rev. soc., 1985, p. 427.

[6] CA Versailles, *27 févr.1997*, préc. ; CA Paris, *24 nov. 2000*, Juris-Data, n° 136393 ; CA Montpellier, *12 juin 2001,* Juris-Data, n°166101.

irrégularités ; l'expert de gestion n'est pas un commissaire aux comptes »[1].

44. Il apparaît clairement que des abus sont susceptibles d'être perpétrés si aucune action dans l'optique d'une bonne précision des concepts n'est envisagée. Certes, il n'y a pas de doute que la gestion d'une société est plus une question d'opportunité que de légalité. Elle suppose l'acceptation de certains risques, les règles trop précises de gestion étant susceptibles de décourager les initiatives et l'esprit de créativité. Pour poursuivre avec un auteur avisé, ce n'est pas parce que tel ou tel risque se réalise que le dirigeant est nécessairement fautif : « ce que l'on est en droit d'exiger des administrateurs ce n'est pas un don prophétique, mais seulement le souci des mesures que l'on devait considérer comme déraisonnables au moment où elles ont été prises compte tenu des informations dont disposaient les intéressés »[2].

45. En conciliant la nécessité de prendre des risques et le souci de circonscrire les actes de gestion, le législateur pourrait réaliser des précisions *a contrario*. Ne lui est- il pas possible d'indiquer plutôt les échantillons d'actes dont l'accomplissement ou le non accomplissement est constitutif de faute de gestion[3], et en conséquence, susceptible de justifier la mise en route de la procédure d'expertise de gestion[4] ? Tel est

---

[1] F. Anoukaha, Abdoullah Cissé, Ndiaw Diouf, J. Nguebou Toukam, P.-G. Pougoué et Moussa Samb, OHADA, *Sociétés commerciales et GIE*, éd., Bruylant, Bruxelles, UNIDA, Juriscope, ouvrage, *op. cit.*, p. 174.

[2] Y. Guyon, *Droit des affaires*, ouvrage, *op. cit.*, p.493.

[3] Pour aller plus loin, on peut consulter notamment, T. Nkoa Atangana, *Les dirigeants des sociétés anonymes dans l'Acte uniforme relatif au Droit des sociétés commerciales et du groupement d'intérêt économique OHADA*, Mémoire de DEA, Dschang, 1999, 75 p. ; E. L.R. Balemaken, *La responsabilité des dirigeants sociaux à l'égard des tiers dans l'espace OHADA*, Mémoire de DEA, 2001, Yaoundé, 98 p. ; Y. Kalieu, note sous CA Littoral, Arrêt, n°38/REF du *10 févr. 1999*, aff. Reemtsma et autres c/ SITABAC et autres, Juridis Périodique, 2000, n°42, pp.45 et s. ; A. Akam Akam, *La responsabilité civile des dirigeants sociaux en OHADA*, *RIDE*, 2007, n°2, pp.212 et s. ; L. Boussard, *La responsabilité civile des dirigeants des sociétés commerciales*, thèse, *op. cit.*, 429 p. ; F. Domwé, *La responsabilité pénale des dirigeants sociaux*, Mémoire de DEA, Ngaoundéré, 2007, 66 p.

[4] Les articles 889, 890 et 891 de l'Acte uniforme relatif au Droit des sociétés commerciales et du groupement d'intérêt économique traitent des « infractions relatives à la gérance, à l'administration et à la direction des sociétés ». Mais nous avons des doutes qu'ils permettent d'avoir des idées exactes sur tous les contours des actes de gestion.

du reste notre modeste point de vue. Ainsi, commettrait une telle faute « celui qui ne se conduit pas comme l'eût fait à sa place un dirigeant diligent et avisé »[1].

Eu égard à ce qu'il serait fastidieux de dresser un catalogue exhaustif de fautes, les concepteurs de la législation nouvelle pourraient fixer des modèles d'actes anormaux de gestion en considération de trois modules : les fautes volontaires, les fautes par imprudence et les fautes par négligence[2]. Le critère formel viendrait dans une certaine mesure en renfort du critère organique de la faute.

46. Reste à se poser une ultime question sur ce point, celle de savoir si dans une société anonyme, il est permis aux actionnaires de demander une expertise pour des opérations de gestion accomplies non pas dans leur société, mais dans une filiale de celle-ci. Le constat déplorable est que, une fois de plus, le droit OHADA est muet sur cette question. L'AUDSGIE donne certes des définitions de la société mère et filiale en ses articles 179 et 180[3], mais il ne se prononce nulle part, sur les opérations d'expertise sollicitées par un actionnaire de la société mère dans une filiale de celle-ci. En droit français, avant la loi NRE du 15 mai 2001, la jurisprudence refusait de donner une suite favorable à une telle demande[4]. Reprenant à son compte l'une des propositions fortes du

---

[1] Tunc, *La responsabilité civile des organes de gestion des sociétés et les règles générales de la responsabilité civile en droit français*, *in* Trav. Ass. H. Capitant, 1967, t. XV, p.26.

[2] Le Professeur A. Akam Akam parle d'un manquement (acte, fait ou abstention) commis dans l'exécution du « mandat social » et qui porte atteinte aux intérêts de la société ou des associés. Voir son article intitulé « La responsabilité civile des dirigeants sociaux en OHADA », *op. cit.*, p.224.

[3] Voir P.-G. Pougoué, J. Nguebou Toukam et F. Anoukaha, *Commentaire de l'Acte uniforme du 17 avril 1997 relatif au Droit des sociétés commerciales et du groupement d'intérêt économique, op. cit.*, pp. 177 et 178. Voir les études réalisées notamment par, L. Ngotwé, *Les restructurations des sociétés commerciales dans l'Acte uniforme OHADA portant sur le droit des sociétés commerciales et du groupement d'intérêt économique*, Mémoire de Maîtrise, Ngaoundéré, 2001, pp. 25 et s. ; Mayatta Ndaye Mbaye, *Les groupes de sociétés dans l'organisation pour l'harmonisation du droit des affaires (OHADA)*, Penant, 2004, n°848, pp. 284 et s. Voir sur le plan jurisprudentiel, CA Abidjan, Chambre civile et commerciale, Arrêt, n° 10 du *09 janvier 2004*, BIAO-CI (Me Nuan Aliman) c/ Sté Bureau Vritas (Me Adje Assi Metan), Ohadata J-05-287.

[4] CA Paris, *1er déc. 1992*, p.301, note Gavalda ; Dr. Sociétés, juin 1993, n°124, note Le Nabasque. Sur pourvoi, Cass. com., *14 déc. 1993*, Rev. soc., 1994, p. 494, note Gavalda ; JCP, éd. E, 1994, II, 567, note Guyon.

Rapport Marini[1], cette dernière loi a tourné le dos à la jurisprudence antérieure en admettant que l'expertise de gestion puisse désormais porter sur des opérations des sociétés filiales (sociétés contrôlées par une ou d'autres) conformément à l'article L. 233-3 du code de commerce[2]. Le fondement de cette solution est compréhensible : du moment où l'activité au sein des filiales conditionne généralement le résultat de la société mère, surtout si cette dernière est un *holding* n'ayant d'autres activités que de gérer ses participations dans les filiales, étant donné que les dividendes dépendent parfois entièrement ou en partie de l'activité des filiales, il est normal de permettre que les actionnaires de la société mère puissent s'immiscer dans les opérations de gestion accomplies au sein des filiales.

47. Afin de donner une plus grande efficacité économique à son droit, le législateur OHADA gagnerait à édicter des normes en ce sens dans son espace. On peut reprocher à ces normes de porter atteinte au fameux principe de l'autonomie des personnes morales. Mais il faut bien souligner que « cette atteinte est tolérable dans la mesure où elle ne constitue ni une violation grave des droits des associés ou des tiers, ni un empiètement sur les compétences des organes sociaux »[3]. Son but est simplement de faire la lumière sur une opération de gestion. Cette occasion serait idoine pour instaurer d'autres règles : celles relatives aux sanctions pénales applicables dans les hypothèses d'obstruction à l'expertise de gestion par un dirigeant social.

---

[1] Voir Ph. Marini, Rapport de 1996 sur *La modernisation du droit des sociétés*, *op. cit.*, p. 80, proposition n°84.

[2] Voir notamment B. Saintourens, *Les réformes du droit des sociétés par la loi relative aux nouvelles régulations économiques*, Defrénois, 2001, n°37451, pp. 1465 et s. ; H. Nabasque, *Commentaire des principales dispositions de la loi du 15 mai 2001 relative aux nouvelles régulations économiques intéressant le droit des sociétés (1ère partie)*, P.A., 5 juillet 2001, n°133, pp. 3 et s. ; A. Couret, *La loi sur les nouvelles régulations économiques, la régulation du pouvoir dans l'entreprise*, JCP, éd. G., 2001, I, n°339, pp.1485 et s. ; L.Godon, *La protection des actionnaires minoritaires dans la loi relative aux nouvelles régulations économiques*, Bull. Joly, 2001, § 166.

[3] Mamadou Koné, *Le nouveau droit commercial des pays de la zone OHADA, comparaisons avec le droit français, op.cit.*, p. 290.

2. L'instauration des sanctions pénales encourues en cas d'obstruction à l'opération d'expertise

48. L'expertise de gestion vise normalement à obtenir des éclaircissements sur certaines opérations de gestion de la société. Favorablement accueillie par la majorité de la doctrine[1] française qui l'avait vivement réclamée, cette institution a été fortement appréciée parce que doublement modératrice : modératrice d'une part, des abus de l'usage du contrôle de la société par les dépositaires du pouvoir majoritaire ; modératrice d'autre part, « de guérillas minoritaires que certains juges du fond pouvaient être tentés d'accueillir sur le plan de la nomination d'administrateurs judiciaires dont l'intrusion dans la vie de la société n'était que rarement bénéfique pour l'intérêt de l'entreprise sociale »[2].

49. Mais, il faudrait se garder de l'utiliser comme un moyen de chantage au détriment des dirigeants sociaux. De nombreux filtres formés par les conditions à réunir ont d'ailleurs été institués à cet effet. De leur côté, ceux-ci ne devraient pas redouter cette opération si leurs missions sont opportunément exercées en conformité avec les règles en vigueur. Les résultats d'une telle opération étant susceptibles d'avoir des répercussions sur les dirigeants concernés et singulièrement sur leurs carrières professionnelles, il se peut que certains fassent obstruction au travail des experts commis à cette fin. La logique voudrait que pareil comportement donne lieu à des sanctions. Il n'y a aucun souci majeur à faire usage des règles du droit civil, en l'occurrence, à se prévaloir des dispositions de l'article 1382 du code civil pour solliciter des dommages-intérêts si leur action ou omission cause un préjudice quelconque à toute personne intéressée[3].

---

[1] Voir historique présentée dans l'introduction de cet article.

[2] Voir C. Champaud et D. Danet, *Expertise de gestion (dite expertise de minorité), conditions d'exercice, interrogation préalable des dirigeants sociaux, formalité substantielle, forme des questions posées* (Cass. com., *14 févr. 2006*, Sté Bouffard-Mandon, pourvoi n°05-11-822. D., 2006, AJ, p.721, obs. A. Lienhard), *op. cit.*

[3] A. Akam Akam, *La responsabilité civile des dirigeants sociaux en OHADA*, *op. cit.* p. 225 ; L. Boussard, *La responsabilité civile des dirigeants des sociétés commerciales*, *op. cit.*, pp. 300 et s. ; W. J. Ngoué, *La mise en œuvre de la responsabilité des dirigeants de sociétés anonymes en droit OHADA*, in *L'effectivité du droit de l'OHADA*, PUA, 2006, sous la direction de J. Gatsi, pp. 172 et s.

50. En revanche, sur le plan pénal, il y a un mutisme total. Bien que le législateur OHADA se soit limité en vertu de l'article 5 du traité[1] à la détermination des incriminations pénales, laissant le soin aux législateurs nationaux d'en fixer les sanctions[2], il n'a rien prévu pour réprimer les éventuels cas d'obstruction au travail des experts par les dirigeants sociaux. Rien de pareil n'existe dans la partie de l'Acte uniforme relative aux « infractions relatives à la gérance, à l'administration et à la direction des sociétés ». Les trois articles dudit titre sont rédigés respectivement de la manière suivante : article 889 : « Encourent une sanction pénale, les dirigeants sociaux qui, en l'absence d'inventaire ou au moyen d'inventaire frauduleux, auront, sciemment, opéré entre les actionnaires ou les sociétés la répartition des dividendes fictifs » ; article 890 : « Encourent une sanction pénale, les dirigeants sociaux qui auront sciemment, même en l'absence de toute distribution de dividendes, publié ou présenté aux actionnaires ou associés, en vue de dissimuler la véritable situation de la société, des états financiers de synthèse ne donnant pas, pour chaque exercice, une image fidèle des opérations de l'exercice, de la situation financière et de celle du patrimoine de la société, à l'expiration de cette période » ; article 891 : « Encourent une sanction pénale le gérant de la société à responsabilité limitée, les administrateurs, le président directeur général adjoint qui, de mauvaise foi, font des biens ou du crédit de la société, un usage qu'ils savaient contraire à l'intérêt de celle-ci, à des fins personnelles, matérielles ou morales, ou pour favoriser une autre personne morale dans laquelle ils étaient intéressés, directement ou indirectement ».

51. Il est regrettable que les concepteurs des textes OHADA aient omis d'instituer des infractions pénales susceptibles d'être commises par obstruction à l'expertise gestion. Pourtant, le législateur français dont ils ont reproduit le modèle l'a fait. Aux termes de l'article 458 de la loi du 24 juillet 1966 sur les sociétés commerciales, lorsqu'il est fait sciemment

---

[1] Il s'agit de l'acte de naissance de l'OHADA signé le 17 octobre 1993 à Port-Louis (Île Maurice). Voir *OHADA, Traité et Actes uniformes commentés et annotés, op. cit.*, pp. 17 et s., commentaire de Babacar Gueye et Saïdou Nourou Tall.

[2] Même si en réalité son attitude se caractérise par une certaine incohérence. La doctrine estime que cette manière de procéder est critiquable et propose que l'OHADA élargisse ses pouvoirs à cet égard pour traiter aussi bien des incriminations que des sanctions. Voir notre article intitulé : *Analyse critique de quelques aspects du droit pénal OHADA*, Penant, 2007, n°859, pp. 195-239.

obstacle aux vérifications ou contrôle des commissaires aux comptes ou des experts nommés en exécution de l'article L64-2 (possibilité d'intervention d'un ou plusieurs experts chargés de présenter un rapport sur une ou plusieurs opérations de gestion), s'appliquent aux dirigeants sociaux, des sanctions pénales. Dans les sociétés anonymes, les personnes passibles des peines sont les présidents, administrateurs et directeurs généraux. Et dans les sociétés à responsabilité limitée ainsi que les sociétés en nom collectif, la loi n°85-98 du 25 janvier 1985, cible les gérants sociaux[1].

52. A notre sens, il est recommandé dans le cadre des réformes à venir, de s'inspirer de ces textes français pour instituer en droit OHADA, des infractions similaires, les mêmes causes étant susceptibles de produire les mêmes effets dans l'un et l'autre contexte. Cette oeuvre de réforme législative devra aussi s'étendre à la procédure qui aboutit à la décision du juge.

B- La révision de la procédure aboutissant à la décision du juge

53. En l'état actuel de la législation, la demande de désignation des experts est adressée directement au juge. Nonobstant le fait que cette option peut permettre d'avancer assez rapidement dans la procédure, on peut lui reprocher d'ouvrir assez lâchement les portes de la société à l'autorité judiciaire. Cette ouverture rapide étant susceptible d'occasionner quelques désagréments, le souhait est de consacrer plutôt une graduation de la procédure (1). Les pouvoirs du juge pourraient être accrus avec la possibilité de leur adresser directement une ampliation des résultats de l'expertise (2), déclenchée après épuisement de la phase préalable de négociations.

1. La nécessaire graduation de la procédure

54. L'action en justice aux fins d'obtenir la désignation d'un ou de plusieurs experts chargés de présenter un rapport sur une ou plusieurs opérations de gestion est-elle subordonnée à l'échec ou à la non satisfaction d'une réponse fournie par les dirigeants de la société ? Autrement dit, la phase contentieuse de l'opération d'expertise passe-t-elle par le non aboutissement d'une procédure amiable préalable ? Précisément, l'expertise de gestion est-elle un droit à caractère

[1] Voir, C. Penhoat, *Droit des sociétés*, 3è éd., *op. cit.*, p.279.

subsidiaire par rapport aux autres moyens d'information mis à la disposition des associés ?

55. Cette question s'est effectivement posée en droit français avant le 15 mai 2001, date de l'adoption de la loi NRE. A ce propos, la doctrine était divisée ; Alors qu'une tendance minoritaire[1] répondait par l'affirmative, la plupart d'auteurs[2] s'exprimaient en sens contraire. Sur le plan jurisprudentiel, l'orientation générale des juridictions de fond[3], d'ailleurs confirmée par la Cour de cassation[4] était défavorable au caractère subsidiaire de l'expertise de gestion. Prenant à contre-pied cette jurisprudence ainsi que la thèse doctrinale majoritaire, la loi NRE a modifié l'article 225-231 pour introduire une importante innovation : désormais, les associés souhaitant obtenir une expertise de gestion de leur société doivent au préalable épuiser la procédure des questions écrites. Ce texte est concrètement rédigé comme suit : « Une association répondant aux conditions fixées à l'article L.225-120, ainsi que un ou plusieurs actionnaires représentant au moins 5 % du capital social, soit individuellement, soit en se groupant sous quelque forme que ce soit, peuvent poser par écrit au président du conseil d'administration ou au directoire des questions sur une ou plusieurs opérations de gestion de la société, ainsi que, le cas échéant, des sociétés qu'elle contrôle au sens de l'article L.233-3. Dans ce dernier cas, la demande doit être appréciée au regard de l'intérêt du groupe. La réponse doit être communiquée aux commissaires aux comptes.

A défaut de réponse dans un délai d'un mois ou à défaut de communication d'éléments de réponse satisfaisants, ces actionnaires peuvent demander en référé, la désignation d'un ou plusieurs experts

---

[1] Y. Guyon, *Les nouveaux aspects de l'expertise de gestion*, *JCP, éd. E.*, 1985, II, spéc., n° 6.

[2] P. Le Cannu, *Réflexions sur la nature de l'expertise judiciaire de gestion*, Bull. Joly, 1988, 553, n°9 ; M. Jeantin, *Droit des sociétés*, 3è éd., Montchrestien, 1994, coll. Précis Domat, n°302 ; Ph. Merle, *Droit commercial, Sociétés commerciales*, 6è éd., 2001, n°523 ; Y. Chartier, *Droit des affaires*, t. 2, 3è éd., 1992, Puf, n°165. J. Mestre et S. Blanchard-Sébastien, *Lamy Sociétés commerciales*, éd. 1998, n° 1229.

[3] CA Paris, *12 nov. 1977*, JCP, éd. G, 1978, II, 18823, note Chartier, CA Paris, *22 juin 1978*, Rev. soc., 1978, p.333, note Chartier.

[4] Cass. com., *21 oct. 1997*, JCP, 1998, II, 10036, note Guyon ; Bull. Joly, 1998, p.30, § 7, note Le Cannu ; Rev. soc., 1998, p. 82, note Didier ; RTD com., 1998, p.171, obs. Petit et Reinhard.

chargés de présenter un rapport sur une ou plusieurs opérations de gestion(...) ».

56. Cette réforme a été approuvée à juste titre par certains auteurs[1]. Dorénavant, la question écrite et l'expertise de gestion ne sont plus des procédures indépendantes l'une de l'autre. Ce sont deux étapes d'une même procédure, la première étant principale, la seconde subsidiaire. Il y a là une nécessaire graduation qui permet d'éviter les éventuels abus de la procédure d'expertise de gestion. Un auteur l'a déclaré pour s'en féliciter, cette dernière a réalisé « un équilibre satisfaisant entre les nécessités de l'information des actionnaires minoritaires (particulièrement protégés tel que déjà démontré) et celles de la protection de la société contre un harcèlement judiciaire excessif »[2].

57. Malheureusement, le législateur OHADA n'a pas été suffisamment attentif pour comprendre qu'il fallait anticiper sur les potentiels risques de réalisation de l'inconvénient redouté à l'occasion de la mise en œuvre de l'expertise de gestion dans sa zone juridique. Dans l'Acte uniforme relatif au droit des sociétés commerciales et du groupement d'intérêt économique, deux procédures indépendantes ont été instituées : l'une dite procédure d'alerte gouvernée par les articles 158 et suivants, l'autre intitulée procédure d'expertise de gestion qui nous intéresse particulièrement, régie par les articles 159 et 160. La première est plus ouverte dans la mesure où son déclenchement est laissé à la portée de tous les associés sans limitation de seuil de capital détenu. La seconde quant à elle est plus restreinte parce que réservée aux associés représentant au moins le cinquième du capital social. Peut-on en déduire la subsidiarité d'une procédure à l'autre ? Répondre par l'affirmative serait à notre sens erroné, étant donné qu'aucun texte de l'OHADA n'en dispose ainsi. C'est donc la solution du droit français antérieure à la loi NRE qu'il faut considérer actuellement en droit OHADA. En effet, tous les arrêts disponibles[3] rendus sur la question sont en ce sens car il n'y a pas d'espèce dans laquelle le juge a tiré argument du défaut de procédure préalable pour rejeter une demande d'expertise de gestion.

---

[1] Y. Guyon, *Droit des affaires, Droit commercial général et des sociétés*, ouvrage, *op. cit.*, p. 480.
[2] Y. Guyon, *Droit des affaires, ibid.*
[3] Voir l'ensemble des décisions sus-citées.

58. L'inconvénient redouté semble se réaliser dans la quasi-totalité des opérations : le juge s'immisce dans le fonctionnement de la société sans épuisement préalable de la procédure d'information interne. Ceci pourrait parfois handicaper la bonne marche de la structure, la connaissance qu'il a de la situation pouvant justifier la mise en œuvre d'autres mesures. Ainsi, Il est arrivé que le souci de remédier à la situation amène le juge à statuer *ultra petita* en désignant directement un administrateur provisoire pour la société[1]. Cette situation regrettable pourrait être évitée dans l'avenir si une réécriture de l'article 159 de l'AUDSGIE est réalisée dans le but de s'aligner à la version française. Le souhait est que cette œuvre soit parachevée par l'accroissement des pouvoirs du juge.

2. L'accroissement des pouvoirs du juge

59. Aux termes de l'article 159 de l'Acte uniforme relatif au droit des sociétés commerciales, « Un ou plusieurs associés (...) peuvent (...) demander au président de la juridiction compétente (...) ». L'article 160 du même Acte uniforme ajoute : « s'il est fait droit à la demande, le juge détermine l'étendue de la mission et les pouvoirs des experts. Les honoraires des experts sont supportés par la société. Le rapport est adressé au demandeur et aux organes de gestion, de direction et d'administration ». Cet article comporte des points de certitude sur lesquels il serait superflu de consacrer des développements ici. Mais surtout, il présente des aspects susceptibles de faire l'objet de grandes controverses qui méritent d'amples précisions. Le premier est relatif à l'organe compétent pour examiner la demande d'expertise de gestion. L'article 159 indique qu'il s'agit du « président de la juridiction compétente ». En faisant l'économie du débat sur la notion de « juridiction compétente », manifestation de la complémentarité instituée entre le droit OHADA et les droits nationaux des Etats parties[2], qui

---

[1] La décision a heureusement été infirmée sur ce point, même si le motif invoqué était qu'il n'avait « pas été préalablement constaté l'existence, entre les associés de dissensions entraînant la paralysie de la société ». Voir CA Cotonou, Arrêt, n°256/2000 du *17/8/2000*, aff. Société Continentale des Pétroles et d'Investissements, Monsieur Fagbbohoun Sonacop, Monsieur Cyr Koty, Monsieur Mounirou Omichessan c/ Etat Béninois, *op. cit.*

[2] Voir notre article intitulé : *Le droit OHADA et les droits nationaux des Etats parties : une complémentarité vieille de plus d'une décennie*, Revue de droit international et de droit comparé, n°2008/4, pp. 446 et s. Voir aussi Me Ipanda, *Le traité OHADA et la loi*

amène en réalité à voir au cas par cas selon la loi nationale de chaque Etat[1], soulignons que l'aptitude est reconnue au « président et non à la juridiction ».

60. Celui-ci est investi des prérogatives qui lui sont propres pour statuer à titre provisoire sur certaines demandes[2], C'est le cas des demandes d'expertise de gestion. La compétence exclusive du président doit être soigneusement distinguée des attributions du tribunal. Pour l'essentiel, les modes de saisine ne sont pas identiques. Alors que le président est saisi par voie de requête[3], le tribunal l'est généralement au moyen d'une assignation[4]. Les dispositions de l'Acte uniforme relatives à l'instance compétente étant relativement claires, c'est à raison que le Tribunal régional hors classe de Dakar s'est déclaré incompétent en date du 21 mai 2002[5], dans une espèce où il (et non le président) fut saisi par un associé d'une société aux fins de : désigner un expert comptable et financier pour l'évaluation des valeurs des actions émises par la société ; ordonner un audit de cette société ; déterminer la valeur des investissements réels faits pour son compte dans l'intérêt social depuis la création ; déterminer son actif réel ; déterminer, au vu du rapport réel

---

nationale, Revue camerounaise du droit des affaires, 1999, n°1, pp. 3 et s. ; D. Tonga, *L'avis de la Cour commune de justice et d'arbitrage de l'OHADA du 30 avril : aspects généraux et fiscaux*, Juridis Périodique, 2005, pp. 81 et s.

[1] Plusieurs situations sont en vigueur : certains pays connaissent des tribunaux de commerce. C'est le cas de la République du Tchad ; d'autres, des chambres commerciales du tribunal civil ; et même des chambres civiles et commerciales d'un tribunal comme le Cameroun ; ou encore n'ont aucune juridiction spécialisée. Au Sénégal par exemple, la « juridiction compétente » en cette matière est le « tribunal régional ».

[2] Voir les questions pertinentes soulevées dans l'un des domaines par J. Fometeu, *Le juge de l'exécution au pluriel ou la parturition au Cameroun de l'article 49 de l'Acte uniforme OHADA portant voies d'exécution*, Juridis Périodique, 2007, n°70, pp. 97 et s. Voir aussi A.Anaba Mbo, *La nouvelle juridiction présidentielle dans l'espace OHADA : l'endroit et l'envers d'une réforme multiforme*, Revue camerounaise du droit des affaires, 2000, n°3, pp. 9 et s.

[3] En droit français, ce moyen est aussi utilisé lorsque la demande d'expertise émane du procureur de la république. Mais lorsqu'elle émane de « l'Autorité des marchés financiers », elle est faite par lettre recommandée avec demande d'avis de réception.

[4] Ndaw Diouf, obs. sous, Tribunal régional hors classe de Dakar, jugement, n°871 du *21 mai 2002*, préc.

[5] Voir Affaire Hassen c/ Société Natte industrie, Ohadata J-03-04, *op. cit.*

d'expertise, le montant réel des bénéfices qui auraient dû lui être distribués à la clôture de chaque exercice comptable.

61. La deuxième préoccupation porte sur la nature de la procédure d'expertise de gestion. S'agit - il d'une procédure d'urgence ou d'une procédure ordinaire ? En principe, l'article 159 de l'AUDSGIE n'a pas prévu la compétence du juge des référés en la matière. La procédure d'expertise de gestion n'est pas en soi une procédure d'urgence, affirment à l'unanimité les auteurs. En droit français, la nuance a été nettement apportée avec la précision qu'il est statué « en la forme des référés et non en référé, l'urgence n'étant pas nécessaire »[1]. En conséquence, les conditions de la procédure de référé ne sont pas exigées. Ainsi, l'urgence n'est pas nécessaire et cette procédure est indépendante d'une action de fond. Toutefois, en cas d'urgence, la compétence du juge des référés est acquise. C'est le cas lorsque le retard dans la décision à intervenir au fond risque de mettre en péril les intérêts d'un ou de plusieurs associés[2]. Dans ce cas, le juge doit s'assurer entre autres conditions, de ce que la demande se rattache à un litige sinon né et actuel, du moins possible et sérieux[3]. Naturellement, lorsqu'une ordonnance de référé, confirmée par la Cour d'appel, a déjà autorisé une expertise sur la gérance, le juge des référés doit se déclarer incompétent pour procéder à la nomination d'un mandataire judiciaire à l'effet de convoquer une assemblée extraordinaire, conformément à l'article 337 de l'Acte

---

[1] C.Penhoat, *Droit des sociétés*, *op. cit.*, p.281. Voir aussi art. D. 195 de la loi NRE.

[2] Voir CA Cotonou, Arrêt, n°256/2000 du *17/8/2000*, aff. Société Continentale des Pétroles et d'Investissements, Monsieur Fagbbohoun Sonacop, Monsieur Cyr Koty, Monsieur Mounirou Omichessan c/ Etat béninois, *op. cit.* ; Tribunal Régional hors classe de Dakar, jugement, n°871 du *21 mai 2002*, Hassen Yacine c/ Société Natte industrie, *op. cit.*

[3] CA Cotonou, Arrêt, n°256/2000 du *17/8/2000*, *op. cit.* ; CA du Centre/Yaoundé, Arrêt, n°223/civ./03-04 du *23 avril 2004*, affaire, n°755/RG/02-03, Biakolo Biakolo Gaspard c/Willermain Robert et Mvondo Belinga. Dans cette espèce, le juge décidait que le séquestre aura pour mission d'assurer l'administration provisoire de l'entreprise jusqu'à la mise en place des nouveaux organes sociaux conformément à la loi et aux statuts de la société parce qu'une mésentente depuis 3 ans entre actionnaires entravait le fonctionnement harmonieux de la société, en l'occurrence le non renouvellement des organes sociaux, l'absence d'états financiers et la non convocation de l'assemblée générale.

uniforme relatif au droit des sociétés commerciales et du groupement d'intérêt économique[1].

62. La troisième préoccupation est relative au contenu du pouvoir du juge. Les articles 159 et 160 de l'AUDSGIE sont complémentaires à cet égard. Le premier texte souligne que la demande est adressée au président de la juridiction compétente du siège social aux fins d'obtenir « la désignation d'un ou de plusieurs experts chargés de présenter le rapport sur une ou plusieurs opérations de gestion ». Le second mentionne que : « s'il est fait droit à la demande, le juge détermine l'étendue et les pouvoirs des experts ».

A propos singulièrement de la nomination de l'expert, plus intéressante à ce niveau, la question des opérations à accomplir ayant déjà été débattue plus haut, celui-ci est librement choisi par le président du tribunal en fonction de la nature de l'opération de gestion concernée. Il n'est pas obligatoire que soit désigné un expert comptable ou un commissaire aux comptes. Rien ne semble interdire que le choix soit porté sur un juriste spécialisé en droit des sociétés si tel est le problème posé, ou encore sur un expert financier ou un technicien spécialisé dans la branche d'activité exercée par la société[2]. Une interrogation peut cependant se développer au sujet du nombre d'experts à désigner. La règle est que le chiffre dépend de la nature et de la complexité des opérations de gestion en cause[3]. Mais le juge doit s'en tenir au nombre sollicité par les demandeurs. Un juge, fut-il des référés qui désigne sans justification deux experts au lieu d'un seul sollicité par le demandeur statue *ultra petita* et sa décision doit être réformée sur ce point[4].

63. Enfin et au titre de dernière préoccupation, on peut se demander quelle est la portée des résultats de l'expertise en relation avec le juge. L'article 160 de l'Acte Uniforme sus-cité prescrit que le rapport soit adressé au demandeur et aux organes de gestion, de direction ou

---

[1] Tribunal Régional de Niamey, Ordonnance de référé, n°296 du *31 décembre 2002*, Abass Hammoud c/ Jacques Claude Lacour, Ohadata- J-04-79.

[2] Voir A. Fénéon, *La mésentente entre associés dans les sociétés anonymes OHADA, prévention et modes de règlement*, *op. cit.*, p. 269.

[3] P.-G. Pougoué, J. Nguebou Toukam et F. Anoukaha, *Commentaire de l'Acte uniforme du 17 avril 1997 relatif au Droit des sociétés commerciales et du groupement d'intérêt économique, in OHADA, Traité et Actes uniformes commentés et annotés*, *op. cit.*, p. 376.

[4] CA Cotonou, Arrêt, n°256/2000 du *17/8/2000*, *op. cit.*

d'administration. Le juge ne fait pas partie des destinataires et cela peut se comprendre dans une certaine mesure. Ce sont les associés qui sollicitent des éclaircissements sur des aspects précis de la gestion de leurs affaires. Il est normal de limiter son immixtion dans celles-ci. Rien n'empêche toutefois qu'à la suite du rapport de l'expert, les associés déclenchent des hostilités avec les dirigeants sociaux dans l'optique de mettre en jeu leurs responsabilités, demander leur révocation, l'annulation des décisions jugées abusives ou une restructuration de la société[1]. Cette possibilité est certes respectable, mais sa mise en œuvre peut s'avérer à la fois lourde et décourageante en raison de la longueur des procédures et du coût financier qu'elle entraîne. Pour rafraîchir la mémoire, il faut au préalable conduire avec succès une procédure d'expertise de gestion. Le résultat d'expertise est mis à la disposition des organes sociaux pour en tirer les conséquences. Même si la loi ne le mentionne pas, il y aurait probablement soumission et débat des résultats de l'expertise en assemblée générale. Et si l'initiative de l'opération a été prise par les associés minoritaires comme c'est généralement le cas, la probabilité est grande, que les associés majoritaires leur « dictent leur volonté » en refusant de tirer véritablement une quelconque conséquence du rapport d'expertise. Ce n'est qu'à partir de cet instant, qu'il faudrait intenter une nouvelle action en justice pour espérer obtenir la révocation des dirigeants ou l'annulation de l'opération contestable[2]. N'aurait-il pas été avantageux, pour faire économie d'étape, du moment où la phase amiable dont nous souhaitons l'institution serait épuisée au préalable, de prescrire à l'expert de tenir directement une copie de son rapport au juge pour lui permettre d'en tirer les éventuelles conséquences si la volonté des initiateurs de la procédure est en ce sens ou si les textes lui donnent le droit d'agir d'office ? Cette thèse nous semble d'autant défendable[3] que

[1] Voir P.-G. Pougoué, J. Nguebou Toukam et F. Anoukaha, *Commentaire de l'Acte uniforme du 17 avril 1997 relatif au Droit des sociétés commerciales et du groupement d'intérêt économique*, *op. cit.*, p.87.

[2] Voir J. Bussy, *Droit des affaires*, 2è éd., *op. cit.*, p. 561.

[3] L'affirmation péremptoire de certains auteurs que « Le rapport est adressé : au demandeur ; aux organes de gestion, de direction ou d'administration ; au président de la juridiction » est erronée car cette dernière mention ne figure pas dans l'énumération de l'article 160 de l'AUDSGIE. Voir cette thèse critiquable soutenue par Oumar Sambe et Mamadou Ibra Diallo, *Guide Pratique des sociétés commerciales et du groupement d'intérêt économique (GIE) OHADA, Schémas didactiques, modèles (statuts, procès-verbaux et autres formulaires), Jurisprudence*, *op.cit.*, p. 327.

les résultats de l'expertise peuvent constituer un prélude au déclenchement d'une procédure collective d'apurement du passif de la société[1].

CONCLUSION

64. L'expertise de gestion telle que prévue par le législateur OHADA, donne lieu à l'application des règles fixées par les articles 159 et 160 de l'Acte uniforme portant droit des sociétés commerciales et du groupement d'intérêt économique. Inspirée de la législation française en la matière, cette opération a un double souci : le souci de transparence et le souci fondamental de protéger les associés minoritaires. Le contrôle ainsi renforcé, même s'il « n'assure pas une sécurité absolue, évite certains abus et dans sa facture moderne, prévient certains risques ou anticipe sur les difficultés de l'entreprise »[2]. Mais, eu égard aux malheureux inconvénients présentés dont l'immixtion précoce du juge dans la vie de la société, il serait souhaitable que cette institution soit revue et corrigée. L'instauration d'une phase de négociation préalable et l'accroissement des pouvoirs du juge dans l'exploitation directe des résultats de l'expertise rentrent en droite ligne de la réforme recommandée. Il y aurait création d'une expertise de gestion, version nouvelle, plus adaptée et plus efficace dans la satisfaction de plusieurs intérêts : l'intérêt des associés, l'intérêt de la société et celui des tiers appelés à contracter avec celle-ci.

---

[1] Aux termes de l'article 2 de l'Acte uniforme du 10 avril 1998 portant organisation des procédures collectives d'apurement du passif : « (...). Le redressement judiciaire est une procédure destinée à la sauvegarde de l'entreprise et à l'apurement du passif au moyen d'un concordat de redressement (...). La liquidation des biens est une procédure qui a pour objet la réalisation de l'actif du débiteur pour apurer son passif (...) ». Ces deux procédures sont « applicables à toute personne physique ou morale commerçante, à toute personne morale de droit privé non commerçante, à toute entreprise publique ayant la forme d'une personne morale de droit privé qui cesse ses paiements. L'article 29-1 du même Acte uniforme dispose : « La juridiction compétente peut se saisir d'office, notamment sur la base des informations fournies par le représentant du ministère public, les commissaires aux comptes des personnes morales de droit privé lorsque celles-ci en comportent, les associés ou membres de ces personnes morales ou les institutions représentatives du personnel qui lui indiquent les faits de nature à motiver cette saisine ».

[2] P.-G. Pougoué et Y.-R. Kalieu Elongo, *Introduction critique à l'OHADA, op. cit,* p. 183.

LE CARACTERE D'ORDRE PUBLIC DU DROIT UNIFORME DES SOCIETES COMMERCIALES EN AFRIQUE

par

Pascal NGUIHE KANTE

Docteur d'Etat en Droit Privé, Chargé de Cours
Faculté des Sciences Juridiques et Politiques
Université de Dschang (Cameroun)

1. Une lecture combinée des articles 10 du Traité de l'OHADA, 2 et 919 alinéa 1er de l'Acte uniforme relatif au droit des sociétés commerciales et du GIE permet d'affirmer que la réglementation OHADA des sociétés commerciales est marquée par le sceau de l'autoritarisme : l'ordre public y règne en souverain quasi-absolu sauf dans certains cas où des dérogations auraient été expressément prévues par le législateur[1]. A cet égard, cette réglementation s'applique indépendamment de la volonté des associés ou des Etats membres de l'OHADA. La Cour Commune de Justice et d'Arbitrage, dans un avis remarqué, a réaffirmé le principe[2].

---

[1] L'article 10 du Traité affirme la primauté du droit OHADA sur les dispositions du droit interne. L'article 2 de l'AU Soc. admet le caractère d'ordre public attaché de manière générale aux dispositions dudit Acte, à l'exception des cas où l'Acte autorise expressément l'associé unique ou les associés à lui substituer les dispositions dont ils ont convenu, soit à le compléter par les stipulations propres. Quant à l'article 919 alinéa 1er, il pose le principe général de l'abrogation des dispositions contraires à celles de l'Acte uniforme.

[2] Cf. Avis n° 001/2001/EP du *30 avril 2001*, 4e question, 4e branche (4-d) : « Les dispositions de l'Acte uniforme relatif au droit des sociétés commerciales et du groupement d'intérêt économique étant d'ordre public et s'appliquant à toutes les sociétés commerciales à raison de leur forme et quel que soit leur objet régissent les sociétés soumises à un régime particulier entrant dans le cadre juridique ainsi défini. Toutefois, à l'égard de ces sociétés, l'article 916 alinéa 1er de l'Acte uniforme précité laisse également subsister les dispositions législatives spécifiques auxquelles lesdites sociétés sont soumises ». Cf. aussi, CCJA, Avis n° 2/2000/EP du *26 avril 2000* et CCJA, Avis n° 003/2002 du *10 janvier 2002*.

Comme cela fut le cas dans la loi française de 1966, le législateur de l'OHADA règle tout dans le détail et souvent de manière impérative[1]. Cet ordre public qui correspond au souci de protéger aussi bien les associés que les tiers, se matérialise par une floraison d'interdictions dont certaines sont assorties de sanctions pénales[2]. A ce titre, il aurait pour fonction de protéger l'intérêt général.

2. Une telle conception correspond, semble-t-il, à la réalité contemporaine du contenu concret de l'ordre public tel que présenté de manière satisfaisante par Marcel Planiol. D'après cet auteur, une disposition est d'ordre public « toutes les fois qu'elle est inspirée par une considération d'intérêt général qui se trouverait compromise si les particuliers étaient libres d'empêcher l'application de la loi »[3]. L'ordre public sociétaire de l'OHADA est par conséquent aussi bien un ordre public de protection que de direction. Dans ces conditions, il interdit à la fois aux statuts et aux Etats parties de déroger aux dispositions de l'Acte uniforme en dehors de toute autorisation expresse. On en déduit que l'ordre public sociétaire de l'OHADA affecte l'autonomie de décision des associés, des législateurs nationaux ou du pouvoir judiciaire interne tant à l'égard de la CCJA que des parties.

3. Faut-il alors comprendre que désormais tout ce qui n'est pas prévu par le législateur est impossible ? Autrement dit, est-il possible pour les statuts, le législateur ou le pouvoir judiciaire national de compléter les dispositions de l'Acte uniforme en dehors de toute invitation expresse ? A s'en tenir à une lecture combinée des articles 10 du Traité, 2 et 919 alinéa 1er de l'AU. Soc., une réponse négative ne fait l'objet d'aucun

---

[1] Pour un rappel du contenu de la loi française de 1966, cf. Paillusseau (J.), *La modernisation du droit des sociétés commerciales : une reconception du droit des sociétés commerciales*, Rec. Dalloz Sirey, 1996, p. 287.

[2] La sanction de cette impérativité va consister, en règle générale, en une nullité, mais une nullité absolue ouverte non seulement à tous ceux que le législateur entend protéger, mais également à tout le monde.

[3] Cité par Ghestin (J.*), in Traité de droit civil, La formation du contrat*, LGDJ, 1993, 3ème éd. n° 111. On a toujours considéré l'ordre public comme une notion particulièrement fuyante qui « ne se laisse enfermer ni dans une définition ni dans un catalogue » (Carbonnier (J.), Droit Civil, t. IV, Les obligations, PUF, 2000, 22ème éd., n° 69. La définition de Planiol a été approuvée par de nombreux auteurs contemporains (Malaurie (Ph.), in L'ordre public et les bonnes mœurs, Rapport français, Trav. Assoc. H. Capitant, 1952, E. Doucet, 1956, p. 748 ; Ghestin (J.), ouvr. préc., n° 97, notamment).

doute. La position est justifiée, semble-t-il, par le fait que le législateur de l'OHADA ne tolère les dispositions complémentaires des associés ou l'intervention des législateurs nationaux, voire des juges internes que dans la mesure où il les autorise lui-même ou lorsqu'elles ne lui seraient pas contraires. Pareille interprétation, au cas où elle serait vraie, voudrait dire que l'Acte Uniforme prévoit absolument tout sur la réglementation d'une société et ne laisse aucune place à la liberté d'appréciation des différents destinataires de l'ordre public sociétaire.

A l'analyse, tel n'est pas le cas. Ainsi que l'écrit un auteur, « la société n'est jamais une institution dont le mécanisme est entièrement réglementé par la loi »[1]. Le rôle de la loi consiste tout simplement à fixer des garde-fous dont le but est d'arbitrer des éventuels conflits susceptibles de naître dans la gestion des intérêts antagonistes des associés ou ceux des tiers. L'avis contraire traduirait « une atteinte intolérable à la liberté des conventions et aux pouvoirs régaliens des Etats qui, eux aussi, ont le droit de compléter, dans une certaine mesure, les dispositions de l'Acte Uniforme par des lois nationales »[2].

4. Le problème est qu'il est difficile de déterminer les limites exactes de cet ordre public, lorsqu'il s'agit d'apprécier les cas développés en réaction à la rigidité excessive du droit des sociétés commerciales de l'OHADA. En l'absence de définition et de circonscription de cette notion, comment va-t-on s'y prendre ? Il va donc falloir lui établir des critères de délimitation. Il n'est pas certain que les choses puissent se passer aussi aisément. Mais parce que l'ordre public est énoncé à titre de principe dans le droit des sociétés de l'OHADA, la difficulté sera quelque peu relativisée. L'argumentation est d'autant justifiée qu'il est acquis qu'on s'attardera plus sur les seules hypothèses qui consacrent une marge de manœuvre des associés ou des Etats en droit des sociétés de l'OHADA. Le caractère exceptionnel de ces différentes hypothèses laisse penser que l'ordre public occupe une grande importance en droit des sociétés commerciales de l'OHADA.

---

[1] Cf. Mamadou Koné, *Le nouveau droit commercial des pays de la zone OHADA. Comparaisons avec le droit français*, LGDJ, 2003, n° 323, p. 204.
[2] Ibid.

5. Cette « hypertrophie des règles d'ordre public »[1] dans le droit des sociétés commerciales de l'OHADA n'est pas très conforme à la récente évolution du droit des sociétés. Le droit moderne des sociétés va dans le sens de la « contractualisation »[2], c'est-à-dire l'expansion du pouvoir direct des associés de faire à leur mesure l'organisation sociétaire qui leur convient. Aussi admet-on que, sous la pression des nécessités économiques, les associés puissent aménager eux-mêmes et librement, le fonctionnement de leur société, au moins sur le plan interne[3]. Bien que cette liberté soit plus ou moins grande selon les sociétés, il est incontestable qu'elle est partout présente et joue un rôle déterminant dans la construction des rapports sociétaires. Le professeur Henri-Désiré Modi Koko Bebey en conclut à « l'envahissement du droit des sociétés par le droit contractuel »[4].

Comment alors comprendre la position du législateur de l'OHADA qui s'inscrit totalement aux antipodes de la dynamique contemporaine ? Le législateur a-t-il voulu faire de l'ordre public un principe d'ordre général en droit uniforme des sociétés commerciales n'impliquant aucune nuance dans sa mise en oeuvre, ou a-t-il tout simplement consacré une règle souple qui soit tenue de prendre en

---

[1] L'expression est empruntée au professeur Guyon (Y.), *in Les sociétés. Aménagements statutaires et conventions entre associés*, 5ème éd., LGDJ, 2001, n° 9, p. 23,

[2] Sur ce renouveau contractuel en droit français, cf. not. Bertrel (J. P.), *Le débat sur la nature de la société*, in Mélanges Sayag, 1997, p. 131 ; *Liberté contractuelle et sociétés, essai d'une théorie du « juste milieu » en droit des sociétés*, RTDcom. 1996, p. 595 et s. ; Saintourens (B.), *La contractualisation du droit des sociétés*, Rapport, C.C.I.P., 1990 ; *La simplification du droit français des sociétés*, RID comp., 1994, n° spéc. vol. 16, p. 91 et s. ; *L'an 2000 et au-delà : quelles perspectives pour le droit des sociétés* ?, Rev. Soc. 2000, p. 109 et s. ; *La flexibilité du droit des sociétés*, RTDcom. 1987, p. 457 ; Randoux (D.), *Le droit des sociétés à la recherche d'un nécessaire équilibre*, Rev. Soc. 2000, p. 105 ; Couret (A.), *Le droit des sociétés et le besoin de sécurité à l'aube du troisième millénaire*, Rev. Soc. n° 1, 2000, p. 90 ; Lecannu (P.), *L'évolution de la loi du 24 juillet 1966 en elle-même*, Rev. Soc. 1996, p. 485 et s. ; Travaux du colloque organisé au Sénat le 14 février 1995 sur le thème « *de nouveaux espaces à la liberté contractuelle* », JCP éd. E. suppl. au n° du 18 mai 1995 ; Frison-Roche (M.-A.) et Bonfils (S.), *Les grandes questions du droit économique. Introduction et documents*, PUF, 2005, p. 144.

[3] Cf. Paillusseau (J.), *L'Acte uniforme sur le droit des sociétés*, L. P. A., 13 oct. 2004, n° 205, p. 21.

[4] Cf. Modi Koko Bebey (H.-D.), *La réforme du droit des sociétés commerciales de l'OHADA*, in Rev. Soc., n° 2, avr.-juin 2002, p. 266 ; égal. Mamadou Koné, in ouvr. préc., n° 254, p. 163, qui parle quant à lui d'un « renouveau contractuel ».

compte « la plage d'autonomie contractuelle »[1] qui a toujours caractérisé le droit des sociétés ? Autrement dit, le sens de l'ordre public retenu en droit uniforme africain des sociétés commerciales est-il particulier comme cela est le cas en droit du travail ?

L'interrogation est fondamentale. La solution qui sera retenue permettra de mieux comprendre les raisons de la démarche du législateur africain. Quant aux éléments de réponse, ils pourront être trouvés dans les orientations législatives contenues dans plusieurs dispositions de l'AU Soc. La portée de la démarche législative mérite donc d'être scrutée.

6. Précisément, l'article 2 de l'A.U. Soc. qui pose le principe de l'ordre public des dispositions de l'Acte uniforme, réserve les cas où il autorise lui-même les associés à les compléter ou à les amender conventionnellement. En conséquence, et sur invitation expresse de l'Acte uniforme, les associés devraient pouvoir, par leur accord de volonté, soit infléchir la règle légale, soit la compléter. L'article 916 alinéa 1er de l'A.U autorise également, semble-t-il, les législateurs nationaux à maintenir les dispositions législatives spécifiques auxquelles sont soumises les sociétés à régime particulier ou à édicter de nouvelles, à la condition qu'elles ne soient pas contraires aux propres dispositions dudit Acte Uniforme. De manière plus générale, l'alinéa 3 de l'article 1er de l'AU Soc. admet que les sociétés commerciales et le GIE restent soumis aux lois non contraires à cet Acte qui sont applicables dans l'Etat partie de leur siège social.

Dans le même ordre d'idées, on admet qu'en dépit de leur contrariété par rapport aux dispositions de l'A U Soc., les dispositions des droits nationaux concernées demeurent applicables de manière transitoire aux sociétés qui n'auront pas procédé à la mise en harmonie de leurs statuts avec les dispositions dudit Acte. Bien que la période transitoire soit aujourd'hui expirée[2], il n'est pas superfétatoire d'évoquer cette situation qui a eu à se présenter et les règles juridiques y afférentes[3].

---

[1] L'expression est empruntée au professeur Chartier (Y.), in *Rigidité et flexibilité dans le droit des baux commerciaux*, Mélanges offerts à Jean Derruppé, Litec, 1991, p. 72.
[2] C'était jusqu'au 1er janvier 2000.
[3] Cf. art. 908 al. 1er AU Soc.

7. On est donc tenté de déduire que le législateur n'a pas voulu faire de l'ordre public un principe général en droit des sociétés commerciales. La règle empêche seulement les dispositions contraires[1]. Il est dès lors possible de compléter le statut légal, même en dehors de toute invitation expresse de la loi, à condition que les stipulations conventionnelles ne soient pas contraires à une disposition impérative de l'Acte uniforme[2]. C'est par ce moyen qu'on pourra préserver le fondamental principe de la liberté contractuelle et de la souveraineté des Etats en dépit des exigences actuelles liées à la forte réglementation du droit des sociétés commerciales[3].

---

[1] Cf. Mamadou Koné, ouvr. préc., n° 323, p. 204 ; dans le même sens, ERNST & YOUNG INTERNATIONAL, OHADA, Droit des Sociétés Commerciales et du G.I.E. : Commentaires, EDICEF/édition FFA, 1999, p. 2.

[2] Les exemples les plus remarquables se rencontrent en matière d'administration des S.A. Le législateur de l'OHADA laisse la liberté aux associés de compléter les structures légales par des structures facultatives. Ainsi en est-il de la possibilité de désigner un D.G. adjoint dans les S.A. dotées d'un Conseil d'Administration, soit un administrateur général adjoint dans les S.A. dotées d'un administrateur général, et ceci malgré un avis négatif critiquable émis par la C.C.J.A. sur l'institution de postes de vice-président dans les banques et établissements financiers (Avis n° 02/2000/EP de la C.C.J.A. du *26 avril 2000*, 2e question, www.ohada.com.). De même, les législateurs nationaux ont le droit de constituer des sociétés commerciales par leur objet ou forme à régime particulier dans la mesure où leurs règles ne sont pas contraires à l'Acte Uniforme. Pareille action intervient à titre de « complètement » du statut légal des sociétés à régime particulier. C'est le sens de l'art. 916 de l'A.U. auquel se réfère l'Avis n° 001/2001/EP du *30 avril 2001* de la C.C.J.A., 4e question, 4e branche (4-d), précitée.

[3] On rencontre souvent dans les statuts de certaines sociétés, des structures non prévues par l'Acte uniforme, à savoir les censeurs, les comités de direction, les dirigeants honoraires, les vice-présidents. L'une de ces situations a fait l'objet d'une demande d'avis de la République du Sénégal auprès de la CCJA. L'Etat sénégalais souhaitait savoir s'il était possible, dans le cadre de la mise en harmonie des statuts des S. A. avec les dispositions de l'Acte uniforme relatif au droit des sociétés, d'instituer un poste de vice-président dans les organes dirigeants d'une société (la question avait été posée précisément pour les banques et établissements financiers). Se fondant sur l'article 909 de l'AU soc., la CCJA a répondu par la négative (Avis n° 02/2000/EP de la CCJA du *26 avril 2000*, 2e question, www.ohada.com). Bien que le poste de vice-président ne soit pas prévu par l'Acte uniforme, la position des juges de la CCJA est fortement critiquable dans la mesure où elle n'indique pas en quoi la mesure préconisée lui est contraire. Le principe de la liberté contractuelle ne s'oppose nullement à la création d'un organe non prévu par la loi dès lors que celui-ci n'empiète pas sur les attributions impératives reconnues aux organes légaux de gestion.

La portée du caractère d'ordre public du droit uniforme des sociétés commerciales doit donc être relativisée. Au nom des impératifs d'assouplissement de la vie sociale, la liberté a raison de l'ordre public sociétaire. La notion est loin pourtant d'être comparable à un tigre de papier. Il y a, dans tous les cas, véritablement un statut légal impératif qui limite à la portion congrue la marge de manœuvre des associés ou des Etats parties à l'OHADA[1].

8. Marqué du sceau de l'ambivalence, le caractère d'ordre public du droit des sociétés commerciales de l'OHADA évoque les deux faces du Janus. Il constitue, de ce fait, un terrain d'étude particulièrement intéressant de l'interaction entre des mécanismes issus d'une réglementation apparemment très contraignante, conçue dans le cadre d'une régulation en matière de sociétés commerciales et « les règles d'un droit civil placé sous le signe d'un renouveau de la liberté contractuelle »[2] ou d'un Etat qui recouvre certaines de ses prérogatives face à un droit supra-législatif fondé sur le principe bien établi de la primauté du Droit international sur le Droit interne. Ces deux aspects du caractère d'ordre public du droit des sociétés commerciales de l'OHADA sont complémentaires en ce qu'ils traduisent à leur tour l'ambiguïté du phénomène.

La problématique du caractère d'ordre public du droit des sociétés commerciales de l'OHADA revient ainsi à investiguer dans une double piste : le large champ d'application de l'ordre public sociétaire (I) et les tempéraments qui lui sont imposés (II).

I- UN ORDRE PUBLIC SOCIETAIRE A LARGE SPECTRE

9. La première question qui se pose à propos de l'ordre public sociétaire est celle de la délimitation de son champ d'application. Les dispositions de l'Acte Uniforme procèdent en réalité de la méfiance et de la crainte que les associés fassent mal ou que les Etats parties ne se soumettent pas à la primauté du droit de l'OHADA. D'où la nécessité,

---

[1] Cela ressort clairement des dispositions de l'article 2 de l'Acte Uniforme qui n'admet de dérogations statutaires aux dispositions de l'Acte Uniforme que dans la mesure où celles-ci sont expressément prévues par l'Acte Uniforme lui-même ou de l'article 10 du Traité instituant l'OHADA qui affirme de manière générale la primauté des Actes uniformes sur les dispositions de droit interne des Etats membres.

[2] Cf. Mohamed Salah (M. M.), *La place des principes civilistes et des techniques civilistes dans le droit des affaires*, Rev. Jurisp. Com., 1998, n° 43, p 42.

pour éviter cela, de rendre très contraignant le droit des sociétés commerciales.

De ce point de vue, il y a lieu de considérer que par principe, toutes les dispositions de l'Acte Uniforme relatif au droit des sociétés commerciales et du G.I.E. s'imposent absolument à tous, en l'occurrence aux associés et aux Etats. A l'égard des premiers, l'exigence contribue à la limitation de la liberté contractuelle (A) tandis qu'à l'égard des seconds, elle contribue à la limitation de la souveraineté législative et judiciaire des Etats (B).

A- L'ordre public sociétaire comme limitation de la liberté contractuelle des associés

10. Cette limitation résulte de l'interprétation de l'article 2 de l'AU Soc. qui, en posant le principe d'ordre public des dispositions de l'Acte uniforme, interdit à l'associé unique ou aux associés d'y déroger en dehors de toute autorisation expresse. Par conséquent, l'autonomie de leur volonté se trouve affectée. A ce titre, et dans les différents types de sociétés commerciales, ne pourraient être concernées que celles qui n'accordent pas un grand intérêt à la personne des associés. Or, les sociétés commerciales ont sur ce plan, une double réalité juridique : soit qu'elles ont un caractère institutionnel avéré, soit qu'elles ont un caractère personnel ou contractuel prononcé.

Si la restriction imposée à la liberté contractuelle des associés par l'ordre public sociétaire pose peu de problèmes dans la première hypothèse (1), elle est par contre sujette à caution dans la seconde hypothèse qui offre encore, malgré tout, des possibilités légales de consécration des aménagements statutaires ainsi que des pactes entre associés (2).

1. L'hypothèse certaine : les sociétés à caractère institutionnel avéré

11. Le problème important qui se pose ici est celui de la sécurité juridique et de la protection d'intérêts multiples qui gravitent autour de la société commerciale[1]. La solution à cette préoccupation passe par l'adoption de règles spécifiques. Dans les sociétés à caractère

---

[1] Ils sont au nombre de trois : la protection des associés, des tiers et des impératifs économiques.

institutionnel avéré à l'instar des sociétés anonymes et des sociétés à responsabilité limitée, elles sont très nombreuses et très développées en raison du fait que les recours contre les associés sont limités. Comme le relève à cet effet le professeur Jean Paillusseau, « la limitation de la responsabilité des associés implique que l'on protège la société elle-même, en tant que telle, à moins que l'on accepte de spolier aussi bien les associés que les créanciers »[1]. A cet égard, le législateur est obligé d'intervenir dans l'organisation de la société.

Cette immixtion se justifie, semble-t-il, par la logique organisationnelle en fonction de laquelle de telles structures ont été conçues. Au-delà, elle s'explique par l'affirmation de l'intérêt propre de la société-personne morale distinct de celui de chacune de ces différentes composantes de la société commerciale. On aboutit à l'application à la société commerciale[2] de la théorie publiciste de l'institution systématisée par le Doyen Houriou d'après laquelle la société serait moins un contrat qu'une institution[3]. L'application de cette théorie à la matière est intéressante en ce sens qu'elle permet d'expliquer les contraintes impératives qui en résultent.

12. Divers aspects du régime juridique de la S.A ou de la S.A.R.L. attestent l'attachement de ces deux types de sociétés commerciales à la théorie de l'analyse institutionnelle sans véritablement abandonner la thèse contractuelle reconnue à certains de leurs éléments. Certains sont communs aux deux types de sociétés alors que d'autres sont spécifiques aux S.A. exclusivement.

13. La première série d'hypothèses porte sur deux exemples riches en enseignements : l'institutionnalisation d'un mode de constitution d'inspiration ''institutionnaliste'' et la détermination légale des pouvoirs des dirigeants sociaux à l'égard des tiers[4].

---

[1] Cf. Paillusseau (J.), *La logique organisationnelle dans le droit. L'exemple du droit des sociétés, in Droit et Actualité, Etudes offertes à Jacques Beguin*, Litec, 2005, n° 24, p. 576.

[2] En particulier la S. A. et la S.A.R.L. où l'aspect contractuel est moins prépondérant.

[3] Cf. Houriou (M.), *Théorie de l'institution*, 1935, cité par Mamadou Koné, in ouvr. préc., p. 105.

[4] Il serait fastidieux de procéder à une étude détaillée de l'ensemble de la question. Il est dès lors judicieux de relever quelques exemples d'options ayant pour conséquences de

L'article 98 de l'A.U. Soc. admet que la société n'accède véritablement à la vie juridique en tant que sujet autonome de droit, autrement dit, ne jouit de la personnalité morale qu'à compter de son immatriculation au RCCM[1]. Par conséquent, sa vie ne dépend plus nécessairement de la volonté des associés créateurs et ne saurait être réduite au simple accord entre ces derniers. La définition exclusivement contractuelle de la société admise jusque-là devient difficilement soutenable. Inévitablement, le législateur de l'OHADA n'est pas si éloigné de la conception institutionnelle de la société. Le constat est surtout valable dans les S.A. et S.A.R.L. A cet effet, le législateur marque un pas supplémentaire dans l'analyse du caractère d'ordre public des règles du droit des sociétés commerciales en tant que limite à la liberté contractuelle des associés.

Dans le même ordre d'idées, la détermination légale des pouvoirs des dirigeants sociaux à l'égard des tiers apparaît comme l'expression de la logique de l'analyse institutionnelle de la société commerciale. Pour assurer la protection des tiers, tout en facilitant le fonctionnement des sociétés, l'Acte Uniforme accorde aux dirigeants sociaux les pouvoirs les plus étendus, autrement dit, une plus grande indépendance à l'égard des associés. La règle est fixée de façon impérative par l'article 121 dudit texte[2]. Elle s'étend pratiquement à toutes les formes sociales et assure un encadrement contraignant du fonctionnement des sociétés commerciales. Dans les SARL et SA particulièrement, l'exigence est plus amplifiée[3]. La solution traduit une fois de plus un abandon de la conception contractuelle traditionnelle de la société en faveur d'une conception d'inspiration institutionnelle relevant du caractère d'ordre public du droit des sociétés commerciales de l'OHADA.

---

traduire le caractère contraignant des règles du droit des sociétés commerciales en tant que limite à la liberté contractuelle.

[1] A l'exception des sociétés en participation puisque ces dernières n'ont pas de personnalité morale et se réduisent essentiellement à une construction contractuelle.

[2] D'après ce texte en effet, « A l'égard des tiers, les organes de gestion, de direction ou d'administration ont, dans les limites fixées par le présent Acte Uniforme pour chaque type de société, tous pouvoirs pour engager, sans avoir à justifier d'un mandat spécial. Toute limitation de leurs pouvoirs légaux par les statuts est inopposable aux tiers ».

[3] Alors que dans les sociétés de personnes, le gérant bénéficie d'un pouvoir légal de représentation limité à l'objet social (art. 277 al. 2 de l'A.U. Soc.), dans les sociétés de capitaux et la S.A.R.L, ce pouvoir légal est en principe illimité (art. 329 al. 2 pour la S.A.R.L., 436, 472 al. 2 et 488 al. 1 de l'A.U. Soc.).

14. La seconde hypothèse touche au régime spécifique de la S.A. Divers aspects du régime juridique de cette forme de société ne se rattachent pas forcément à l'idée d'un simple contrat entre actionnaires. Deux éléments justifient une telle analyse : la forte réglementation de l'organisation interne de la S.A. et l'adoption de principes de fonctionnement contraires à la logique contractuelle.

En premier lieu, on fonde l'analyse à la fois sur la situation des organes de gestion et de contrôle. Là-bas en effet, il est reconnu aux dirigeants sociaux des pouvoirs propres définis par la loi tant à l'égard des tiers[1] que dans les rapports entre associés[2]. Ici, c'est surtout au sujet du commissariat aux comptes que le dépassement de l'analyse contractuelle de la société s'avère le plus affirmé[3]. Initialement conçu comme un simple mandataire des associés, le commissaire aux comptes a vu ses missions se renforcer et s'élargir, au point où certains n'hésitent plus à parler de mission d'intérêt public faisant de lui un organe social[4] : comme en droit français[5], l'essentiel de son statut et de ses attributions est désormais défini par la loi et non par les actionnaires[6]. Le constat est fondé sur deux éléments : d'une part, les actionnaires ne sont pas maîtres de la désignation et de la révocation du commissaire aux comptes ; d'autre part, ce dernier est chargé de missions qui transcendent la seule protection des actionnaires.

---

[1] Cf. art. 121 et 122 de l'A.U. Soc.

[2] Cf. art. 435 al. 1 et 2, 465 al. 3 et 487 al. 2 de l'A.U. Soc.

[3] Cf. Mamadou Koné, ouvr. préc., n° 231, p. 144 ; égal. Ripert (G.) et Roblot (R.), Traité de droit commercial, t. 1, 17è éd., par Germain et Vogel, LGDJ, 1998, n° 1720.

[4] Cf. Freyria (Ch.), *Le commissaire aux comptes : mission d'intérêt public* ?, JCP éd. E, 1996, I, 516.

[5] Cf. Guyon (Y.), *Commissaires aux comptes : mission et responsabilité*, J.C. Sociétés fasc. 134-B ; Lange (D.), *Commissaires aux comptes, missions*, J. Cl. Sociétés, fasc. 134-20 ; Moneger (J.) et Granier (Th.), Rép. Dalloz, V° *Commissaires aux comptes ; Lamy Sociétés commerciales,* éd. 2001, n° 1176 et s. ; Barbieri (J.F.), *Le commissaire aux comptes*, éd. GLN-Joly, 1996 ; Castel (R.) et Pasqualini (F.), *Le commissaire aux comptes*, éd. Economica, 1995.

[6] Sur les statuts et les attributions du commissaire aux comptes en droit OHADA, cf. Anoukaha (F.) et al., *OHADA. Sociétés commerciales et G.I.E.*, coll. Droit uniforme africain, UNIDA, Bruylant Bruxelles, 2002, n° 254 et s. ; Ernst & Young International, *OHADA. Droit des sociétés commerciales et du G.I.E : Commentaires*, Edicef/ édition FFA, 1999, p. 255 et s. ; égal., *Le commissariat aux comptes dans l'Acte Uniforme sur le droit des sociétés commerciales : La documentation permanente*, éd. C2A, n° 1, 1998 du 5 janvier 1998, D.1.

En second lieu, il existe plusieurs règles de fonctionnement de la S.A. qui ne sont pas toujours susceptibles d'une explication contractuelle conforme à la perception classique de la société. Deux exemples méritent une attention particulière : le dépassement de l'intérêt des associés comme baromètre du fonctionnement social et le principe de décision à la majorité dans les assemblées d'actionnaires. A l'instar du droit français, on assiste à l'émergence d'une conception de l'intérêt social transcendant l'intérêt des seuls associés[1]. La société en tant que personne morale dispose d'un intérêt propre distinct de celui de ses membres. La déduction n'a peut-être rien d'original car on la retrouve tout au long de l'histoire de la législation et de la jurisprudence commerciale sur les sociétés. Elle traduit ici tout simplement le dépassement de la conception capitaliste de l'entreprise[2] et par conséquent, l'analyse contractuelle de la société qui s'y fonde.

Le principe de majorité constitue un autre exemple de règle contraire à la logique contractuelle de la S.A. Le fonctionnement des assemblées d'actionnaires est traditionnellement gouverné par le principe de majorité[3]. Autrement, il n'est pas tenu compte de la volonté de chaque

---

[1] L'A.U relatif au droit des sociétés commerciales utilise à divers endroits la notion d'intérêt social. D'abord, cette notion sert toujours de critère de définition du délit d'abus des biens sociaux (art. 891 A.U. Soc.). Ensuite, elle sert de critère de définition de l'abus de majorité (art. 130 al. 2 A.U. Soc.) et de l'abus de minorité (art. 131 al. 2 A.U. Soc.) que le législateur sanctionne par l'ouverture d'une action en responsabilité civile et dans le premier cas, également par une action en nullité. Enfin dans la S.N.C (art. 277 al. 1er A.U. Soc.), la S.C.S. (art. 298 A.U. Soc.) et la SARL (art. 328 al. 1er A.U. Soc.), la notion est utilisée comme critère de délimitation des pouvoirs internes des gérants à défaut de dispositions statutaires.

[2] Cf. Rodière (R.), RTDCom. 1965, p. 619, cité par Mamadou Koné, in ouvr. préc., n° 247, p. 159.

[3] Sur ce principe, cf. Vaisse (S.), *La loi de la majorité dans la S.A.*, thèse, Paris, 1967 ; La loi de la majorité, Colloque de Deauville organisé les 15 et 16 juin 1990 par l'Association droit et commerce, R. J. Com. n° spécial, nov. 1991 ; Chezaud (H.), *Les assemblées d'actionnaires*, thèse Paris I, 1989 ; Ripert (G.) et Roblot (R.), *Traité de droit commercial*, t.1, op. cit., n° 1558. Et quant à l'analyse de son fonctionnement en droit de l'OHADA, cf. Njeufack Temgoua (R.), *Les règles de la majorité dans les sociétés commerciales OHADA*, in Ann. de la Fac. des Sc. Jur. et Pol. de l'Université de Dschang, 2006, t. 10, p. 81 à 96 ; égal. Mamadou Koné, ouvr. préc., n° 248 à 253, p. 159-162.

associé. On en déduit que pareil mécanisme qui ne relève pas du contrat, a un caractère impératif[1].

15. La dimension institutionnelle qui se renforce ainsi dans la S.A. et la S.A.R.L. est révélatrice du caractère d'ordre public attaché de manière générale aux dispositions de l'Acte Uniforme relatif au droit des sociétés commerciales et GIE de l'OHADA. A l'endroit des associés, elle exprime une limitation de leur liberté contractuelle en faisant fi du principe de l'autonomie de la volonté. La règle connaît d'importantes nuances dans les sociétés à caractère personnel ou contractuel prononcé.

2. L'hypothèse incertaine : les sociétés à caractère personnel prononcé

16. Contrairement aux S.A. et SARL qui ont un caractère institutionnel variablement marqué, les autres formes sociales, en l'occurrence les S.N.C., les S.C.S., les sociétés en participation et même les G.I.E., « ont des structures légales légères, qui en font des îlots de liberté relative dans un océan de réglementation »[2]. En conséquence, le statut de ces sociétés est relativement souple et les règles d'ordre public peu nombreuses. La liberté contractuelle qui semblait étouffée dans les S.A et SARL retrouve ainsi une nouvelle vie en dépit de l'interdiction faite aux associés de déroger aux dispositions de l'Acte uniforme découlant de la mise en application du caractère d'ordre public sociétaire tel que posé par l'article 2 de l'A.U. Soc.

Bien que l'on ne se trouve pas dans l'un des cas de dérogations au caractère d'ordre public sociétaire expressément prévu par le législateur de l'OHADA, de nombreuses règles relatives aux sociétés à caractère personnel ou contractuel restent en partie gouvernées par les principes du droit des contrats. Dans ces conditions, l'effet escompté du caractère d'ordre public sociétaire OHADA sur la liberté contractuelle perd de son intérêt. Deux illustrations fondent cette affirmation : le principe de la liberté d'organisation des sociétés à caractère personnel ou contractuel et

---

[1] Cf. Ripert (G.), *Aspects juridiques du capitalisme moderne*, LGDJ, 2è éd. 1951, n° 40. La logique contractuelle aurait exigé qu'au moins les décisions extraordinaires, parce que modifiant le contrat social d'origine, puissent être prises à l'unanimité. En imposant le principe de majorité, la loi abandonne nécessairement cette logique.

[2] Cf. Guyon (Y.), *Les sociétés. Aménagements statutaires et conventions entre associés, op. cit., n° 156.*

l'exigence de l'unanimité dans le processus de la prise des décisions collectives en leur sein.

17. Sur le premier point, il est acquis que presque toute la structuration interne de ces sociétés demeure fondée sur la libre détermination des associés, en l'occurrence au niveau de l'organisation de la gérance et de la prise des décisions collectives, contrairement à ce qui est observé dans les S.A et SARL où les associés se voient imposer de telles règles. En certains points cependant, le constat mérite d'être relativisé.

Ainsi, les règles de fixation des pouvoirs des organes de gestion des sociétés à caractère contractuel prononcé sont désormais atténuées par la définition légale des pouvoirs des dirigeants sociaux à l'égard des tiers[1]. Pour autant, la limitation ne s'étend pas aux rapports entre associés où ces derniers conservent encore leur liberté. Il s'ensuit que l'analyse traditionnelle selon laquelle le gérant est un mandataire social peut, en certaines circonstances, être maintenue.

Pareillement, la liberté reconnue en matière de prise des décisions collectives n'est que relative. Contrairement aux assises portant sur la fixation de la majorité d'adoption des décisions collectives ou du quorum de délibération des assemblées où l'on note une très grande liberté chez les associés, deux séries d'exceptions viennent limiter la portée du choix de la forme des décisions collectives. La première concerne l'approbation annuelle des comptes, qui doit désormais obligatoirement donner lieu à la tenue d'une assemblée générale[2]. La seconde est relative au cas où la tenue d'une assemblée serait requise par un ou plusieurs associés[3]. En dehors de ces deux exceptions, les associés sont libres de déterminer la forme des décisions collectives.

---

[1] Pour d'amples analyses sur cette définition légale des pouvoirs des dirigeants sociaux à l'égard des tiers, cf. Mamadou Koné, op. cit., n° 213 et s., p. 129 à 136.

[2] Cf. art. 288 A.U. Soc.

[3] L'article 284 A.U. Soc. dispose, en ce qui concerne la S.N.C., que les décisions collectives sont prises en assemblée ou par consultation écrite si la tenue d'une assemblée n'est requise par l'un des associés. Plus expressif, l'article 302 al. 3 A.U. Soc. indique, concernant la S.C.S., que la réunion d'une assemblée s'impose si elle est demandée par un commandité ou par le quart en nombre et en capital des associés commanditaires.

On le voit, presque toute la structuration interne des sociétés de personnes demeure fondée sur la libre détermination des associés qui tentent ainsi de « se frayer un chemin dans le maquis des textes fortement dominés par l'ordre public »[1]. La liberté contractuelle sort vainqueur de sa confrontation avec l'ordre public sociétaire.

18. Sur le second point, il est acquis que dans les sociétés à caractère personnel prononcé, les décisions collectives sont traditionnellement prises à l'unanimité, sauf disposition contraire des statuts[2]. Le droit OHADA des sociétés commerciales ne remet pas en cause cette solution. D'après son article 283 par exemple, toutes les décisions qui excèdent les pouvoirs des gérants sont prises à l'unanimité des associés[3]. Ce principe n'est pas d'ordre public, sauf dans certains cas limitativement énumérés[4]. En dehors de ces cas, les statuts peuvent prévoir que certaines décisions soient prises à une majorité qu'ils fixent. Ce pouvoir d'infléchissement statutaire est confirmé par l'article 285 A.U. Soc. selon lequel les statuts définissent les règles relatives aux modalités de consultation, aux quorums et aux majorités.

19. A l'analyse, la réglementation OHADA des sociétés commerciales a certes atténué le caractère contractuel des sociétés dominées par l'intuitu personae, mais elle ne l'a pas remis en cause de façon décisive. La SNC, la SCS et la société en participation demeurent des sociétés à dominante contractuelle en dépit du principe d'ordre public des dispositions de l'Acte Uniforme posé à titre de principe par l'article 2 de l'A.U. Soc. L'ordre public n'est pas pour autant totalement absent ici. A partir du moment où une relation contractuelle met en jeu un conflit d'intérêts que sont la protection des créanciers sociaux, des associés, de

---

[1] Cf. Mohamed Salah (M. M.), art. préc., p. 43.

[2] Cf. Hemard (J.), Terré (F.) et Mabilat (L.), Les sociétés commerciales, t.1, éd. Dalloz, 1972, n° 280.

[3] Cf. Pougoué (P.-G.), Anoukaha (F.) et Nguebou Toukam (J.), *Le droit des sociétés commerciales et du G.I.E.*, op. cit., n° 341.

[4] L'unanimité est requise pour la cession des titres sociaux (art. 274 A.U. Soc.). L'unanimité « des autres associés » est également exigée pour la révocation du gérant lorsque celui-ci est associé et désigné par les statuts ou si tous les associés sont gérants (art. 279 al. 1er A.U. Soc.), pour la continuation de la société malgré cette révocation (art. 279 al. 2 A.U. Soc.) et pour la continuation de la société en cas d'événement touchant la personne d'un associé (mise en liquidation des biens, incapacité, interdiction) si une clause de continuation n'a pas été prévue dans les statuts (art. 291 A. U. Soc.).

l'épargne publique et de tous ceux qui ont intérêt à l'existence d'une société, le droit commun des obligations subit nécessairement certains infléchissements qui se traduisent par un recul de la liberté contractuelle. Il faut donc admettre que l'ordre public sociétaire de l'OHADA a, malgré tout, sa place dans les sociétés à caractère contractuel ou personnel prononcé.

Tel est la première sphère où se manifeste le caractère d'ordre public attaché de manière générale à l'ensemble des dispositions de l'Acte uniforme relatif au droit des sociétés et du GIE de l'OHADA. Cette invocabilité de l'ordre public sociétaire s'étend également aux Etats en dépit de leur singularité qui nuance parfois sa mise en application.

B- L'ordre public sociétaire comme limitation de la marge de manœuvre législative et judiciaire des Etats parties au Traité de l'OHADA

20. Au travers de la question de l'appréhension du champ d'application de l'ordre public sociétaire OHADA, se profilent également des interrogations sur la souveraineté des Etats. L'article 10 du Traité a opté pour la manière forte, en affirmant que « les Actes uniformes sont directement applicables et obligatoires dans les Etats parties nonobstant toute disposition contraire de droit interne, antérieure ou postérieure ». En ce sens, les Actes uniformes se substituent obligatoirement et sans autre formalité aux règles de droit interne applicables dans chaque Etat partie.

21. En matière de droit des sociétés commerciales, la situation traduit le caractère d'ordre public attaché aux dispositions de l'AU Soc. Cet ordre public produit principalement ses effets dans le double domaine législatif et judiciaire en limitant le pouvoir des organes nationaux concernés. On peut en tirer une double justification : l'ordre public sociétaire, parce qu'il limite la marge de manœuvre législative et judiciaire des Etats découle à la fois du caractère supranational (1) et de la portée abrogatoire des dispositions de l'AU Soc. sur celles du droit interne en la matière (2).

1. La limitation de la marge de manœuvre législative et judiciaire des Etats parties justifiant la supranationalité des dispositions de l'AU Soc.

22. L'hypothèse prend naissance dans une règle générale à tout le droit OHADA se rapportant aux rapports entre ce droit et les droits internes des Etats parties. A cet égard, la détermination du caractère supranational de l'Acte Uniforme relatif au droit des sociétés commerciales et du G.I.E. se fait à partir de l'article 10 du Traité de l'OHADA qui affirme la suprématie du droit OHADA sur les dispositions du droit interne déjà existantes ou futures [1]. On peut en tirer une conséquence principale : les Actes Uniformes sont directement applicables et obligatoires en droit interne sans passer par le truchement d'un quelconque instrument juridique national tel que la publication des Actes au journal officiel national ou un décret d'application ou une ratification par le parlement[2]. Ils deviennent ainsi obligatoires nonobstant toutes dispositions contraires de droit interne, antérieures ou postérieures.

23. La doctrine tente de donner quelques explications à cette analyse. Pour le professeur Filiga Michel Sawadogo, les Actes Uniformes « se situent au-dessus des lois internes » en raison du fait qu'ils « l'emportent sur les dispositions internes postérieures », de même qu'ils l'emportent sur les dispositions internes antérieures « en raison du principe qui veut que la loi nouvelle l'emporte sur la loi ancienne »[3]. Cette idée a été développée et reprise par le professeur Pierre Meyer qui a dégagé deux principes par rapport à la cohérence de tout système juridique : un principe temporel qui veut qu'une norme postérieure abroge une norme antérieure de rang identique et un principe hiérarchique qui, supplantant

---

[1] Par supranationalité, il faut entendre un rang supérieur des Actes Uniformes, sur le plan hiérarchique, vis-à-vis du droit interne des Etats membres. D'autres termes sont également utilisés par la doctrine : supériorité, supériorité hiérarchique, suprématie, primauté, valeur supra-légale, etc.

[2] Cf. Issa-sayegh (J.), *La portée abrogatoire des Actes Uniformes de l'OHADA sur le droit interne des Etats-parties*, Ohadata D-02-14, p. 10 ; égal. Abarchi (D.), *La supranationalité de l'Organisation pour l'Harmonisation en Afrique du Droit des affaires (OHADA)*, Rev. Internat. de Droit Africain, EDJA, n° 4, 2000, p. 26.

[3] Cf. Sawadogo (F. M.), *Les Actes Uniformes de l'OHADA : aspects techniques généraux*, Rev. Burkinabè de Droit, n° 39-40, n° spécial (2001), p. 45, cité par Diedhiou (P.), *in L'article 10 du Traité de l'OHADA : quelle portée abrogatoire et supranationale* ?, Ohadata D-08-05, p. 5 et 6.

le principe temporel, veut qu'une norme inférieure même postérieure ne puisse abroger une norme supérieure[1].

24. Mais, il faut aller au-delà pour comprendre les raisons de cette supranationalité. Parce que l'explication tirée de l'article 10 du Traité de l'OHADA s'avère limitée aux seules dispositions de droit interne contraires à la règle de l'applicabilité directe et de la valeur obligatoire des Actes Uniformes, on envisage de justifier leur supranationalité plutôt à partir des deux pistes suivantes : l'assimilation des Actes uniformes à des traités ou accords internationaux et l'adoption d'une méthode d'interprétation téléologique de l'article 1er du Traité de l'OHADA[2]. Là-bas, ils en épousent le régime. Aussi admet-on que les traités ou accords internationaux ont une valeur supérieure à celle des lois[3]. Ici, s'il est acquis que l'objet du Traité est, ainsi que l'affirme son article 1er, d'harmoniser « le droit des affaires dans les Etats Parties par l'élaboration et l'adoption de règles communes, simples, modernes et adaptées à la situation de leurs économies... », les Actes Uniformes doivent primer les dispositions de droit interne sous peine de priver l'harmonisation de son objet[4].

En l'absence de disposition consacrant expressément la supranationalité des Actes Uniformes, ces deux approches permettent de combler les lacunes découlant de l'analyse textuelle de l'article 10 du

---

[1] Cf. Meyer (P.), *La sécurité juridique et judiciaire dans l'espace OHADA*, Penant, n° 855, 2006, p. 158-159. Pour cet auteur, la cohérence du droit OHADA est exclusivement assurée par ce dernier principe dont la mesure est donnée par l'article 10 du Traité à travers le qualificatif « postérieur ». Partant de l'idée que seule une norme hiérarchiquement supérieure peut rendre caduque une norme postérieure, il soutient que l'article 10 « établit clairement et sans aucun doute possible la supériorité hiérarchique du droit porté par les Actes Uniformes sur les dispositions législatives et réglementaires de droit interne », p.159.

[2] Diedhiou (P.), art. préc., p. 19.

[3] Ainsi, l'article 45 de la Constitution camerounaise du 18 janvier 1996 énonce que « Les traités ou accords internationaux régulièrement approuvé ou ratifié ont, dès leur publication, une autorité supérieure à celle des lois, sous réserve pour chaque accord ou traité, de son application par l'autre partie ». L'article 98 de la Constitution sénégalaise du 7 janvier 2001 prévoit une formulation identique.

[4] Donner aux dispositions de droit interne un rang supérieur à celui des Actes Uniformes ne permettrait pas d'aboutir à des règles communes dans les Etats membres en la matière.

Traité. Il est donc difficile pour ce texte de fonder à lui tout seul la supranationalité des Actes Uniformes.

25. En tout état de cause, la solution consacrant la supranationalité des Actes Uniformes vis-à-vis des dispositions de droit interne des Etats membres de l'OHADA n'est pas absente en droit des sociétés commerciales. Le caractère d'ordre public attaché de manière formelle aux dispositions de l'Acte Uniforme relatif au droit des sociétés commerciales et du G.I.E. par l'article 2 dudit Acte en est l'expression.

La règle est susceptible d'être interprétée comme consacrant l'interdiction, pour tout Etat partie, d'adopter une disposition de droit interne en matière de société commerciale s'opposant au principe d'une application directe et immédiatement obligatoire reconnue à cet Acte Uniforme. On est pourtant loin de l'ordre public auquel sont soumis de façon générale les contrats d'après les dispositions de l'article 6 du Code Civil de 1804. Il s'agit d'un ordre public sociétaire renforcé et particulièrement impérieux, la sécurité des contractants - synonyme ici d'associés – cédant « devant des raisons sociales très graves »[1]. Cette analyse exprime la prééminence de l'intérêt général sur les intérêts particuliers des associés des Etats Parties à l'OHADA.

La supranationalité ainsi reconnue à l'Acte Uniforme relatif au droit des sociétés commerciales et du G.I.E est faite à seule fin de préciser le caractère d'ordre public des dispositions de ce texte. Le principe institue une suprématie de l'Acte Uniforme sur les dispositions de droit interne antérieures ou postérieures et régit tout ce que le législateur de l'OHADA n'entend pas abandonner au législateur national. C'est cette conception qui conduit à intégrer dans le caractère d'ordre public sociétaire la règle de la supranationalité.

Le droit des sociétés commerciales et du G.I.E. de l'OHADA se présente ainsi à la fois comme un droit supra-législatif et supra-judiciaire fondé sur le principe bien établi de la primauté du droit international sur le droit interne. Autrement dit, ses dispositions sont impératives tant à l'égard du législateur que du juge national. Vis-à-vis du premier, l'impérativité limite la marge de manœuvre législative interne visant à

[1] Cf. Mazeaud (H.L.J.) et Chabas (Fr.), *Introduction*, n° 148, cité par Ghestin (J.), in *L'ordre public, notion à contenu variable, en droit français, in Les notions à contenu variable en droit*, Bruxelles, 1984, p. 96.

édicter des normes non autorisées en la matière et qui lui soient contraires. A l'égard du second, elle permet de parfaire le processus d'uniformisation du droit engagé, l'adoption de règles identiques ne pouvant être réellement efficace que si l'unité d'interprétation est également assurée par la juridiction unique[1].

26. Si l'on retient un pareil raisonnement, cela revient à dire que les lois impératives, expression de la supranationalité des différents Actes Uniformes, participent à la détermination du contenu de l'ordre public sociétaire. Il y a ainsi, en droit des sociétés commerciales de l'OHADA, un risque de confusion de la hiérarchie des dispositions d'ordre public, fixant le contenu de ce dernier de façon différente aux divers échelons concernés[2]. Faut-il alors conclure que l'ordre public sociétaire se confond avec les lois impératives, les deux expressions pouvant être employées l'une pour l'autre ou que toutes les lois impératives sont d'ordre public sociétaire ?

Relativement à la première interrogation, il est acquis que l'ordre public est déterminé par des sources diversifiées. Ne résultant pas des seules lois impératives, il ne saurait se confondre avec le contenu de ces lois. Le professeur Jacques Ghestin en conclut qu' » il peut avoir une autre source que la loi »[3]. A ce titre, la jurisprudence peut, en l'absence de toute disposition légale expresse, annuler un contrat contraire à l'ordre public. De même, la loi qui renvoie aux usages peut leur donner exceptionnellement une valeur impérative. On en déduit qu'il existe, également, à côté de l'ordre public textuel, un ordre public virtuel[4]. L'analyse est transposable en droit des sociétés commerciales.

---

[1] Cf. Pougoué (P. G.) et Kaleu Elongo (Y.-R.), *Introduction critique à l'OHADA*, éd. P.U.A, 2008, n° 50, p. 64.

[2] Pour une analyse identique en droit des contrats, cf. Ghestin (J.), *L'ordre public, notion à contenu variable, en droit français*, art. préc., p. 81.

[3] Cf. Ghestin (J.), *L'ordre public, Notion à contenu variable, en droit privé français*, art. préc., p. 81.

[4] Ibid., p. 79 ; égal. Malaurie (Ph.), Aynes (L.) et Stoffel-Munck, *Les Obligations*, Defrénois, 2007, 3ème éd., n° 650. Adde Malaurie (Ph.), in *L'ordre public et les bonnes mœurs*, art. préc., p. 748 ; Fauvarque-Cosson (B.), *L'ordre public*, in 1804-2004, *Le code civil, un présent, un passé, un avenir*, Dalloz, 2004, p. 484 et s., spéc. n° 17 et s. ; Fenouillet (D.), *Les bonnes mœurs sont mortes ! Vive l'ordre public philanthropique !*, in Et. Catala (P.), Litec, 2001, p. 509, n° 26 ; Lohoues-Oblé (J.), *L'autonomie des parties / Le caractère supplétif des dispositions du futur Acte uniforme sur le droit des*

En revanche, la question de savoir si toutes les lois impératives en matière de droit des sociétés commerciales sont d'ordre public est discutée. Il convient de signaler, en préalable, qu'une distinction a été faite selon que les lois concernées visaient l'intérêt général ou selon qu'elles participaient à la protection des intérêts particuliers. Dans le premier cas, elles devraient être frappées de nullité absolue, tandis que dans le second, on les réputera tout simplement comme étant non écrites[1]. Et bien qu'on admet que les lois impératives puissent concerner l'une ou l'autre de ces deux situations, le parti-pris est plus prononcé en faveur des seules lois impératives d'intérêt général, malgré la complication inopportune que la distinction semble avoir introduite en la matière. Dans cette perspective, seules ces dernières lois devraient être considérées comme étant d'ordre public.

27. Cette discussion sur les diverses catégories de lois impératives et l'ordre public sociétaire, met en lumière une opposition entre deux conceptions de la notion d'ordre public. Sur le terrain des principes, on admet que toutes les lois impératives, même lorsqu'elles sont édictées au profit de certaines catégories de bénéficiaires, visent à faire prévaloir l'intérêt général sur les volontés individuelles. A ce titre, elles sont toutes d'ordre public, le principe ayant toujours pour fonction de faire prévaloir l'intérêt général[2].

Il est préférable d'admettre que « l'ordre public englobe toutes les lois impératives, sans essayer de faire la distinction entre celles-ci à partir d'une notion d'ordre public trop incertaine et trop diversifiée pour fonder une étude trop rigoureuse »[3]. En droit des sociétés commerciales, le principe d'ordre public attaché aux dispositions de l'Acte Uniforme a pour seule fin de préciser le caractère impératif de ce texte considéré

---

contrats, Rapport au Colloque de Ouagadougou (Burkina-Faso) sur l'harmonisation du droit OHADA des contrats, 15-17 novembre 2007, p. 2, http :/www.unidroit.org.

[1] La dualité des types de sanctions découlant de l'interprétation de l'article 2 de l'AU Soc. laisse penser que le législateur OHADA fait une distinction entre les lois impératives d'intérêt général et celles protégeant les intérêts particuliers.

[2] Cf. Ghestin (J.), *L'ordre public, notion à contenu variable, en droit privé français*, art. préc., p. 81 et 82.

[3] Ibid., p. 82 ; du même auteur, *Traité de droit civil, La formation du contrat*, n° 110 ; égal. Cornu (G.), *Vocabulaire Juridique*, Assoc. H. Capitant, PUF, Quadrige, 8ème éd., 2007, v° Impératif. Comp. Catala (P.), *A propos de l'ordre public*, in Mél. Drai (P.), Dalloz, 2000, p. 511 et s. ; Colin (A.) et Capitant (H.), *Cours élémentaire de droit civil* français, t. 1, Dalloz, 11ème éd., 1947, par Julliot De La Morandière (L.), n° 11 et 12.

comme le régime de droit commun en la matière, le droit national au caractère résiduel ou supplétif n'étant pas concerné par cette exigence. Dans ce cas, l'impérativité se confond à l'ordre public sociétaire.

Cela étant, la règle justifie l'abrogation du droit interne en la matière par les dispositions de l'Acte uniforme relatif au droit des sociétés commerciales et du GIE.

2. La limitation de la marge de manœuvre législative et judiciaire des Etats parties invoquée pour justifier la portée abrogatoire du droit interne par le droit OHADA des sociétés commerciales et du G.I.E

28. S'appuyant sur une lecture ambitieuse de l'article 10 du Traité de l'OHADA, il est admis que le principe de la supranationalité contient par ailleurs une règle relative à l'abrogation du droit interne par les Actes Uniformes[1]. Il s'agit d'une portée abrogatoire implicite si l'on s'en tient aux deux éléments que sont l'applicabilité directe et surtout la valeur obligatoire des Actes Uniformes. Pareille analyse est confirmée par les dispositions abrogatoires des Actes Uniformes qui contiennent presque tous la formule selon laquelle sont abrogées toutes les dispositions de droit interne qui leur sont contraires[2].

Dans l'Acte Uniforme relatif au droit des sociétés commerciales et du G.I.E, la question est résolue, semble-t-il, d'une façon un peu plus complexe et indirecte à partir des articles 1er, 916 et 919. Le champ de l'abrogation est double. Il porte d'une part, sur « l'adoption de toute disposition d'un texte législatif ou réglementaire de droit interne présent ou à venir ayant le même objet »[3] que les dispositions de l'Acte Uniforme relatif au droit des sociétés commerciales et du GIE et étant

---

[1] Cf. Issa-Sayegh (J.), *Réflexions et suggestions sur la mise en conformité du droit interne des Etats Parties avec les Actes Uniformes de l'OHADA et réciproquement*, Penant, n° 850, 2005, p. 7 et s. En jurisprudence, la CCJA a, en date du *30 avril 2001*, rendu un avis consultatif affirmant tour à tour la portée supranationale et abrogatoire de l'article 10 du Traité de l'OHADA en ces termes : « En vertu du principe de la supranationalité qu'il consacre, l'article 10 contient (...) bien une règle relative à l'abrogation du droit interne par les Actes Uniformes » (CCJA, Avis n° 001/2001/EP du *30 avril 2001*, point 1a).

[2] Cf. Issa-Sayegh (J.), *La portée abrogatoire des Actes Uniformes de l'OHADA sur le droit interne des Etats Parties*, op. cit.,, p. 12 et s., analysant les dispositions abrogatoires de chacun des Actes Uniformes.

[3] Extraits de l'Avis de la CCJA n° 001/ 2001/EP du *30 avril 2001*, point 2a.

contraires à celles-ci. Il concerne d'autre part, toutes dispositions du droit interne identique à celles du présent Acte uniforme ainsi que les régimes particuliers qui lui sont contraires[1]. Dans ces conditions, les dispositions de droit interne non contraires et celles non identiques à l'AU Soc. ont vocation, simultanément, à rester en vigueur. Sont alors abrogées les dispositions contraires et identiques.

29. L'analyse consacre ainsi la valeur obligatoire de l'AU Soc. qui découle de deux règles : celle de l'interdiction de la contrariété qui fonde une abrogation des dispositions de droit interne contraires à l'Acte uniforme[2] et celle de l'interdiction de la contradiction en ce sens que « le juge est tenu de ne jamais appliquer des dispositions de droit interne qui ôteraient aux Actes uniformes leur valeur contraignante »[3]. Ces deux règles s'imposent au législateur national dans sa fonction de production législative et en conséquence au juge local dans sa fonction judiciaire.

Autrement dit, aucune disposition de droit interne ne saurait poser que le droit des sociétés commerciales de l'OHADA est dénué de la valeur contraignante. La solution se justifie par un souci de cohérence et de sécurité juridique consistant à ne pas laisser coexister deux types de dispositions à tout point de vue identiques[4]. Elle trouve son fondement, semble t-il, dans la règle de la supranationalité reconnue aux différentes dispositions de l'Acte Uniforme relatif au droit des sociétés commerciales et du G.I.E.

L'AU Soc. est donc abrogatoire des dispositions de droit interne en la matière en raison du fait qu'il lui est supérieur et obligatoire au regard des dispositions impératives de l'article 10 du Traité de l'OHADA. En droit des sociétés commerciales, cette impérativité justifie la portée abrogatoire de l'AU Soc sur le droit interne en ses dispositions contraires, antérieures ou postérieures et fonde la limitation de la souveraineté législative et judiciaire des Etats parties à l'OHADA.

---

[1] Ibid. et point 4-d. Ainsi, le droit commun des sociétés commerciales et du GIE est désormais composé des règles de droit uniforme OHADA et des règles nationales non contraires ayant le même objet, y compris les régimes particuliers conformes à ces mêmes exigences.

[2] Selon cette règle, il est admis que face à une situation de concurrence entre les Actes uniformes et les dispositions de droit interne qui leur sont contraires, le juge doit privilégier l'application des premiers.

[3] Cf. Diedhiou (P.), art. préc., p. 15.

[4] Ibid., p. 9.

30. C'est donc une règle de la valeur obligatoire absolue de l'Acte uniforme relatif au droit des sociétés commerciales et du GIE qui est ainsi consacrée par le législateur de l'OHADA[1]. On déduit de cette observation que la portée abrogatoire des dispositions de l'AU Soc. sur le droit interne en ses dispositions contraires, antérieures ou postérieures est d'intérêt général et participe de la limitation de la souveraineté des Etats de l'OHADA au double plan législatif et judiciaire.

A l'instar du principe de la supranationalité qui la fonde, la portée abrogatoire des dispositions de l'AU Soc permet de préciser son caractère d'ordre public résultant de sa valeur obligatoire telle que décrite par la doctrine[2] et confirmée par la jurisprudence de la CCJA[3]. Mais l'ordre public sociétaire OHADA ne se manifeste pas toujours de manière énergique. C'est ainsi que le législateur OHADA des sociétés commerciales fait échapper certaines situations de son emprise, reconnaissant par là la limitation de sa portée.

II- UN ORDRE PUBLIC SOCIETAIRE DE PORTEE LIMITEE

31. Jusqu'où aller loin dans l'affirmation du caractère d'ordre public des dispositions de l'Acte uniforme relatif au droit des sociétés commerciales et du GIE ? En effet, il est acquis que l'ordre public sociétaire engendre des effets néfastes sur l'exercice de la liberté contractuelle des associés et sur la marge de manœuvre législative ou judiciaire des Etats. Dans ces conditions, comment concilier les avantages qu'il procure avec les contraintes y découlant ?

Conscient de ces différents dangers, le législateur de l'OHADA tempère par moments la portée de l'ordre public sociétaire. Deux pistes sont choisies : l'indétermination des dispositions d'ordre public sociétaire, laissant ainsi une marge de manœuvre aux juges (A) et l'affirmation de la dérogeabilité de certaines dispositions de l'AU Soc. en des circonstances particulières, faisant parfois du droit OHADA des sociétés commerciales un droit composé de plusieurs pièces (B).

---

[1] Les interdictions de contradiction et de contrariété sont évoquées pour distinguer les deux règles découlant, semble-t-il, de la valeur obligatoire des Actes uniformes.

[2] Pour une synthèse critique de cette doctrine, cf. Diedhiou (P.), art. préc.

[3] Cf. CCJA, Avis n° 001/ 2001/EP du *30 avril 2001*, point 1a et b.

A- La limitation de la portée de l'ordre public sociétaire appréhendée sous l'angle de l'indétermination des situations visées

32. Que la réglementation du droit des sociétés commerciales de l'OHADA soit influencée par un ordre public tentaculaire interdisant d'y déroger et rendant nulles ou non écrites toutes dispositions contraires législatives, réglementaires ou contractuelles n'est guère douteux. Le problème est que, n'ayant pas déclaré d'ordre public l'ensemble des dispositions contenues dans l'Acte uniforme relatif au droit des sociétés commerciales et du GIE, le législateur de l'OHADA a non seulement omis de les définir, mais surtout de les circonscrire[1].

Il est donc difficile de déterminer ses limites exactes lorsqu'il s'agira d'apprécier la validité des dispositions contraires développées en réaction à la rigidité excessive du droit des sociétés commerciales[2]. Alors surgit une double conséquence : la complication de l'entreprise de qualification des dispositions d'ordre public en la matière (1) et l'accroissement des pouvoirs du juge (2).

1. L'indétermination des dispositions d'ordre public sociétaire, source de complication de l'entreprise de qualification en la matière

33. En s'abstenant de définir et de circonscrire la notion d'ordre public sociétaire, le législateur de l'OHADA lui donne, à coup sûr, une portée incertaine. Cette incertitude, incompatible avec la sécurité des affaires, devrait conduire à parcourir l'ensemble des dispositions de l'AU Soc afin de dégager les principes et règles auxquels on ne saurait déroger et au respect desquels devront veiller les juges.

---

[1] L'article 102 de l'Acte uniforme relatif au droit commercial général procède à une énumération détaillée des différentes dispositions d'ordre public contenues dans le texte et régissant le bail commercial ; il en est de même des articles 196 à 199 du même Acte concernant les intermédiaires de commerce. Une telle précision n'existe pas dans l'Acte uniforme relatif au droit des sociétés commerciales où, le législateur s'est tout simplement contenté d'énoncer le principe général de l'impérativité qui doit dominer la matière, admettant au passage qu'il est possible que cette contrainte puisse connaître des cas de dérogeabilité expressément autorisés par l'Acte uniforme (art. 2 AU Soc. précité).

[2] Pareille reproche a été faite au Code civil de 1804 qui ne contient aucune définition de la notion.

A priori, la tache n'est pas insurmontable. Le caractère d'ordre public étant attaché à titre de principe à l'ensemble des dispositions de l'AU Soc., les exceptions possibles ne devraient résulter que des seules dispositions de l'Acte uniforme lui-même, et autorisant expressément soit des dispositions dérogatoires, soit des dispositions complémentaires. En conséquence, elles devraient être formulées dans le genre tel que « à moins que les statuts n'en disposent autrement… » ou « toutefois, les statuts peuvent stipuler que… ». En dehors de ces cas particuliers, il y a lieu de considérer que toutes les dispositions de l'AU Soc s'imposent absolument sans qu'il soit besoin dans le texte, de confirmation superflue, du genre de : « toute disposition contraire est réputée non écrite » ou « nonobstant toute clause contraire »[1].

34. L'absence d'une définition ou d'une circonscription de l'ordre public sociétaire dans l'AU Soc n'est pas sans effet sur la détermination de son contenu. Parce que le législateur de l'OHADA emploie le plus souvent des expressions synonymes pour traduire l'ordre public sociétaire en raison de ses objectifs que sont la protection des associés, des tiers et de l'intérêt général, il est donc obligé, à côté des textes que l'on peut véritablement lui rattacher, de recourir à des notions imprécises, comme l'intérêt social, le principe d'égalité des associés, le respect du droit de vote, la libre négociabilité des actions des sociétés anonymes ou la sécurité des engagements sociaux, etc. Ainsi que l'écrit le professeur Yves Guyon, « ces principes forment ce que l'on serait tenté d'appeler l'esprit du droit des sociétés »[2] et visent aussi bien les droits fondamentaux et individuels des associés auxquels les statuts ne sauraient porter atteinte que les différentes garanties offertes aux tiers.

35. Le recours à ces différents principes permet d'arbitrer certains conflits aigus mettant en jeu la liberté contractuelle des associés ou des tiers. Au-delà, ils aident à supprimer des obstacles en leur substituant une limite souple et évolutive. Le juge est appelé ainsi à tenir compte des besoins du monde des affaires en validant par exemple la création d'un organe non prévu par l'Acte uniforme dès lors que cet organe n'empiète

---

[1] Cf. *OHADA, Droit des sociétés commerciales et du GIE, Commentaires*, EDICEF, éd. FFA, 1998, article 2. Ces deux expressions transforment la portée de la situation juridique évoquée dans une disposition de l'Acte uniforme.

[2] Cf. Guyon (Y.), *Les sociétés. Aménagements statutaires et conventions entre associés*, op. cit.., n° 156.

pas sur les attributions impératives reconnues aux organes légaux de gestion[1]. On en déduit que l'ordre public sociétaire est une autre « notion floue que chacun remplira à sa guise »[2].

En tout état de cause, il importe de souligner que des concepts considérés a priori comme des facteurs de contrainte et de limitation pour la liberté contractuelle, se révèlent comme des renforts pour elle et servant d'instruments de contractualisation du droit des sociétés commerciales. La souplesse des principes généraux imprécis sur lesquels est rattaché le caractère d'ordre public sociétaire permet de donner une double limite à cette notion. Mais à l'intérieur de cette limitation, le principe demeure que le caractère d'ordre public est attaché de manière générale à l'ensemble des dispositions de l'Acte uniforme relatif au droit des sociétés commerciales et du GIE.

36. L'essentiel tient finalement dans l'orientation que le droit OHADA des sociétés commerciales emprunte. Le législateur africain n'a pas voulu se mettre résolument en marge de la philosophie moderne du droit des sociétés qui, sous la pression des nécessités économiques, admet que les associés et tous ceux qui ont intérêt à l'existence de la société commerciale, puissent avoir la liberté d'aménager eux-mêmes, à travers un contrat, le fonctionnement de leur société, au moins sur le plan interne[3].

Le constat explique, semble-t-il, les raisons pour lesquelles la violation de nombreuses règles impératives contenues dans l'Acte uniforme entraîne seulement une menace de régularisation ou de mise en cause de la responsabilité de leur auteur. Pareille sanction est beaucoup moins efficace et intimidante que la nullité normalement prévue dans le

---

[1] Tel n'était pourtant pas le point de vue retenu dans l'Avis n° 02/2000/EP de la CCJA du *26 avril 2000*, 2e question, qui, se fondant sur le fait que le poste de vice-président de la S.A n'était pas prévu par le législateur de l'OHADA, a refusé d'accéder à la sollicitation de l'Etat sénégalais. En vertu du principe selon lequel la société est normalement considérée comme un contrat, le juge aurait dû, au nom du principe de la liberté contractuelle, admettre une telle éventualité. Pour un avis allant en ce sens en droit français, cf. Mercadal (B.) et Janin (Ph.), *Sociétés commerciales, Mémento Francis Lefebvre*, éd. 2000, n° 8147.

[2] L'expression est empruntée à Monsieur Couret (A.), in *L'intérêt social*, JCP 1996/4, éd. E, II, suppl., p. 1.

[3] Cf. Paillusseau (J.), *L'Acte uniforme sur le droit des sociétés*, L.P.A., 13 oct. 2004, n° 205, p. 21.

cas d'espèce. On en déduit que la nullité attachée à la violation d'une règle impérative a un domaine restreint en droit des sociétés commerciales de l'OHADA. Elle résulte nécessairement d'une disposition expresse de l'Acte uniforme[1] ou de l'une des causes de nullité des contrats en général[2].

37. L'impératif d'efficacité commande une modification des solutions classiques en matière de droit des sociétés commerciales. La tendance contemporaine dominante est de substituer à une organisation légale et impérative des relations sociétaires une organisation de type contractuel censée mieux adaptée aux nouveaux besoins de régulation de la vie économique[3]. La situation justifie l'indétermination des dispositions d'ordre public contenues dans l'Acte uniforme relatif au droit des sociétés commerciales et du GIE.

Au total, il va falloir parcourir l'ensemble des dispositions de l'Acte uniforme pour appréhender les dispositions dont le contenu ne saurait être infléchi par les associés ou par la marge de manœuvre législative ou judiciaire des Etats parties à l'OHADA. La seule formulation des textes est insuffisante pour apporter des solutions satisfaisantes à cette entreprise. Parce qu'il y a des principes généraux pas toujours précis auxquels l'on peut rattacher à l'ordre public sociétaire, la nécessité d'établir un critère de sa qualification s'impose compte tenu de l'importance des pouvoirs dont disposent les juges en pareille circonstance. Il y a de fortes craintes que le juge ne contribue à sa manière à réduire la portée de l'ordre public sociétaire OHADA.

2. L'indétermination des dispositions d'ordre public sociétaire, source d'accroissement des pouvoirs du juge.

38. Le caractère d'ordre public des dispositions de l'Acte uniforme a pour conséquence la limitation de la liberté contractuelle des associés et l'abandon de la souveraineté des Etats dans sa double dimension législative et judiciaire. Au moment de la ratification du Traité instituant l'OHADA, chaque Etat s'engage à veiller au respect scrupuleux de cette règle. En droit des sociétés commerciales, les choses auraient été très

[1] Le législateur OHADA des sociétés commerciales fait sien ici le principe « pas de nullité sans texte ».

[2] Cf. Legros (J. P.), *La nullité des décisions de sociétés*, Rev. Soc., 1991, p. 275 et s.

[3] Cf. Mohamed Salah (M. M.), art. préc., p. 48.

simples si le législateur OHADA n'admettait de possibles dérogations légales au caractère d'ordre public de ses dispositions et surtout s'il avait pris la peine de définir clairement les dispositions considérées comme étant impératives. Tel n'est pourtant pas le cas.

Pareil constat amène les juges à faire usage de leur large pouvoir d'interprétation. Cela étant, ces derniers contribuent à l'atténuation de la portée du caractère d'ordre public des dispositions de l'Acte uniforme relatif au droit des sociétés commerciales et du GIE.

39. En règle générale, le pouvoir d'interprétation reconnu aux juges est admis à titre de principe en droit privé lorsque les dispositions légales ne sont pas suffisamment claires ou lorsque la volonté des parties a besoin d'être retrouvée. Bien que la méthode d'interprétation diffère selon qu'il s'agisse de la loi ou du contrat[1], il est acquis que « l'opération consiste à discerner le véritable sens d'un texte obscur »[2]. Il est donc possible qu'au-delà de la lettre d'un texte, le juge soit amené à dégager l'intention de son ou de ses auteur(s).

L'interprétation suppose ainsi une appréciation, voire une qualification à donner à une situation juridique. Pour éviter que celle-ci ne modifie ou détruit ses conséquences légales sous le prétexte de l'interprétation, le critère de son intervention est le caractère obscur et ambigu des dispositions ou clauses concernées. L'indétermination des dispositions d'ordre public de l'Acte uniforme relatif au droit des sociétés commerciales et du GIE répond semble-t-il, de cette préoccupation et justifie la place de premier choix qui est reconnue aux juges dans l'entreprise de qualification de la notion. Or, comme on est ici en matière de lois, le pouvoir du juge est forcément plus accru. Son travail d'interprétation doit rester cependant conforme à la lettre et à l'esprit du principe d'ordre public sociétaire tel qu'énoncé par le législateur OHADA des sociétés commerciales au risque de créer des incertitudes incompatibles avec la sécurité des affaires. Une piste essentielle se dessine : la finalité de l'ordre public sociétaire.

---

[1] Dans l'interprétation de la loi, c'est le texte qu'il faut considérer d'abord : la recherche de l'intention du législateur ne vient qu'après. Dans l'interprétation du contrat, on a égard à l'intention, c'est-à-dire à l'esprit – de bonne foi – et non pas à la lettre en droit strict, pour appliquer les conventions.

[2] Cf. Cornu (G.), *Vocabulaire Juridique*, ouvr. préc., p. 499.

40. La fonction de l'ordre public sociétaire telle qu'envisagée par le législateur de l'OHADA est de limiter la liberté contractuelle des associés ou de porter atteinte à la souveraineté législative et judiciaire des Etats parties. Dans cette logique, le régime de la sanction est divergent.

Dans la première hypothèse, la violation de l'ordre public sociétaire sera frappée soit de la nullité absolue, soit réputée non écrite[1] Envisagée de la sorte, la notion vise plus à protéger l'intérêt général qu'à protéger l'une des parties à un contrat et particulièrement l'équilibre interne du contrat.

Dans la seconde hypothèse, des sanctions n'ont pas été prévues contre les Etats en cas d'atteinte au caractère d'ordre public des dispositions de l'AU Soc. Les éventuels recours en manquement susceptibles d'être exercés en pareille circonstance seront donc voués à l'échec[2]. Mais dès lors que le Traité n'aura pas été dénoncé, le droit uniforme devrait l'emporter en tout état de cause. Dans le cas contraire, la révision de la Constitution de l'Etat-partie devrait être envisagée en vue de son adaptation aux dispositions du droit des sociétés commerciales de l'OHADA[3]. Le caractère d'ordre public reconnu à cette matière justifie pareille solution. Au-delà, il est surtout question, comme dans la première hypothèse, de vouloir protéger l'intérêt général en droit des sociétés commerciales.

41. L'option en faveur de ces diverses sanctions amène à conclure que, des deux aspects de l'ordre public s'appliquant à l'échange des biens et services que sont l'ordre public économique et social de direction d'une part, et l'ordre public économique et social de protection d'autre part, le législateur de l'OHADA a jeté son dévolu sur un seul, à savoir le premier. Dans ces conditions, l'ordre public sociétaire OHADA se rapproche de « l'ordre public politique et moral traditionnel, qui tend comme lui à imposer une certaine conception de l'intérêt général »[4].

---

[1] Cf. OHADA. *Traité et Actes Uniformes commentés et annotés*, Commentaire de l'article 2 de l'AU Soc., Juriscope 2008, p. 308.

[2] Tel n'est pas le cas en droit européen où la Cour Européenne de Justice est compétente pour sanctionner les Etats en cas de tels manquements.

[3] Cf. Anoukaha (F.) et al., *OHADA. Sociétés commerciales et G.I.E.*, ouvr. préc., n.° 52, p. 32 ; égal. Pougoué (P.-G.) et Kalieu Elongo (Y.-R.), *Introduction critique à l'OHADA*, PUA, 2008, n° 49 et 50, p. 62 à 65.

[4] Cf. Ghestin (J.), *L'ordre public, Notion à contenu variable en droit français*, art. préc., p. 77.

Cela étant, en raison de l'imprécision des dispositions d'ordre public sociétaire et de son contenu, le juge est amené à accorder une grande importance à la finalité dévolue à la notion par le législateur de l'OHADA. Bien que la démarche conduit à donner à la notion un contenu variable, c'est à cette condition qu'on pourra tenter de pallier aux méfaits de l'imprécision des dispositions d'ordre public sociétaire. Il y a peu de chance que la sécurité juridique soit fragilisée, l'intérêt général qui fonde l'appréciation des juges en pareille circonstance étant une notion susceptible d'application générale dont le contenu est tout simplement déterminé par les tribunaux[1]. Pour autant, le pouvoir d'appréciation conféré ici aux juges n'est pas sans effets sur la portée de l'ordre public sociétaire.

Telle est la première limitation à la portée de l'ordre public sociétaire OHADA. L'admission des cas ou des possibilités légales de dérogation à cette règle limite davantage sa portée.

B- Un ordre public dérogeable

42. Le caractère d'ordre public des dispositions de l'Acte uniforme relatif au droit des sociétés commerciales et du GIE limite, dans tous les cas, à la portion congrue la marge de manœuvre des associés et des Etats-parties à l'OHADA. Pour autant, le « tout d'ordre public » est dangereux tant en ce qui concerne la situation juridique des associés que le fonctionnement des relations économiques en général[2]. Aussi admet-on qu'en certaines circonstances, l'ordre public sociétaire puisse connaître des dérogations. Elles sont principalement de deux ordres. Les premières sont conçues en faveur de la liberté contractuelle des associés (1) tandis que les secondes concourent à la préservation de la marge de manoeuvre législative et judiciaire des Etats parties à l'OHADA (2).

1. Une dérogeabilité au service de la liberté contractuelle des associés

43. L'article 2 de l'AU Soc qui admet le caractère d'ordre public attaché aux dispositions dudit Acte, réserve en même temps les cas où il

[1] Cf. Ghestin (J.), *Traité de droit civil, Introduction générale*, par Ghestin (J.) et Goubeaux (G.), 2ème éd., 1983, n° 425.
[2] L'ordre public sociétaire ayant pour objet par ailleurs de réglementer les intérêts économiques, a des effets néfastes sur l'économie de marché devenue de plus en plus contractuelle.

autorise lui-même les associés à les compléter ou à les amender conventionnellement. La nuance, qui consacre ainsi une limitation de la portée de l'ordre public sociétaire, est justifiée, semble-t-il, par le souci de la préservation de la liberté contractuelle des associés qui ne saurait être complètement opprimée dans un contexte d'économie de marché. Elle se traduit concrètement de deux manières : l'infléchissement de la règle légale et le complètement du statut légal.

Dans le premier cas, le législateur admet la possibilité d'assouplir les règles d'organisation ou de fonctionnement des sociétés qui conviennent mal à leurs objectifs, sans néanmoins sortir du cadre légal. L'exemple de la clause d'agrément est particulièrement illustrateur. Il est ainsi acquis que les actions de la S.A. sont librement transmissibles[1]. Ce trait de caractère de la SA peut être pourtant conventionnellement atténué par les actionnaires.

Dans le second cas, le législateur laisse la liberté aux associés de compléter les structures légales par des structures facultatives. Les exemples les plus remarquables se rencontrent en matière d'administration de la SA. Ainsi en est-il de la possibilité de désigner soit un DG adjoint dans les SA dotées d'un Conseil d'Administration, soit un administrateur général adjoint dans les SA dotées d'un administrateur général. L'Acte uniforme n'indique pas expressément si cette faculté suppose une clause statutaire préalable le prévoyant[2].

44. Il y a là tout un domaine très largement abandonné à la liberté des parties. Au-delà, les exemples retenus montrent que l'ordre public sociétaire OHADA n'a pas une portée d'application générale. De temps en temps, le législateur intervient pour rappeler l'existence d'un certain

---

[1] Cf. article 764 AU Soc confirmant une solution classique. C'est l'une des principales caractéristiques traditionnelles des sociétés par actions qui les oppose aux sociétés de personnes (ou par intérêt) dont les titres, appelés parts sociales (ou part d'intérêt) ne sont ni librement cessibles ni négociables. Quant à l'opposition entre actions et parts sociales, cf. not. Rivet, *La distinction des parts d'intérêts et des actions*, Defrénois, 1951, 353 ; Pic, *Critérium de la distinction de l'intérêt et de l'action*, Annales, 1910, p. 441 ; Fraissaingea, *Le double critérium de l'action*, Annales, 1914, p. 5, cités par Mamadou Koné, in ouvr. préc., n° 321, p. 202.

[2] Une difficulté similaire s'est posée en droit français à propos de la désignation du directeur général et de l'administrateur délégué. Elle suscite un débat au sein de la doctrine. Pour une synthèse des thèses en présence, cf. Guyon (Y.), Les sociétés. Aménagements statutaires et conventions entre associés, ouvr. préc., n° 139.

nombre d'îlots où demeure un principe de liberté. Deux domaines sont particulièrement concernés : le cadre statutaire et les relations bilatérales entre associés.

Dans le cadre statutaire, les statuts en tant que pacte fondateur par lequel les associés fixent les règles essentielles de leurs rapports, sont de plus en plus ouverts à l'autonomie de la volonté[1]. A titre d'illustration, dans sa forme pure, la SA implique la libre cessibilité et la libre négociabilité de principe des actions[2]. L'article 765 de l'AU offre toutefois la possibilité aux statuts de prévoir un processus d'agrément du cessionnaire des actions dans certaines conditions précises. Dans ce cas, la SA se ferme.

Dans le nom collectif, l'AU Soc ne s'oppose pas à ce que certains associés puissent organiser des règles particulières pour eux-mêmes et qui soient différentes de celles prévues pour l'ensemble. La règle trouve sa justification dans le principe de la liberté contractuelle qui n'a jamais cessé d'être présent en droit des sociétés. Tel sera par exemple le cas de deux associés qui se promettent de proposer d'abord à l'un des cocontractants les titres que l'autre voudrait vendre[3] ou de ne monter en puissance dans le capital de la société sans la participation de l'autre[4] ou de se soutenir mutuellement dans leur position prise à l'égard de la politique sociétaire. Ces pactes extra-statutaires qui découlent du droit commun des contrats, n'ont pas de limites dans l'AU Soc. Ils façonnent l'organisation sociétaire et concourent à la construction des rapports sociétaires[5].

45. A travers cette limitation de la portée de l'ordre public sociétaire OHADA, il se dégage le constat selon lequel la notion a cessé de poursuivre uniquement un but d'intérêt général. De manière parallèle, elle s'efforce de protéger un intérêt propre, celui des associés, et qui est lié à leur qualité d'acteur de la vie économique. Il est donc possible d'admettre, contrairement aux apriorismes dégagées à propos de la

---

[1] Cf. Paillusseau (J.), *L'Acte uniforme sur le droit des sociétés*, art. préc., n° 3, p. 21.
[2] Cf. art. 759 et 764 de l'AU Soc.
[3] On est en face d'un pacte de préférence.
[4] Il s'agit d'un pacte de stabilité.
[5] Cf. Frison-Roche (M.-A.) et Bonfils (S.), *L'importance respective des volontés individuelles et du pouvoir de la loi dans les organisations et les formes sociétaires*, op. cit., p. 145.

finalité de l'ordre public sociétaire de l'OHADA[1], que la notion n'a pas une, mais plusieurs finalités. La vision moniste de la finalité de l'ordre public sociétaire mérite ainsi d'être battue en brèche. Selon le cas, ce sera l'intérêt propre des associés ou l'intérêt général qui l'emportera, sans toutefois être exclusif.

L'analyse traduit l'idée qu'il y a bel et bien une possibilité légale de limitation du caractère d'ordre public du droit des sociétés commerciales de l'OHADA au service des libertés individuelles, celles des associés. Cet « espace » de liberté contractuelle est nécessaire pour permettre aux opérateurs économiques d'adapter leurs entreprises aux bouleversements économiques et sociaux qui affectent le monde actuel. C'est dans cette perspective que l'on peut justifier la limitation de la portée de l'ordre public sociétaire contenue dans l'article 2 de l'Acte uniforme relatif au droit des sociétés commerciales et du G.I.E.

46. Voici désormais l'interprète obligé de chercher les règles sociétaires non plus seulement dans la réglementation étroite fournie par le législateur de l'OHADA, mais aussi dans la volonté commune et probable des associés. L'ordre public sociétaire de l'OHADA perd ainsi de sa force en vue de satisfaire les besoins personnels de la collectivité.

La perturbation du caractère impératif des dispositifs de l'AU soc ne s'arrête pas là. Le souci de ne pas dépouiller intégralement les Etats de leurs prérogatives en matière normative ou judiciaire justifie qu'il soit par moments offert en sacrifice.

2. Une dérogeabilité au service de la souveraineté des Etats-parties à l'OHADA

47. De nombreux Etats membres de l'OHADA disposent de lois non contraires à l'Acte uniforme relatif au droit des sociétés commerciales et du GIE ou de législations spécifiques en la matière. Cédant en cela à la nécessité d'adapter le droit aux réalités et à l'évolution de la société de chacun de ces Etats, le législateur de l'OHADA admet de manière générale que celles-ci y demeurent applicables en même temps que les

---

[1] Ainsi que l'affirmait Portalis, la loi est d'ordre public quand « elle intéresse plus directement la société que les particuliers », cité par Ripert (G.), in *L'ordre économique et la liberté contractuelle, Sources du droit en l'honneur de F. Geny*, Rec. Sirey 1933, t. 2, p. 347.

dispositions de cet Acte uniforme[1]. Alors surgit un problème de dérogéabilité du caractère d'ordre public des dispositions de l'AU Soc par ces différentes dispositions.

48. Il convient de bien s'accorder sur la portée de cette dérogéabilité qui n'est en rien contraire à l'article 10 du Traité de l'OHADA obligeant les Etats à substituer les Actes uniformes à leur législation ayant le même objet. Deux pistes se dessinent. La première qui a trait à une situation de concurrence entre l'AU Soc et les dispositions de droit interne en la matière est générale à tout le droit OHADA (a), tandis que la seconde qui vise l'application conjointe des règles du droit OHADA et celles des législations nationales est spécifique aux sociétés à régime particulier (b).

a) La dérogeabilité envisagée sous l'angle de la coexistence du droit des sociétés commerciales OHADA avec les dispositions de droit interne en la matière

Deux hypothèses peuvent se présenter.

49. La première hypothèse concerne les dispositions internes antérieures contraires à l'Acte uniforme pour les sociétés et GIE avant le début de la période de transition de deux ans à compter du 1er janvier 1998 aux fins de mise en harmonie de leurs statuts avec la nouvelle réglementation de l'OHADA. Bien que la difficulté ne se pose plus aujourd'hui à cause de l'expiration de la période transitoire depuis le 1er janvier 2000, il n'est pas inutile de s'appesantir quelque peu sur la notion de « dispositions internes antérieures contraires » avant de rappeler les différentes solutions qui ont été préconisées.

50. Relativement à la première préoccupation, la CCJA a répondu qu'il s'agissait aussi bien d'une loi que d'un règlement de droit interne ayant le même objet qu'un Acte uniforme et dont toutes les dispositions lui sont contraires que d'une loi ou d'un règlement dont seulement l'une des dispositions ou quelques unes de celles-ci sont contraires. Dans ce dernier cas, les dispositions non contraires demeurent applicables[2].

51. S'agissant de la seconde préoccupation, trois situations sont ainsi concernées : les sociétés constituées avant le 1er janvier 1998, les sociétés

---

[1] Cf. art. 1er alinéa 3 et 916 de l'AU Soc.

[2] Cf. Avis CCJA n° 001/2001/EP du *30 avril 2001* précité.

en cours de constitution au 1er janvier 1998 et les sociétés constituées après le 1er janvier 1998[1].

Dans le premier cas, c'est-à-dire pour les sociétés et GIE dont les statuts ou l'assemblée constitutive sont antérieurs au 1er janvier 1998, la réponse fut trouvée dans l'article 908 alinéa 1er de l'AU Soc prévoyant que ceux-ci sont soumis en principe aux dispositions dudit Acte. Pareille interprétation a cependant été écartée en raison du fait que la lecture combinée des articles 908 alinéa 1er in fine et 919 alinéa 1er de l'AU Soc. prévoit le maintien en vigueur temporaire des dispositions antérieures des droits nationaux contraires à celles de l'A U Soc. aux sociétés et GIE qui n'auront pas procédé à la mise en harmonie de leurs statuts avec les dispositions concernées pendant la période transitoire visée. On débouche inévitablement sur une concurrence entre le droit de l'OHADA et le droit interne. La réserve ne s'appliquera qu'au cas où le droit national comporterait des dispositions contraires expresses et écrites à celles de l'AU Soc. Dans le cas contraire, il semble que l'interprétation la plus cohérente fut de considérer que les dispositions de l'Acte Uniforme s'appliquent immédiatement à ces sociétés et GIE même en l'absence d'une mise en harmonie des statuts. La solution est justifiée par la reconnaissance et l'affirmation de la portée supranationale et abrogatoire des dispositions des différents Actes Uniformes conformément à l'article 10 du Traité de l'OHADA.

Dans le deuxième cas, c'est-à-dire en l'occurrence les sociétés ou GIE dont les statuts n'étaient pas signés ou dont l'assemblée constitutive n'avait pas été tenue avant l'entrée en vigueur de l'AU Soc., l'article 907 alinéa 2 déclare que les formalités exécutées antérieurement au 1er janvier 1998 n'ont pas besoin d'être renouvelées. Il est donc inutile de reprendre les formalités accomplies éventuellement plus tôt. Mais rien n'empêche que ces structures soient constituées selon les modalités imposées par l'AU Soc. Ce sera par exemple au cas où les formalités accomplies seraient substantiellement différentes de celles imposées par l'AU. Il est préférable de les exécuter pour régularisation aux risques d'encourir des

[1] Pour une analyse des différentes situations qui ont eu à se présenter et les règles juridiques y afférentes, cf. Mémento Droit des sociétés commerciales et du groupement d'intérêt économique, Price Whaterhouse Coopers, Fidafrica Juridique et Fiscal, 1998, spéc., p. 14 à 22 ; égal. Anoukaha (F.) et al., *OHADA. Sociétés Commerciales et GIE*, ouvr. coll. préc., n° 47 à 51, p. 29 à 32.

cas de nullité éventuelle. L'analyse doit être nuancée s'agissant de la forme sous seing privé ou notariée des statuts des sociétés ou GIE[1].

Dans le troisième cas enfin, l'article 907 de l'AU Soc semble admettre que les sociétés et GIE constitués à partir du 1er janvier 1998 auraient dû respecter de manière immédiate les dispositions de l'AU. Il n'y a pas lieu d'enclencher ici un véritable débat sur l'existence d'une éventuelle concurrence entre le droit de l'OHADA des sociétés commerciales et le droit interne en la matière. L'AU Soc s'applique sans réserve et, qui plus est, les éventuelles dispositions internes contraires antérieures comme postérieures sont abrogées conformément aux dispositions des articles 10 du Traité de l'OHADA et 919 alinéa 1er de l'AU Soc. Cette solution prévaut encore aujourd'hui depuis l'expiration de la période transitoire prévue par l'article 908 de l'AU Soc. Au-delà, le caractère d'ordre public attaché aux dispositions de l'AU Soc a retrouvé sa véritable plénitude.

52. La seconde hypothèse qui concerne les éventuelles dispositions internes « non contraires » à la réglementation OHADA des sociétés commerciales doit être soigneusement distinguée de la première. Il convient de bien s'accorder sur son sens et sa portée car il n'est pas certain qu'elle consacre une véritable situation de concurrence entre les règles du droit OHADA et celles des législations nationales comme cela vient d'être examiné s'agissant des règles juridiques applicables à la période transitoire des articles 907, 908 et 919 alinéa 2 de l'AU Soc.

En tout état de cause, la préoccupation, telle qu'évoquée, est encore d'actualité. Elle est analysée par l'alinéa 3 de l'article 1er de l'AU Soc qui dispose que, outre les dispositions de cet Acte uniforme, les sociétés commerciales et le GIE restent soumis aux lois non contraires à cet Acte qui sont applicables dans l'Etat partie de leur siège social. Ce texte qui s'analyse comme signifiant que les lois nationales non contraires à l'AU Soc restent applicables appelle deux remarques.

53. En premier lieu, que faut-il entendre cette fois par lois non contraires ? Cette question qui n'est pas propre au seul AU Soc[1], soulève

[1] On admet l'applicabilité ici des dispositions de la législation nationale antérieure au 1er janvier 1998 pendant deux ans après cette date, plus précisément jusqu'au 31 décembre 1999, par application des dispositions transitoires prévues à l'article 919 alinéa 2 de l'AU Soc.

probablement des difficultés d'appréciation. Deux d'entre elles méritent une attention particulière.

Tout d'abord, quelle est la nature des dispositions non contraires concernées ? S'agit-il, de lois au sens strict du terme, c'est-à-dire de textes législatifs entiers ayant le même objet que l'AU Soc. ? Selon l'Avis n° 001/2001 de la CCJA du 30 avril 2001, il s'agit de toutes les dispositions législatives ou réglementaires de droit interne présent ou à venir. La question se pose alors de savoir si la Cour entend par là épargner de ce domaine les dispositions à valeur constitutionnelle des Etats membres de l'OHADA ? Tel ne semble pas être le cas. Le droit des sociétés commerciales et du GIE est une matière faite de normes écrites et autres usages non écrits. Si les règles non écrites sont constituées par les usages ou coutumes, les règles écrites quant à elles contiennent non seulement des textes législatifs ou réglementaires au sens strict, mais également toutes les autres dispositions à valeur constitutionnelle.

Ensuite, comment appréciera-t-on le caractère « non contraire » ou compatible de telles dispositions ? Dans le silence du législateur, plusieurs pistes sont a priori possibles. Le fera-t-on par le seul fait qu'elles traitent des mêmes matières que l'AU Soc. ou bien qu'en sus de l'identité des matières, elles contiennent des dispositions contraires à celles de l'AU Soc. ayant le même objet ? A s'en tenir à l'Avis de la CCJA n° 001/2001 du 30 avril 2001 précité, on est en droit d'opter volontiers pour la seconde réponse[2].

D'après la Cour, la contrariété des lois concerne toutes les dispositions législatives ou réglementaires de droit interne ayant le même objet que des dispositions du droit uniforme et qui lui seraient contraires parce qu'elles les neutraliseraient[3]. Tel n'est pourtant pas la seule situation concernée par la contrariété des lois. L'analyse minutieuse de la réponse des juges de la CCJA laisse penser que la contrariété des lois se décèle aussi dans l'absence d'identité des dispositions de droit interne

---

[1] Par exemple, l'alinéa 2 de l'article 1er de l'Acte uniforme relatif au droit commercial général prévoit que « … tout commerçant demeure soumis aux lois non contraires au présent Acte uniforme, qui sont applicables dans l'Etat partie où se situe son établissement ou son siège social ».

[2] Pour un raisonnement identique, cf. Issa-Sayegh (J.), *La portée abrogatoire des Actes uniformes de l'OHADA sur le droit interne des Etats-parties*, art. préc., p. 12.

[3] On en déduit que tous les textes qui organiseraient les sociétés en commandite par actions devraient être considérés comme des lois contraires.

aux dispositions de l'AU Soc. Deux situations sont ainsi prises en compte dans l'appréciation du caractère « non contraire » ou compatible des dispositions de droit interne par rapport à l'AU : la première concerne les dispositions de droit interne qui, ayant le même objet que l'AU, ne lui sont pas contraires et la seconde les dispositions de droit interne qui ne sont pas identiques aux dispositions dudit Acte uniforme. Les dispositions de droit interne non contraires et celles non identiques ont ainsi vocation, simultanément, à rester en vigueur.

Parce que de ces deux situations, l'une constitue une composante de l'autre, il s'ensuit que seules les dispositions contraires sont ainsi concernées. Admettre le contraire consisterait à laisser coexister deux types de dispositions à tout point de vue identiques. La solution se justifie par un double souci de cohérence et de sécurité juridique. Le professeur Joseph Issa-Sayegh en déduit que le droit commun des sociétés commerciales est « régi par une combinaison de règles, les unes provenant de l'Acte uniforme, les autres de lois nationales dont les dispositions ne seraient pas contraires (ou identiques) à celles de l'Acte uniforme »[1].

Il convient de bien s'accorder sur la portée de cette application conjointe des règles du droit OHADA et celles des législations nationales. Parce que le caractère d'ordre public attaché aux différentes dispositions de l'AU Soc signifie que toute liberté en matière statutaire, normative ou judiciaire est neutralisée sauf dans certains cas expressément autorisés, il en résulte que les lois nationales accordant une telle marge de manœuvre de liberté là où l'AU Soc impose une disposition d'ordre public ne seront pas applicables même si elles ne sont pas contraires audit Acte[2]. Tout laisse donc croire que les lois non

---

[1] Cf. Issa-Sayegh (J.), *Droit des sociétés commerciales OHADA : droit commun et régimes particuliers*, op. cit., n° 13. Ceci étant, poursuit l'auteur, « il faudra compter avec l'article 3 qui neutralise toute liberté en matière statutaire en décidant que les dispositions de l'AU Soc. sont d'ordre public sauf dans les cas où cette liberté est autorisée expressément. Il en résulte que les lois nationales accordant une liberté statutaire là où l'Acte uniforme impose une disposition d'ordre public, il n'y aura pas application de la loi nationale même si elle n'est pas contraire à l'Acte uniforme. Apparemment, les exceptions de l'article 2 ne concernent pas le GIE », ibid.

[2] Dans le même sens, cf. ISSA-SAYEGH (J.), Droit des sociétés commerciales OHADA : Droit commun et régimes particuliers, art. préc., n° 14.

contraires viendront simplement compléter les dispositions de l'OHADA et non s'opposer véritablement à elles.

54. En second lieu, la vraie question n'est-elle pas celle de la hiérarchie entre ces deux types de dispositions ? Autrement dit, quel sera le sort des dispositions non contraires ? Il apparaît que la nécessité d'établir une hiérarchie entre l'AU Soc. et celles-ci n'est pas seulement théorique. Si par principe, l'article 10 du Traité de l'OHADA affirme la suprématie du droit OHADA sur les dispositions de droit interne, telle ne semble pas être la même solution au cas où les dispositions concernées seraient non contraires à l'Acte uniforme. Dans le cas des sociétés commerciales par exemple, l'alinéa 3 de l'article 1er de l'AU Soc., en admettant la possibilité de soumettre les sociétés commerciales et le GIE aux lois non contraires audit Acte uniforme, vient confirmer une telle analyse. Il va donc falloir sortir de l'article 10 du Traité pour établir la hiérarchie entre ces deux dispositions qui se trouvent a priori sur le même piédestal à partir des deux pistes évoquées plus haut[1].

55. On le voit, même si la hiérarchie entre l'AU soc. et les dispositions de droit interne non contraires échappe au régime de l'article 10 du Traité de l'OHADA, d'autres pistes permettent de justifier la supériorité du premier sur les secondes. Pareille analyse traduit l'absence d'une véritable concurrence entre les deux dispositions. Un constat similaire pourrait être fait à propos d'autres dispositions visant essentiellement à assurer le « complètement » des dispositions du droit des sociétés commerciales OHADA.

---

[1] Cf. supra, n° 24. La première piste consistait à assimiler l'AU Soc. à un traité ou accord international. Dans la plupart des Etats membres de l'OHADA, les traités ou accords ont une valeur supérieure à celle des lois. Il s'ensuit que l'AU, en épousant le régime de ces textes, devrait être considéré comme étant supérieur aux lois non contraires si l'on s'en tient à l'ordonnancement des normes juridiques prévalant dans ces différents Etats.
La seconde piste quant à elle consistait tout simplement à privilégier la méthode d'interprétation téléologique du Traité de l'OHADA telle que découlant de l'article 1er dudit texte. On en a déduit que les Actes uniformes devraient primer les dispositions de droit interne, y compris celles qui sont non contraires – sous peine de priver l'harmonisation de son objet. Admettre le contraire reviendrait à faire échec aux objectifs de l'harmonisation pourtant recherchée par le Traité.

b) La dérogeabilité envisagée sous l'angle du « complètement » des dispositions du droit des sociétés commerciales OHADA

Deux hypothèses peuvent en effet se présenter :

La première est générale à tout le droit OHADA et se rapporte au recours à des normes de droit interne déjà existantes ou à la création de nouvelles normes pour compléter le droit matériel OHADA qui ne se suffit plus en lui-même[1].

56. Dans le premier cas, il est surtout question de mettre en œuvre des notions que le législateur utilise sans définir. Le cas le plus patent concerne l'emploi par le législateur de l'OHADA d'un terme générique laissant le soin au législateur national d'apporter des précisions techniques par rapport à son droit interne[2]. Le droit des sociétés commerciales et GIE offre pour sa part d'importantes illustrations. Il en est ainsi par exemple des notions d'incapacité juridique, d'émancipation, d'interdictions et d'incompatibilités, de solidarité qui figurent dans les articles 7, 8 et 270 de l'AU Soc.[3]

57. Dans le second cas, l'exigence s'impose en ce que, contrairement à ce qui est normalement admis en ce domaine[4], les Etats concernés s'engagent, au moment de la ratification ou de l'adhésion au Traité, à prendre toutes les dispositions qui s'imposent sur le plan interne en vue de rendre applicable les différents Actes uniformes. Le cas le plus typique et vraisemblablement controversé[5], concernait jusque-là la

---

[1] Pour un examen plus large des différentes hypothèses concevables en droit de l'OHADA, cf. Anoukaha (F.), *L'OHADA en marche*, in Ann. de la Fac. des Sc. Jur. et Pol. de l'Université de Dschang, t. 6, 2002, Spécial OHADA, n° 13 à 18, p. 13 à 16 ; dans le même sens, Pougoué (P. G.) et Kalieu Elongo (Y.-R.), *Introduction critique à l'OHADA*, éd. P.U.A., Août 2008, n° 140, p. 167 à 169.

[2] Il en sera ainsi chaque fois le législateur OHADA parle de juridiction compétente ou de l'autorité compétente dans l'Etat partie. Le problème se pose dans les mêmes termes en ce qui concerne le juge de l'urgence, le juge de l'exécution, le juge d'appui en matière d'arbitrage, la juridiction ou administration compétente pour apposer la formule exécutoire.

[3] Pour un examen d'autres cas de « complètement » prévus par certains Actes Uniformes, cf. Anoukaha (F.), *L'OHADA en marche*, art. préc., n° 13, p. 14.

[4] La création de nouvelles normes concédée par le législateur OHADA aux législateurs nationaux est parfois facultative ainsi que cela apparaît en certains points des différentes dispositions de certains Actes uniformes.

[5] Cf. Fomchigbou Mbanchout (J.-J.), *De quelques réflexions sur la "codification" pénale communautaire du législateur de l'OHADA, in L'effectivité du droit de*

détermination des sanctions pénales applicables aux infractions créées par les Actes uniformes conformément aux prescriptions de l'article 5 alinéa 2 du Traité OHADA[1]. Certains Etats-parties, bien qu'encore très peu nombreux[2], ont déjà fait voter des lois fixant ces sanctions pénales. A ce titre et en matière de sociétés commerciales et GIE, les infractions pénales prévues par les articles 885 à 905 de l'AU Soc et qui ne pouvaient être punies en raison du non-accomplissement du formalisme légal prévu par ledit texte ou de l'abrogation du droit pénal national pour des infractions identiques par le droit de l'OHADA peuvent désormais être sanctionnées par les Etats ayant ainsi légiféré en la matière[3].

58. La seconde hypothèse qui est engendrée par la portée abrogatoire des Actes uniformes conformément à l'article 10 du Traité de l'OHADA, touche spécifiquement à la question des régimes particuliers en matière de droit des sociétés commerciales. Elle est prévue par l'article 916 de l'AU Soc. D'après l'alinéa 1er de ce texte, « le présent Acte uniforme n'abroge pas les dispositions législatives auxquelles sont assujetties les sociétés soumises à un régime particulier ». L'interprétation de cette disposition soulève une double difficulté : quel est le sens à donner à la notion de « sociétés soumises à un régime particulier » ? Quel est le droit applicable en la matière ?

59. Sur le premier point, il est admis que la notion se réfère à « toutes les sociétés qui, par le passé, étaient considérées comme étant soumises à un régime particulier (ou un statut spécial), c'est-à-dire à un ensemble de règles plus ou moins vaste et complet dont certaines sont celles du droit commun et d'autres (une plus ou moins grande partie) dérogeant au droit commun pour tenir compte des spécificités de ces personnes morales (...)

---

l'OHADA, ouvr. coll. sous la direction de Gatsi (J.), PUA, 2006, p. 63 et s. ; égal. Bore (J.), *La difficile rencontre du droit pénal et du droit communautaire, Mélanges en l'honneur d'André Vitu*, Droit pénal contemporain, Cujas, 1989, p. 25 et s.

[1] D'après cette disposition, « Les Actes uniformes peuvent inclure des dispositions d'incrimination pénale. Les Etats parties s'engagent à déterminer les sanctions pénales encourues ».

[2] On peut citer le Sénégal avec la loi n° 98/22 du 26 juillet 1998 et le Cameroun avec la loi n° 2003/008 du 10 juillet 2003 portant répression des infractions contenues dans certains Actes uniformes.

[3] Il est tout simplement à souhaiter qu'il n'y ait pas une grande disparité au niveau des sanctions pénales envisagées. Autrement, il y aurait une incohérence dans l'application des différentes incriminations édictées par le législateur de l'OHADA. Tel n'était pourtant pas le souhait des pères fondateurs du Traité.

telles que : les SA à participation ouvrière, les sociétés à capital variable, les sociétés d'assurance, de banque et de crédit, de bourse, les mutuelles, les coopératives, les sociétés d'investissement, les sociétés de capital risque, les sociétés nationales ou d'Etat, les sociétés d'économie mixte... »[1]. Les régimes particuliers de certaines de ces sociétés sont créées et organisées spécifiquement par le législateur national[2] ou le législateur communautaire[3].

60. Sur le second point, on peut hésiter quant à leur soumission à l'AU Soc étant donné que d'après l'article 916 de l'AU Soc, ces sociétés restent assujetties à leur régime particulier. Autrement dit, le législateur OHADA des sociétés commerciales a-t-il voulu soustraire de son champ d'application l'ensemble des dispositions réglant les régimes particuliers des sociétés ? L'examen de la composition des sociétés soumises à un régime particulier amène à nuancer les éléments de réponse à donner à cette interrogation.

En effet, les sociétés à régime particulier visées par l'article 916 de l'AU Soc sont des structures commerciales par leur objet ou leur forme. Aussi sont-elles considérées comme des personnes commerçantes conformément à l'article 2 de l'AUDCG. Par conséquent, elles relèvent de la législation OHADA, singulièrement de l'AU Soc qui devient ainsi le droit commun en la matière, les régimes particuliers ne s'appliquant que dans la mesure où ils ne lui sont pas contraires.

---

[1] Cf. Issa-Sayegh (J.), *La portée abrogatoire des Actes uniformes de l'OHADA sur le droit interne des Etats-parties*, art. préc., p. 15.

[2] Tel est le cas des sociétés d'Etat commerciales qui, en plus de l'application à leur égard des règles du droit OHADA, sont soumises à des règles internes spécialement conçues pour tenir compte de la présence de l'Etat dans le capital. Ces règles spécifiques du droit national peuvent, par exemple, préciser la participation minimum de l'Etat au Conseil d'administration, les modalités d'approbation des statuts de ces sociétés (par décret présidentiel), la soumission de ces sociétés au contrôle de l'Etat (contrôle technique et contrôle financier) en plus du contrôle institué par le droit OHADA, l'assimilation des fonds des sociétés d'Etat aux deniers publics, etc.

[3] Par exemple, le droit bancaire de la CEMAC ou de l'UEMOA et le droit CIMA exigent des administrateurs des Conseils d'administration des banques et des assurances qu'ils remplissent des conditions particulières d'honorabilité, de moralité et de compétence que n'exige pas l'Acte uniforme sur les sociétés commerciales ; le Code CIMA impose aux entreprises des règles particulières de comptabilité ou des règles particulières de courtage susceptibles de compléter ou de substituer au droit commun de la comptabilité ou du courtage.

Cela revient à dire que les sociétés à régime particulier de l'article 916 de l'AU Soc sont soumises à un régime juridique dualiste composé des règles du droit OHADA et des règles internes spécialement conçues pour tenir compte du particularisme des entités visées[1]. On peut trouver une confirmation ou une justification d'une telle interprétation dans l'alinéa 2 de ce texte qui dispose que « les clauses des statuts de ces sociétés, conformes aux dispositions abrogées par le présent Acte Uniforme mais contraires aux dispositions du présent Acte uniforme et non prévues par le régime particulier desdites sociétés, seront mises en harmonie avec le présent Acte Uniforme… ». Autrement dit, il s'agit de clauses statutaires de ces sociétaires qui feraient appel au droit commun des sociétés commerciales. L'interprétation, soutenue par plusieurs auteurs[2], a été confortée par un Avis de la CCJA[3].

Est-ce à dire que ces dispositions particulières, au cas où elles seraient contraires à celles de l'AU Soc, devraient rester valablement en vigueur ? Répondre par l'affirmative revient à admettre que l'alinéa 1er de l'article 916 de l'AU Soc est dérogatoire aux dispositions de l'alinéa 1er de l'article 919 qui pose le principe général de l'abrogation des dispositions légales contraires à celles de l'AU Soc. Or, ce dernier texte ne renvoyant pas à l'exception de l'article 916, ne devrait pas être analysé en ce sens. L'avis est partagé par la majorité de la doctrine[4].

---

[1] Cf. Pougoué (P. G.), Les sociétés d'Etat à l'épreuve du droit OHADA, Juridis Périodique, janv-mars 2006, n° 65, p. 100.

[2] Cf. Pougoué (P. G.), Anoukaha (F.) et Nguebou (J.), *Commentaires de l'Acte Uniforme relatif au droit des sociétés commerciales et du groupement d'intérêt économique, in OHADA, Traités et Actes uniformes commentés et annotés*, Juriscope, 2008, v. *Présentation générale*, p. 303 et 304 ; égal. Issa-Sayegh (J.), *La portée abrogatoire des Actes uniformes de l'OHADA sur le droit interne des Etats-parties*, art. préc., p. 15 ; et du même auteur, *Droit des sociétés commerciales OHADA : Droit commun et régimes particuliers*, art. préc., n° 19.

[3] Avis n° 001/2001/EP du *30 avril 2001*, 4e question, 4e branche (4-d), précitée.

[4] En ce sens, Pougoué (P.-G.), *Les sociétés d'Etat à l'épreuve du droit OHADA*, art. préc., p. 100 ; Modi Koko Bebey (H. D.), *Sur le domaine d'application de l'article 449 de l'Acte uniforme de l'OHADA relatif aux sociétés commerciales (A propos de l'Avis n° 02/2000/EP de la CCJA*), Rev. Cam. de Droit et de Sc. Pol., n° 2, janvier 2007, p. 10 ; Anoukaha (F.) et al., *OHADA. Sociétés commerciales et GIE*, ouvr. préc., n° 55, p. 35-36 ; Issa-Sayegh (J.), *Droit des sociétés commerciales OHADA : Droit commun et régimes particuliers,* art. préc., n° 18.

61. Mais on peut aller un peu plus loin dans l'analyse. L'article 2 de l'AU Soc indique clairement que les dispositions de ce texte sont d'ordre public sauf dans certains cas limitativement prévus par l'AU. L'Avis de la CCJA n° 001/EP du 30 avril 2001, 4e question, 4e chambre (4-d) reprend la même indication[1]. Par conséquent, le régime particulier ne peut s'appliquer s'il contrevient aux dispositions de l'AU Soc[2].

Il est donc difficile de penser que les sociétés soumises à un régime particulier puissent déroger au droit commun des sociétés commerciales conformément à l'application de l'adage *specialia derogant generalibus*. Pour le professeur Paul – Gérard Pougoué, la réglementation spécifique prévue à leur égard par l'article 916 de l'AU Soc constitue tout simplement « un indispensable complètement des dispositions du droit OHADA et non (d') une éventuelle dérogation à celles-ci »[3]. Dès lors, le particularisme juridique qui les affecte ne concerne que leur spécificité tenant par exemple, soit à la présence d'une personne morale de droit public parmi les associés, soit à des finalités économiques et sociales particulières à elles assignées, etc[4].

62. Telle est la nuance dictée par la limitation légale de la portée du caractère d'ordre public attaché aux dispositions de l'AU Soc. Parfois, cette limitation se fait plus énergétiquement lorsqu'il s'agit des cas expressément prévus par l'Acte uniforme. L'analyse amène à dire que les sociétés soumises à un régime particulier ne dérogent pas véritablement le caractère d'ordre public attaché aux dispositions de l'AU Soc. En tout état de cause, il semble se poser de manière générale un problème de

---

[1] Cf. aussi, CCJA, Avis n° 02/2000/EP du *26 avril 2000*.

[2] En ce sens, cf. Pougoué (P.-G.), Les sociétés d'Etat à l'épreuve du droit OHADA, art. préc., p. 100 ; pour une analyse en sens contraire, cf. Ernst & Young, *OHADA. Droit des sociétés commerciales et du GIE*, ouvr. préc., p. 327 qui, commentant l'article 916, écrit que « ces dispositions particulières, même si elles sont contraires à celles de l'Acte Uniforme, semblent devoir rester valablement en vigueur selon le premier alinéa de l'article 916… ».

[3] Cf. Pougoué (P.-G.), *Les sociétés d'Etat à l'épreuve du droit OHADA*, art. préc., p. 100 ; dans le même sens, Pougoué (P.-G.) et Kalieu Elongo (Y. R.), *Introduction critique à l'OHADA*, ouvr. préc., n° 141, p. 170 à 172.

[4] Cf. Issa-Sayegh (J.), *Droit des sociétés commerciales OHADA : Droit commun et régimes particuliers,* art. préc., n° 18.

concurrence du droit OHADA des sociétés commerciales avec le droit interne non harmonisé ou non issu de l'OHADA[1].

Ainsi s'établit les éléments de complétude du droit interne des Etats parties avec le droit OHADA des sociétés commerciales et du GIE.

63. Que conclure au terme de cette étude ? Le législateur OHADA fait du droit des sociétés commerciales un droit que d'aucuns n'hésiteraient pas à qualifier de ''liturgique'', ce qui est une élégante manière de marquer l'importance de l'ordre public en son sein. Mais prenant en compte les évolutions qui ont cours en la matière, le législateur admet lui-même que cette exigence ne peut être aujourd'hui comme hier, absolue. L'infléchissement est de portée générale. Pour reprendre les termes du professeur Jean-Pierre Bertrel, on admet ainsi qu' » à l'image de l'ambivalence (...) de beaucoup de constructions humaines, la société – commerciale – ne peut (...) être qu'un juste milieu entre le respect de l'autonomie de la volonté et la nécessaire prise en compte de l'intérêt général »[2]. Dans ces conditions, la thèse contractuelle traditionnelle en tant que fondement des sociétés est tantôt remise en cause, tantôt valorisée par le législateur africain des sociétés commerciales.

Pareille situation exprime vraisemblablement une « crise existentielle »[3] que traverse la discipline confrontée « à une incertitude de son fondement théorique »[4] où de nouvelles contraintes sont contrebalancées par des assouplissements traduisant des libertés qui sont consubstantielles aux sociétés commerciales. L'évolution ne remet nullement en cause la prévalence de l'ordre public en droit des sociétés commerciales de l'OHADA.

64. Le constat confirme ainsi d'une certaine manière la complexité de la relation qu'entretient le droit des sociétés commerciales de l'OHADA avec le droit français qui lui donne pourtant la grande partie

---

[1] Cf. Sall (A.), *Les normes juridiques et leur applicabilité dans le processus de l'intégration*, Mémoire DEA, droit, Université Cheik Anta Diop de Dakar, 2003-2004, www.ohada.com, ohadata D-05-031.

[2] Cf. Bertrel (J.-P.), *Liberté contractuelle et sociétés. Essai d'une théorie du « juste milieu » en droit des sociétés*, RTDCom., oct.-déc. 1995, n° 59, p. 631.

[3] Cf. Pirovano (A.), *Introduction critique au droit commercial contemporain*, RTDcom. 1985, p. 219 et s.

[4] Cf. Mamadou Koné, ouvr. préc., n° 20, p. 17.

de son inspiration. Cette formule de Monsieur Mamadou Koné résume bien la situation : « La norme importée n'est pas toujours reprise à l'identique. Elle est parfois soumise à des modifications en vue de l'adapter au contexte socio-économique local et aux besoins de la politique économique. Cette démarche (...) peut avoir le mérite d'enrichir le droit des expériences étrangères sans rompre avec les réalités économiques locales »[1]. L'affirmation du caractère d'ordre public attaché à titre de principe aux dispositions de l'AU Soc est la marque de cette évolution. Tel n'est pas le cas en droit français où la matière est essentiellement dominée par la flexibilité[2].

Le niveau de développement socio-économique des pays concernés ne pourrait pas seul justifier cette orientation législative du droit des sociétés commerciales. Sinon, le législateur aurait pris la peine de distinguer dans le détail les dispositions d'ordre public de celles qui ne le sont pas. Le refus de mimétisme aveugle empêchant le droit d'évoluer pour s'adapter aux changements socio-économiques justifie peut-être mieux l'ouverture laissée par le législateur de l'OHADA. L'expérience permettra peut-être de régler certaines difficultés liées à la réglementation excessive des dispositions du droit des sociétés commerciales. Il faut surtout espérer que la pratique ne profite de cette « perche tendue »[3] pour transformer l'ordre public sociétaire en un « tigre de papier » n'effrayant plus que les naïfs[4].

---

[1] Ibid., n° 613, p. 367.

[2] Sur cette flexibilité, cf. not., Saintourens (B.), *La flexibilité du droit des sociétés,* RTDcom. Oct.-déc. 1987, p. 457 et s. ; cf. en droit du travail, Lyon-Caen (G.), *La bataille truquée de la flexibilité*, Dr. Soc. 1985, p. 802 et s. ; du même auteur, Flexibilité du droit du travail : objectif ou réalité ? ouvr. coll., Ed.Léd. et Adm. 1986 ; cf. égal., d'une façon plus générale, le classique en la matière, Carbonnier (J.), *Flexible droit. Textes pour une sociologie du droit sans rigueur*, LGDJ, 8e éd., 1995.

[3] L'expression est empruntée au professeur Modi Koko Bebey (H.-D.), in *La réforme du droit des sociétés commerciales de l'OHADA*, art. préc., p. 266.

[4] On reprend ainsi une formule heureuse du professeur Guyon (Y.), in *Les sociétés. Aménagements statutaires et conventions entre associés*, ouvr. préc., n° 10, p. 26.

LA PROTECTION DE LA SOCIETE COMMERCIALE EN DROIT OHADA

par

Monique-Aimée NJANDEU

Docteur d'Etat en Droit Privé, Chargée de Cours
Faculté des Sciences Juridiques et Politique
Université de Yaoundé II (Cameroun)

1. La rareté des emplois formels, suite à la récession économique et au désengagement de l'Etat du secteur productif de l'économie[1] a suscité un attrait pour les activités commerciales. Celles-ci s'exercent généralement par des commerçants personnes physiques, qui opèrent seuls ou par des commerçants personnes morales, c'est-à-dire les sociétés commerciales. Par ailleurs, grâce au vent de libéralisme qui souffle dans le monde entier devenu « vaste village planétaire », le secteur privé est désormais le moteur du développement économique. Or, celui-ci ne peut être obtenu que par la mobilisation des facteurs nationaux de production effectivement disponibles et jusqu'alors sous-utilisés, et par la renaissance des marchés locaux. Aussi, les gouvernements ont-ils pris conscience de la nécessité d'enclencher un processus de développement[2] par l'avènement, au plan national, d'un nouvel ordre économique intérieur, celui d'un développement autocentré[3]. Ce dernier ne peut être impulsé que par les entreprises[4] voire les sociétés commerciales saines et

---

[1] La conséquence en est la déréglementation, qui a conduit à la réduction de l'ensemble des contraintes et des obligations juridiques s'imposant aux acteurs de la vie économique.

[2] Le développement est une action qualitative qui implique des changements dans les structures démographiques, sociales et mentales favorisant et accompagnant la croissance économique ; celle-ci se traduit ainsi par une amélioration du bien être de toute la population. Les politiques menées sont très diverses, mais répondent à quatre logiques principales : le recours aux marchés, la relance de nature keynésienne, le retrait du marché mondial, le développement dans le cadre d'une négociation avec l'extérieur.

[3] Voir, C. Biales, M. Biales, R. Leurion, J.L. Rivaud, « *Dictionnaire d'économie et des faits économiques et sociaux* », Foucher, 1999, pp. 179-180 ;

[4] L'entreprise est une unité économique autonome organisée pour la mise en œuvre d'un ensemble de facteurs de production, en vue de produire des biens ou des services pour le marché. C'est également une unité de production de richesses et de répartition des

compétitives, capables d'affronter les structures concurrentes imposées par la mondialisation.

2. L'œuvre d'unification du droit des affaires a donc été entreprise à ce titre, dans le cadre de la Conférence Inter africaine des Marchés de l'Assurance (CIMA) et plus largement par l'Organisation pour l'Harmonisation en Afrique du Droit des Affaires (OHADA). L'Acte uniforme relatif au droit des sociétés commerciales et du groupement d'intérêt économique en est sûrement une pièce importante à cause du rôle des sociétés dans les affaires et le développement.

L'engouement pour la forme sociétaire étant certain de nos jours[1], il est impératif d'avoir une législation qui favorise une gestion saine, transparente et responsable de la société en vue d'assurer sa crédibilité et sa pérennité.

3. C'est ce souci de sécurité générale qui transparaît car la lecture des règles nouvelles de l'Acte uniforme montre qu'il ne s'agit plus seulement pour le législateur de protéger les associés dont la volonté ne joue dans bien des cas qu'un rôle réduit, mais surtout de sécuriser les tiers, l'économie et donc l'entière société[2]. L'on peut comprendre aisément l'assouplissement des règles de constitution et de fonctionnement des sociétés commerciales ainsi que la mise en place des mécanismes de protection des partenaires sociaux et de la société elle-même conçue à la fois comme entité juridique et économique par le législateur OHADA.

4. Dans la conception institutionnelle[3], la société est régie par un ensemble de règles impératives inspirées d'un intérêt supérieur : l'intérêt

---

revenus. Ainsi conçue, l'entreprise doit être distinguée de l'établissement, qui représente une unité de production techniquement individualisée, mais juridiquement dépendante. Une entreprise peut comprendre plusieurs établissements.

[1] Il s'explique non seulement par l'adage populaire selon lequel « *l'union fait la force* », mais aussi et surtout par de nombreux avantages sur les plans du droit privé (séparation du patrimoine social de celui des associés, pérennité de l'entreprise dont le destin cesse d'être lié à celui de l'entrepreneur, souplesse dans le transfert de l'entreprise) et du droit fiscal.

[2] La coexistence d'un aspect contractuel et d'un aspect institutionnel est aujourd'hui admise, de sorte que la seule question est en définitive celle de la part respective de l'un et de l'autre.

[3] Par opposition à la conception contractuelle dans laquelle la société est créée et organisée par l'accord de volontés librement négocié par les associés et consigné dans les statuts.

social prévaut sur l'intérêt individuel des associés : le statut légal l'emporte sur les statuts conventionnels. Ici, l'approche de la personne morale est plus économique. Cette vision macro-économique conduit à protéger au-delà des intérêts catégoriels, l'intérêt de la société elle-même. Protéger la société nécessite en conséquence, de favoriser l'activité de l'entreprise organisée juridiquement par la société. Ainsi, face aux nombreuses causes pouvant perturber le fonctionnement de la société, il faut agir au plus vite afin que ces crises ne conduisent à sa dissolution. D'où la mise en œuvre par les pouvoirs publics, de politiques économiques[1] dont les effets peuvent être plus ou moins rapides.

5. Par ailleurs, la prise en compte de l'activité économique de la société, à laquelle se rattachent de multiples intérêts tels ceux des salariés menacés de licenciement ou ceux du fisc face à la disparition éventuelle d'un agent économique, paraît être une explication pragmatique à l'audace dont peut faire preuve le juge lorsqu'il s'agit de pérenniser la société. Aussi, ce dernier, conforté parfois par le législateur, n'hésitera t-il pas à remettre en cause certains principes du droit des sociétés et du droit commun, lorsqu'il s'agit d'assurer la survie de la société. Le législateur OHADA tente ainsi, dans le cadre du droit des sociétés, de sécuriser les personnes et en même temps la société, entité économique, à travers les mécanismes garantissant le bon fonctionnement de la société d'une part (I) et ceux concourant à assurer sa survie d'autre part (II).

---

[1] On peut en effet distinguer les politiques économiques conjoncturelles, qui ont pour but de corriger à court terme un ou plusieurs déséquilibres susceptibles de menacer la réalisation des grands objectifs économiques, des politiques économiques structurelles qui, se situant dans une perspective à plus long terme, visent à modifier de façon durable les structures de base du fonctionnement de l'économie.
Les politiques économiques auxquelles ont recours les pouvoirs publics sont très diverses. Parmi celles-ci, on peut citer par exemple, la politique budgétaire (choix du volume des dépenses et répartition de ces dépenses par fonctions, utilisation du déficit budgétaire pour relancer l'activité économique), la politique monétaire (contrôle de l'évolution de la masse monétaire pour éviter l'inflation sans compromettre la croissance économique), la politique fiscale (niveau de la pression fiscale, place des différents types d'impôts), la politique des revenus (action sur les revenus pour que leur progression soit compatible avec la stabilité monétaire), la politique sociale (décisions relatives aux salariés, mesures d'aide à la famille, au logement), la politique des prix, de la concurrence et de la consommation (actions visant à contrôler l'évolution des prix, à réglementer les pratiques faussant le libre jeu de la concurrence, à protéger les droits du consommateur).

I- LES MECANISMES GARANTISSANT LE BON FONCTIONNEMENT DE LA SOCIETE, ENTITE ECONOMIQUE

6. Le fonctionnement d'une société peut se heurter à des difficultés multiformes. Ainsi, il peut arriver que la société souffre des difficultés financières chroniques qui ne donnent toutefois pas lieu de désespérer. Pour faire face à ce dysfonctionnement, le législateur OHADA a innové en concevant soit des mécanismes empêchant la cessation d'exploitation (A), soit ceux limitant les abus dans la gestion (B).

A- La prévention de la cessation d'exploitation : la procédure d'alerte

7. L'alerte est une procédure destinée à réveiller les dirigeants de la société. En raison de sa connaissance particulière de la santé de la société, le législateur a fait du commissaire aux comptes la personne principale chargée de la déclencher (1). Toutefois, pour contrecarrer son inertie voire sa négligence, ce droit d'alerte a été créé parallèlement au profit des associés (2).

1. La mission d'alerte du commissaire aux comptes

8. Lorsqu'il découvre ou a connaissance, lors de l'examen des documents qui lui sont communiqués à l'occasion de l'exercice de sa mission, un fait de nature à compromettre la continuité de l'exploitation de la société, le commissaire aux comptes doit déclencher la procédure d'alerte destinée à provoquer des mesures de redressement (articles 153 à 156 AUSCG)[1]. L'Acte uniforme met désormais à la charge du commissaire aux comptes un devoir supplémentaire, celui d'alerter les dirigeants. A cet effet, il doit demander par lettre au porteur contre récépissé ou par lettre recommandée avec demande d'avis de réception des explications au gérant, au président du conseil d'administration, président directeur général ou administrateur général qui est tenu de répondre, dans les mêmes conditions, dans le mois qui suit la réception de la demande d'explications. Dans sa réponse, il doit donner une analyse de la situation et préciser, le cas échéant, les mesures envisagées. A

[1] Ces dispositions s'appliquent uniquement à la société anonyme. Elles sont prévues pour les sociétés autres que anonymes dans les articles 150 à 152 de l'AUSCG. Dans ce cas, la demande du commissaire sera adressée au gérant de la société concernée et la procédure à suivre est identique à celle indiquée pour la société anonyme.

défaut de réponse, ou si celle-ci n'est pas satisfaisante, le commissaire aux comptes invite, dans les quinze jours qui suivent la réponse ou la constatation de l'absence de réponse à l'expiration du délai d'un mois suivant la demande d'explications, selon les cas, le président du conseil d'administration ou le président directeur général à faire délibérer le conseil d'administration ou l'administrateur général, à se prononcer sur les faits relevés. Le commissaire aux comptes est convoqué à la séance du conseil ou à la séance au cours de laquelle l'administrateur général se prononcera sur les faits révélés. Un extrait du procès-verbal des délibérations du conseil d'administration ou de l'administrateur général, selon les cas, est adressé au commissaire aux comptes dans le mois qui suit la délibération du conseil ou de l'administrateur général.

En cas d'inobservation de ces dispositions ou si, en dépit des décisions prises, le commissaire aux comptes constate que la continuité de l'exploitation demeure compromise, il établit un rapport spécial qui est présenté à la prochaine assemblée générale ou, en cas d'urgence, à une assemblée générale des actionnaires. Cette assemblée est convoquée par lui-même pour soumettre ses conclusions, après avoir vainement requis sa convocation du conseil d'administration ou de l'administrateur général, selon les cas, par lettre au porteur contre récépissé ou par lettre recommandée avec demande d'avis de réception.

Il convient de relever que même si l'Acte uniforme ne prévoit aucune sanction en cas de défaillance du commissaire aux comptes, sa négligence pourra toutefois être réparée par le droit d'alerte reconnu aux associés.

2. L'alerte par les associés

9. Le droit à l'information permanente permet aux associés non dirigeants des différents types de sociétés commerciales de contrôler la gestion. Mais, en cas de difficultés financières, les associés des sociétés de personnes ont le droit comme ceux des sociétés à risques limités, d'engager la procédure d'alerte (article 157 AUSCG). Ce procédé devrait permettre non pas tellement d'obtenir des informations mais surtout d'inciter le dirigeant à prendre au plus vite les mesures de rétablissement qui s'imposent.

L'alerte ne constitue pas un devoir pour les associés ; il s'agit d'une simple faculté. Elle consiste pour l'associé non gérant ou pour tout actionnaire, deux fois par exercice, à poser par écrit des questions au gérant, au président du conseil d'administration, au président directeur général ou à l'administrateur général sur tout fait de nature à compromettre la continuité de l'exploitation. La procédure à suivre varie selon qu'il s'agit d'une société anonyme (article 158 AUSCG) ou non (article 157 AUSCG).

En France, depuis la loi du 1er mars 1984 sur la prévention des difficultés des entreprises jusqu'à celle du 15 mai 2001 sur les nouvelles régulations économiques, les représentants des salariés peuvent également intervenir dans le cadre de la procédure d'alerte lorsque la société est en situation difficile. S'il est évident qu'il est de leur intérêt propre de conserver leur emploi, cet objectif passe impérativement par le souci de protection de la société et de sa santé financière. Le comité d'entreprise peut ainsi réclamer des informations à l'employeur lorsqu'il a eu connaissance des ''*faits de nature à affecter de manière préoccupante la situation économique de l'entreprise*''[1].

En définitive, la procédure d'alerte qui a pour but d'amener le dirigeant de la société à prendre des mesures qui s'imposent pour remédier à la situation financière critique de la société, permet au commissaire aux comptes voire aux associés de protéger l'intérêt social. Telle semble être la position de la jurisprudence car il a été décidé que ''*le déclenchement intempestif de la procédure ne justifiait pas (la) révocation (du commissaire aux comptes) sans établissement de sa mauvaise foi*''[2]. Par ailleurs, le droit des associés à contrôler la gestion de la société a été renforcé par l'expertise de gestion.

B- la prévention des abus dans la gestion par l'information : l'expertise de gestion

10. L'expertise de gestion répond au souci premier de garantir une information fiable aux associés. Inconnue dans les législations antérieures des Etats membres de l'OHADA, cette mesure qui sort du cadre traditionnel de l'information des associés s'intègre dans une

---

[1] Article L. 432-5 du Code du travail français ; V. par ailleurs, l'article 230-3 de la loi du 24 juillet 1966.

[2] Cass. com., 03 déc. 1991, Bull. civ. IV, n° 376 ; Rev. sociétés 1992, p. 488, note D. VIDAL

procédure judiciaire[1]. Le régime de l'expertise de gestion est déterminé par l'article 159 AUSCG[2]. C'est une mesure d'application générale, prévue dans la première partie de l'AUSCG consacrée au droit commun des sociétés commerciales[3]. Elle fait appel à un intervenant extérieur à la société[4], dont les décisions ou le rapport pourront affecter ses modalités de fonctionnement. Elle suppose réunies un certain nombre de conditions relatives aux opérations concernées (1) et à l'expertise sollicitée (2).

1. Les opérations concernées par l'expertise

11. Le demandeur de l'expertise de gestion doit avoir des soupçons relatifs à la régularité d'une ou plusieurs opérations de gestion. C'est pourquoi il est nécessaire de se pencher sur la définition même de l'opération de gestion.

Il faut dire qu'à l'instar du texte de droit français, l'article 159 AUSCG ne donne aucune définition de l'acte de gestion susceptible de conduire à une expertise.

---

[1] H.-D. Modi Koko Bebey, *La réforme du droit des sociétés commerciales de l'OHADA*, op. cit., p. 261. L'on peut de manière succincte rappeler la genèse de cette institution qui s'est vu proposer plusieurs dénominations (Voir S. Zeidenberg, thèse précitée, n° 343, p. 264) : celle de mandataire ad hoc, d'enquêteur spécial de commissaire contrôleur et d'expertise de minorité, ce qui à l'époque semblait assez conforme à la nature même de cette procédure qui n'était ouverte qu'aux seuls minoritaires des sociétés anonymes et des sociétés en commandite par actions. Elle leur permettait de réclamer en justice la nomination d'un expert afin d'étudier une ou plusieurs opérations de gestion ; les choses évoluèrent de façon significative pour dépasser le clivage entre les différentes catégories d'associés ; l'élargissement du cercle des demandeurs justifie le glissement terminologique de l'expertise de minorité à l'expertise *de gestion* (Voir M. Armand-Prevost, *L'expertise de gestion*, RJ com. 1998, p. 125 ; E. Jeuland, *L'expertise* commerciale, D.A 2000, p. 209 ; F. Pasqualini, *Brèves remarques sur l'expertise de gestion,* JCP 1999, éd. E, I, p. 1283.

[2] L'article 159 AUSCG dispose : » *un ou plusieurs associés représentant au moins le cinquième du capital social peuvent, soit individuellement, soit en se groupant sous quelque forme que ce soit, demander au président de la juridiction compétente du siège social, la désignation d'un ou de plusieurs experts chargés de présenter un rapport sur une ou plusieurs opérations de gestion ».*

[3] H-D. Modi Koko Bebey, art. précité, souligne que l'Acte uniforme est donc allé plus loin que la loi française du 24 juillet 1966 qui a inspiré ses rédacteurs bien que cette mesure initialement retenue par la SA, ait été étendue à la SARL en 1984.

[4] Celui-ci doit être compétent et indépendant (Voir M. Armand-Prévost, art. précité, p. 125 ; F. Pasqualini, *Encore et toujours l'expertise de gestion*, JCP 2000, éd. E, I, n° 499).

Si dans un premier temps, furent acceptées toutes les demandes tendant au contrôle d'opérations décidées aussi bien par l'assemblée générale[1] que par le conseil d'administration, aujourd'hui, seuls les actes des organes de gestion peuvent être concernés par cette procédure[2] ; celles émanant des assemblées sont de ce fait exclues[3]. Pour faire un tri entre toutes les opérations décidées au sein de la société, la Cour de cassation utilise donc un critère organique.

12. Toutefois, ce critère ne lui laisse pas toujours une très grande liberté d'interprétation. Ainsi, dans une affaire relative à un rachat d'entreprise par les salariés, la demande de nomination d'un expert de gestion formée par les minoritaires fut, dans un premier temps accueillie favorablement par le président du tribunal de commerce ; elle a été par la suite confirmée grâce à une analyse très extensive de l'opération de gestion effectuée par la Cour d'appel de Versailles dans un arrêt du 19 décembre 1989[4]. La chambre commerciale cassa cet arrêt dans une décision en date du 19 novembre 1991[5].

---

[1] CA Rouen, *17 mars 1970*, Rev. sociétés 1971, p. 61, note J.H. ; JCP 1971, II, n° 16606, note N. Bernard ; ce cas est toutefois spécifique puisqu'en l'espèce, l'expertise devait démontrer un défaut d'information lors des assemblées générales.

[2] V. notamment en matière de sarl, cass. com., *30 mai 1989*, Rev. sociétés 1989, p. 641 ; JCP 1990, II, n° 21405, note M. Marteau-Petit ; Bull. Joly 1989, p. 715, note P. Le Cannu (la fixation de la rémunération du gérant ne constitue pas un acte de gestion dès lors qu'elle est décidée par l'assemblée des associés). Pour la SA : cass. com., 12 janv. 1993, Rev. sociétés 1993, p. 426, note B. Saintourens ; D. 1993, p. 139, note Th. Bonneau ; Bull. Joly 1993, p. 343, note P. Le Cannu, Dr. sociétés 1993, n° 58, note H. Le Nabasque ; JCP 1993, II, n° 22029, note Y. Guyon ; JCP 1993, éd. E, II, n° 415, note A. Viandier. Il s'agit par exemple des actes du gérant et du conseil d'administration.

[3] On relèvera néanmoins les objections de certains auteurs : pour M. Marteau-Petit (note sous cass. com., 19 nov. 1991, Rev. sociétés 1992, p. 510), citant y. Chartier (note sous cass. com., 25 mars 1974, JCP 1974, II, n° 17853) : ''*vouloir exclure de l'expertise tout ce qui a été voté par l'assemblée serait en réduire de façon très sensible l'utilité*''.

[4] CA Versailles, 19 déc. 1989, Bull. Joly 1989, p. 183, note P. Le Cannu. Selon cet arrêt, ''*Dès lors que les actionnaires minoritaires ont la faculté de solliciter une expertise pour obtenir rapport sur de simples opérations de gestion, ils doivent a fortiori jouir de cette prérogative à propos d'une mesure aussi fondamentale et complexe que le RES proposé*'' avant d'ajouter que ''*le RES dépassait manifestement de cadre de la gestion entendue dans son sens banal*'' et que la ''*gestion mentionnée à l'article 226 (devait) être entendue de la manière la plus large*''.

[5] Cass. com., 19 nov. 1991, Rev. sociétés 1992, p. 510, note M. Marteau-Petit ; JCP 1992, II, n° 21833, note M. Jeantin. Elle relève que : "*en statuant ainsi, alors qu'elle avait constaté que l'opération proposée par la société de participation Galtier n'était*

En pratique, l'opération de gestion semble être une notion à contenu variable[1] voire une notion de fait. Ainsi, ont été considérées comme des opérations de gestion les transferts de fonds relatifs aux opérations de rachat des actions d'une société par une autre, ainsi que les mouvements de fonds entre deux sociétés (résiliation des dépôts à terme et transfert de leur contenu)[2]. De même, pour certains auteurs[3], la seule conception organique de l'opération de gestion ne saurait suffire. Selon une analyse matérielle soutenue par R. Badinter, l'acte de gestion pourrait être défini en fonction de son objet. Ainsi, il serait alors ''*l'acte permettant la réalisation de l'objet social*''[4].

Il convient de préciser que certaines opérations sont plus spécifiques et relèvent de la compétence des organes de gestion tout en nécessitant l'intervention et un vote de l'assemblée générale des associés. Celles-ci peuvent poser quelques difficultés lorsque les magistrats recherchent la réalité d'une opération de gestion[5].

13. En définitive, l'expertise ne doit porter que sur une ou plusieurs opérations de gestion (et non pas sur l'ensemble de la gestion) [6], qu'elles aient déjà été réalisées ou qu'elles soient en préparation. Les

---

pas un acte de gestion, la Cour d'appel n'a pas tiré les conséquences légales de ses constatations".

[1] Voir, M. Marteau-Petit pour qui la notion d'acte de gestion est une notion à contenu variable : « *La notion d'acte de gestion et le droit des sociétés* », thèse, Paris II, 1992, n° 686.

[2] Cotonou, n° 256/2000, 17 août 2000, Affaire Société Continentale des Pétroles et d'investissements, M. Séfou Fagbohoun, SONACOP, M. Cyr Koty c/Etat Béninois.

[3] M. Marteau-Petit et Y. Chartier, précités, proposent de la placer dans le cadre de la prévention de l'abus de majorité et de la protection des minoritaires.

[4] R. Badinter, *Les pouvoirs du PDG dans la société anonyme de type classique après la réforme du droit des sociétés commerciales,* D. 1969, chron., p. 185. Relativement à l'expertise de gestion, il semble que cette conception soit trop vaste car elle engloberait à la fois le but poursuivi par les dirigeants sociaux mais également de façon plus indirecte, celui poursuivi par les associés.

[5] L'on peut évoquer par exemple le cas des apports partiels d'actif ne relevant pas du régime de scission pour lequel l'assemblée générale ne décide de rien et est seulement appelée à se prononcer sur les conséquences de l'apport (et pour lequel on admet la demande de désignation d'un expert de gestion) contrairement à l'hypothèse de l'apport partiel d'actif soumis au régime de la fusion-scission.

[6] L'expertise de gestion n'est pas un moyen de faire procéder à un audit, autrement dit, à un contrôle d'ensemble de la gestion de la société. Voir M. Cozian, A. Viandier et Fl. Deboissy, op. cit., n° 376, p. 179.

conséquences de l'article 159 AUSCG sont selon le cas, soit réparatrices, soit préventives[1]. De même, la jurisprudence penche davantage pour une détermination précise de la mission de l'expert[2]. Cependant, pour conférer à l'expertise de gestion toute sa force, il faudrait que le législateur OHADA, à l'instar de son homologue français, érige en délit d'entrave, le fait pour tout dirigeant ou personnel au service de la société, de mettre des obstacles à la mission de l'expert[3]. Pour que celle-ci soit effective, certaines conditions doivent être réunies.

2. Les conditions relatives à l'expertise

14. Elles portent sur la demande d'expertise faite par les associés qui soupçonnent la société d'être mal gérée et sur les résultats de l'expertise.

Les associés ont naturellement vocation à intervenir pour défendre la société. Mais, en matière d'expertise de gestion, pour être habilités à agir, ils doivent détenir au moins le cinquième du capital social soit individuellement, soit en se groupant. Leur demande est portée devant le président de la juridiction compétente du siège social. Contrairement au droit français qui impose aux tribunaux de statuer en référé[4], le législateur OHADA ne fixe aucun délai, ni aucune forme.

---

[1] S. Zeidenberb, thèse précitée, n° 552, p. 383.

[2] Cass. com., 25 mars 1974, JCP 1974, II, n° 17853, note Y. Chartier ; RTD. com. 1974, p. 540, note R. Houin ; Rev. sociétés 1975, p. 98, note J.-H. Cet arrêt de la chambre commerciale de la Cour de cassation en date du 25 mars 1974 est sur ce point éloquent quand il affirme : "*attendu que l'arrêt déclare que la demande de désignation d'un expert (...) tend à remettre en cause l'ensemble des comptes des cinq derniers exercices, que (...) faute de préciser l'étendue de la mission et des pouvoirs de l'expert, cette demande ne remplit pas les conditions fixées par les articles précités qui ne permettent une telle désignation que pour obtenir des éclaircissements que sur une ou plusieurs opérations de gestion*".

[3] Cette disposition est prévue déjà en droit français par la loi du 1er mars 1984 qui a inséré à l'article 458 de la loi du 24 juillet 1966 le délit d'entrave aux vérifications et contrôles de l'expert en punissant de 5 ans d'emprisonnement et d'une amende de 120 000 francs, le fait pour tout dirigeant ou personnel au service de la société, de mettre des obstacles à la mission de l'expert.

[4] Mais les conditions de fond de la procédure des référés ne sont pas requises notamment, l'urgence n'est pas requise (Voir CA Rouen, *17 mars 1970*, Rev. sociétés 1971, p. 59) et l'action est indépendante d'une action au fond. Mais, à partir du moment où l'intérêt social est mis en jeu, la société est en danger. Ainsi, dans l'arrêt précité, les magistrats ajoutaient avec prudence ''*qu'il y avait toujours urgence à statuer sur l'opportunité d'un errement dont le but est de protéger les intérêts sociaux lorsque*

Certes, l'expertise de gestion n'est qu'une mesure d'information n'ayant pas de conséquences coercitives directes ; pour autant, elle n'est pas neutre, eu égard à l'opinion que les tiers se font de la société. Elle est même susceptible de jeter le doute dans leur esprit sur la santé de la personne morale[1]. Il y a lieu de penser que c'est certainement pour empêcher les incursions intempestives d'associés isolés ou groupés qui pourraient être motivés par des raisons purement personnelles et bien peu tournées vers la protection de la société, que cette obligation de détention minimale a été créée[2]. La même justification pourrait permettre de comprendre le caractère subsidiaire[3] reconnu à l'expertise de gestion par la loi française du 15 mai 2001[4].

A l'issue de sa mission, l'expert fait un rapport, adressé au demandeur ainsi qu'à tous les autres demandeurs potentiels : commissaire aux comptes et dirigeants sociaux. Il est annexé au rapport du commissaire aux comptes et reçoit la même publication en vue de la prochaine assemblée générale, à laquelle il sera présenté et donc soumis à l'approbation des associés. L'information délivrée par l'expertise n'est donc pas limitée au seul demandeur initial mais à tous ceux susceptibles

---

ceux-ci paraissaient menacés''. Pour le législateur OHADA, la procédure d'expertise de gestion n'est pas en soi une procédure d'urgence. Elle le devient lorsque le retard dans la décision à intervenir risque de mettre en péril les intérêts d'un ou de plusieurs associés et le juge des référés devient alors compétent : Affaire Société Continentale des Pétroles et d'investissements, M. Séfou Fagbohoun, SONACOP, M. Cyr Koty c/Etat Béninois précité.

[1] Aussi, le Professeur Guyon estime t-il que l'exigence de cette détention minimale "*n'est guère démocratique*" ; peut être trouve-t-elle sa justification dans la nécessité de ne pas jeter inopportunément le discrédit sur la gestion sociale. Voir, Y. Guyon, note sous CA Paris, *11 juil. 1969*, JCP 1969, II, n° 16081.

[2] S. *ZEIDENBERG*, thèse précitée, p. 311.

[3] Voir L. *GODON*, *La protection des actionnaires minoritaires dans la loi relative aux nouvelles régulations économiques*, Bull. Joly, 2001, p. 732.

[4] En effet, celle-ci prescrit que l'action en justice de l'actionnaire doit être précédée d'une demande amiable d'information présentée au président du conseil d'administration ou du directoire. Ce n'est qu'à défaut de réponse satisfaisante dans le délai d'un mois que les actionnaires peuvent passer à la phase contentieuse. Il en découle que l'action du demandeur d'une expertise de gestion ne sera recevable que lorsqu'il aura épuisé les autres moyens d'informations dont il disposait. Ce mécanisme gradué, permet d'éviter les abus de procédure.

de faire cette demande. En plus, la publicité[1] du rapport ainsi effectuée lui assure une diffusion consistante.

15. A notre sens, il aurait fallu aller plus loin comme le relève d'ailleurs le Professeur GUYON, en faisant du rapport de l'expert le préalable d'une mesure de suspension des dirigeants ou d'une annulation des actes fautifs ou abusifs ou bien encore d'un rachat forcé des actions du minoritaire par les majoritaires à la demande du premier[2]. Toutefois, il faut relever qu'au vu du rapport d'expertise, si les révélations sont compromettantes, les hostilités sont parfois déclenchées : action en responsabilité contre les dirigeants, demande de révocation, action en nullité des décisions abusives, etc. L'expertise de gestion fournit ainsi les armes à des associés recherchant l'affrontement avec les dirigeants en place[3].

En définitive, en dépit de la faiblesse des résultats qu'elle produit, l'expertise de gestion reste le procédé le plus souvent utilisé par les minoritaires car il réalise ainsi un équilibre satisfaisant entre les nécessités de leur information et celles de la protection de la société contre un harcèlement judiciaire abusif[4]. L'expertise de gestion est une procédure dans laquelle l'intervention et l'analyse de l'expert voient leur efficacité décuplée par les conséquences du rapport rédigé par celui-ci. Parce que ses résultats permettent de contrôler certains actes de gestion, il s'en suit que le bon fonctionnement de la société est garanti. Toutefois, assurer la pérennité de cette entité économique qu'est la société, commande la mise en place des mécanismes juridiques concourant à cette fin.

---

[1] Il s'agit d'un dépôt au greffe et ceci, même si cette SARL est dépourvue de commissaire aux comptes.

[2] Actuellement le seul intérêt de l'expertise est de permettre la preuve d'une faute de gestion ; Voir, Y. Guyon, op. cit., pp. 489-490.

[3] M. Cozian, A. Viandier et Fl. Deboissy, op. cit., n° 377, p. 180.

[4] Voir, Y. Guyon, op. cit., p. 489. Il convient de relever que si des opérations s'avéraient réellement contraires à l'intérêt social et que le demandeur initial était par la suite défaillant, les autres personnes intéressées, dûment informées, pourraient alors suppléer à sa carence et défendre l'intérêt social.

II- LES MECANISMES GARANTISSANT LA PERENNITE DE LA SOCIETE, ENTITE ECONOMIQUE

16. Les sociétés connaissent parfois des difficultés de fonctionnement de leurs organes qui provoquent leur paralysie. Face à une telle situation, la dissolution semble être la solution souhaitée. Mais l'Acte uniforme prévoit explicitement ou implicitement des solutions alternatives lorsque la société est économiquement viable. Aussi, à côté des mécanismes garantissant la vie de la société (A), on retrouve ceux visant à assurer sa survie (B).

A- Les mécanismes garantissant la vie de la société

17. La création de la société commerciale donne naissance à une entité distincte des associés et dotée de la personnalité morale. La capacité juridique qu'elle acquiert lui permet ainsi de passer les actes de la vie juridique et notamment, de jouer un rôle important dans l'activité économique. Cette situation justifie la réticence du législateur à retenir la nullité en cas d'irrégularité dans la constitution de la société d'une part (1) et la mise en place des procédures de redressement en cas de faillite de celle-ci d'autre part (2).

1. La reconnaissance de la faculté de régularisation en cas de nullité de la société

18. La nullité est la sanction légale de l'irrégularité d'une condition de formation d'un contrat. Cette règle de droit commun s'applique au contrat de société. Afin d'éviter la suppression, pour des motifs bénins, d'une structure indispensable à la bonne marche de l'économie et pourvue d'effets importants sur des intérêts extérieurs, le législateur a réduit autant qu'il était possible les cas d'annulation[1]. Il a même retenu la suppression de la cause de nullité, mettant ainsi obstacle à l'action en annulation par le biais de la régularisation.

Lorsque les statuts ne contiennent pas toutes les énonciations exigées par l'AUSCG ou si une formalité prescrite par celui-ci pour la constitution de la société a été omise ou irrégulièrement accomplie, tout intéressé peut demander à la juridiction compétente, que soit ordonnée,

[1] J. Honorat, *Les nullités des constitutions de sociétés*, Defrénois 1998, p. 3.

sous astreinte, la régularisation[1] de la constitution. Le ministère public peut également agir aux mêmes fins (article 75 AUSCG).

19. L'on se rend compte que tout est organisé pour que la société puisse survivre. A preuve, l'article 247 (1) AUSCG prévoit que "*le tribunal saisi d'une action en nullité peut, même d'office, fixer un délai pour permettre de couvrir la nullité. Il ne peut pas prononcer la nullité moins de deux mois après la date de l'exploit introductif d'instance*". De même, si le processus de régularisation a été entamé, notamment par la convocation d'une assemblée générale, le tribunal doit, par jugement, accorder le délai nécessaire pour que cette régularisation puisse aboutir[2]. Dans certains cas, même si les causes de nullité existent, le tribunal n'est pas tenu de prononcer la sanction. Ceci résulte de l'article 245 AUSCG, qui en matière de nullité encourue dans les sociétés en nom collectif et sociétés en commandite simple, suite à l'inaccomplissement des formalités de publicité, dispose que : "*toutefois, le tribunal a la faculté de ne pas prononcer la nullité encourue si aucune fraude n'est constatée*".

Cette action en régularisation pallie en quelque sorte à l'absence de contrôle judiciaire préalable aux constitutions de société. Elle traduit également la volonté du législateur de prendre en compte la complexité de la création de certaines formes de société notamment la société anonyme et son souci de préserver l'existence de cet important acteur de la vie économique. Lorsque la régularisation n'a pu avoir lieu, la nullité est prononcée. Contrairement au droit commun, le caractère rétroactif de la nullité[3] a disparu du droit des sociétés. Cette disposition concerne

---

[1] En droit des obligations, le prononcé de la nullité ne peut être évité, en cas de non respect des conditions de formation du contrat, que par une éventuelle confirmation. Celle-ci peut être définie comme ''*l'acte par lequel un contractant efface le vice qui altérait le contrat en renonçant à en demander l'annulation*'' (Voir. Ch. Lapoyade Deschamps, *Droit des obligations*, Ellipses 1998, p. 88). Elle peut intervenir de façon expresse ou tacite, se déduisant d'un simple comportement qui dévoile l'acceptation du contrat, même défectueux, par la partie concernée. Il est nécessaire de préciser que la confirmation n'est possible qu'en cas de nullité relative, c'est-à-dire dans le cas des vices de consentement et des incapacités. La régularisation quant à elle, est possible dans tous les autres cas de figure en dehors de l'illicéité de l'objet social.

[2] CA Aix, *13 janv. 1977*, Rev. sociétés 1977, p. 711, note J.H. ; CA Grenoble, *31 mai 1983*, RJ com. 1983, p. 379, note J. Mestre.

[3] V. notamment M. Jeantin, *Droit des obligations et droit des sociétés*, Mélanges L. Boyer, Presses de l'Université des Sciences sociales de Toulouse 1996, p. 315 ; Ch. Hannoun, *L'action en nullité et le droit des sociétés, Réflexions sur les sources*

toutes les sociétés puisqu'elle est indiquée dans le livre 8 de la première partie de l'AUSCG intitulé "*dispositions générales sur la société commerciale*". Ainsi, selon l'article 253 dudit texte, "*lorsque la nullité de la société est prononcée, elle met fin sans rétroactivité, à l'exécution du contrat. Il est procédé à sa dissolution et, pour ce qui concerne les sociétés pluripersonnelles, à leur liquidation*".

Au-delà, il est également possible d'éviter la nullité de la société en excluant le demandeur de la société, quand bien même sa demande serait fondée en droit[1].

20. Pour conclure, on peut ajouter que c'est bien parce que la société est un contrat à vocation institutionnelle que la sanction du non respect de ses conditions de formation ne saurait être conforme à celle appliquée en droit commun des contrats. Les manifestations de ce particularisme du contrat de société sont plus marquées lorsqu'il faut sauver la société qui est en proie aux difficultés financières chroniques : les mécanismes de redressement sont prévues dans ce sens.

3. Les mécanismes de redressement de la société

21. Le droit des procédures collectives avait, au Moyen Age, un objectif de sanction contre le "*failli*" qui devait être éliminé de la corporation à laquelle il appartenait[2]. Cette réglementation a évolué et les sanctions contre l'auteur de la faillite se sont assouplies, la loi recherchant surtout une poursuite de l'activité économique de l'entreprise. Le règlement préventif[3] et le redressement judiciaire[4] sont les deux procédures collectives[5] prévues par le législateur OHADA pour

---

procédurales du droit critique et leurs fonctions, RTD com. 1993, p. 227 ; M. Cozian, A. Viandier et Fl. Deboissy, *Droit des sociétés*, 17ème éd., Litec, 2004, n° 157, p. 71.

[1] C'est un cas exceptionnel d'exclusion d'un associé prévu par la loi dans le but d'éviter que la nullité de la société soit prononcée. Il semble que soit ici une nouvelle fois caractérisée une manifestation de la prépondérance de l'intérêt de la société dont il faut préserver l'existence par rapport aux intérêts individuels des associés.

[2] S. Schiller, *Les limites à la liberté contractuelle en droit des sociétés. Les connexions radicales*, LGDJ, Paris, 2002, n° 962, p. 473.

[3] Le règlement préventif est régi par les articles 2 et ss. AUPOPCAP ; Voir P.-G. Pougoué et Y. Kalieu, op. cit., n°s 207 et ss.

[4] Le redressement judiciaire est régi par les articles 25 et ss. AUPOPCAP.

[5] Il convient de signaler que ces deux procédures diffèrent fondamentalement au niveau des conditions de déclenchement : Voir P.-G. Pougoué et Y. Kalieu, *L'organisation des*

permettre le sauvetage de l'entreprise en difficulté[1]. Ils sont applicables à toute personne physique ou morale commerçante et à toute personne morale de droit privé non commerçante, à toute entreprise publique ayant la forme d'une personne morale de droit privé.

Le règlement préventif, qui intervient avant le règlement judiciaire, est une procédure destinée à éviter la cessation des paiements ou la cessation d'activité de l'entreprise et à permettre l'apurement de son passif au moyen d'un concordat préventif. Il intervient lorsque la situation économique et financière de l'entreprise quoique difficile, n'est pas irrémédiablement compromise.

La procédure de redressement judiciaire n'est ouverte que lorsque le débiteur est déjà en cessation des paiements. Le plan de redressement de l'entreprise tournera autour du concordat appelé concordat de redressement dont les principales propositions faites par le débiteur seront votées par les créanciers et homologuées par le tribunal[2].

Au-delà de ces procédures qui concernent directement l'entreprise, les sanctions demeurent néanmoins présentes contre le dirigeant dans le droit des procédures collectives. Elles sont de deux ordres : patrimoniales[3] ou extra-patrimoniales[4].

22. L'AUPOPCAP prévoit deux sanctions patrimoniales permettant d'engager la responsabilité du titulaire du pouvoir : d'une part, l'action en comblement du passif ou l'action en insuffisance d'actif prévue à

---

procédures collectives d'apurement du passif OHADA, Presses Universitaires d'Afrique, 1999, n°s 188 et ss.

1 L'entreprise en difficulté est celle qui ne peut plus faire face à son passif exigible par son actif disponible. C'est aussi celle, d'après la loi fiscale, qui a perdu les deux tiers de son capital social.

2 Le concordat homologué doit être exécuté par les différentes personnes concernées, notamment le débiteur. Le jugement d'homologation marque également la fin de la procédure de redressement judiciaire.

3 Les sanctions patrimoniales -qui seules retiendront notre attention ici- prévues par l'Acte uniforme portant organisation des procédures collectives d'apurement du passif (AUPOPCAP), ont été étendues par la jurisprudence dans l'optique de maintenir la société en vie en dépit de ses difficultés financières.

4 Il s'agit soit des sanctions civiles que l'on regroupe sous l'expression de « *faillite personnelle* », soit des sanctions pénales dénommées « *banqueroutes* ». Voir sur l'ensemble de la question, P.-G. Pougoué et Y. Kalieu, *L'organisation des procédures collectives d'apurement du passif OHADA*, Collection Droit Uniforme, PUA, 1999, n°s 303 et ss.

l'article 183 (1)[1] et, d'autre part, la déclaration personnelle en redressement judiciaire prévue à l'article 189[2]. Ces deux actions ne doivent pas être assimilées, car elles ont des conditions d'ouverture et des effets différents.

L'action en comblement du passif est une sanction de nature patrimoniale[3], qui a pour effet de mettre à la charge de celui qui sera qualifié de dirigeant, tout ou partie des dettes de la personne morale mise en redressement judiciaire ou en liquidation des biens et qui connaît une insuffisance d'actif. Les cas d'ouverture de l'extension de la procédure collective bien qu'étendus, confèrent essentiellement à cette action une vocation de *''sanction de détournement abusif de la personnalité morale''*[4]. Il en découle que l'obligation de supporter l'insuffisance d'actif permet d'accorder une garantie pour l'activité exercée par la personne morale tout comme la déclaration personnelle en redressement judiciaire étend l'assiette de la garantie offerte par la société.

---

[1] L'action en comblement du passif social est organisée par l'article 183 (1) AUPOPCAP qui pose comme principe que *" lorsque le redressement judiciaire ou la liquidation des biens d'une personne morale fait apparaître une insuffisance d'actif, la juridiction compétente peut, en cas de faute de gestion ayant contribué à cette insuffisance d'actif, décider, à la requête du syndic ou même d'office, que les dettes de la personne morale seront supportées en tout ou partie, avec ou sans solidarité, par tous les dirigeants ou certains d'entre eux"*. L'obligation faite aux dirigeants de combler le passif suppose une décision librement appréciée par le tribunal. Elle n'a pas pour objet de sanctionner un dirigeant incapable ou malhonnête mais de réparer le dommage subi par les créanciers non entièrement payés à raison de l'insuffisance de l'actif social. Les dirigeants ou certains d'entre eux qui ont commis des fautes en laissant se créer une insuffisance d'actif doivent réparer le dommage qui en résulte pour les créanciers : Voir P.-G. Pougoué et Y. Kalieu, op. cit., n° 284.

[2] Il s'agit de l'hypothèse de l'ouverture d'une procédure collective à titre de sanction, à l'égard du dirigeant qui n'est pas en cessation des paiements lui-même. Il faut signaler que la loi française de sauvegarde des entreprises du 26 juillet 2005 a supprimé le redressement et la liquidation judiciaires du dirigeant à titre de sanction, tels qu'ils étaient prévus par l'ancien article L. 624-5 du code de commerce. A la place, une nouvelle sanction est apparue, l'obligation aux dettes sociales, prévue par les articles L. 652-1 et suivants du code de commerce. Le tribunal a ainsi la faculté de mettre à la charge d'un dirigeant ayant commis une faute grave, ayant contribué à la cessation des paiements et qui figure sur une liste limitative énoncée dans le texte, tout ou partie des dettes de l'entreprise. Toutefois, il faut préciser que l'obligation aux dettes sociales n'est envisageable qu'en cas de liquidation judiciaire.

[3] Cass. com., 9 févr. 1979, D. 1980, p. 459, note J.-J. Burst.

[4] Ch. Hannoun, *Redressement et liquidation judiciaire, dirigeants sociaux, sanctions personnelles*, J.-cl Commercial, Fasc. 2910, n° 6, p. 3.

Le dirigeant passible de sanction n'est pas nécessairement une personne physique[1]. Parfois même, une personne morale sera tenue en propre de répondre des dettes sociales. Le cas est fréquent dans les situations de groupe de sociétés et les rapports société-mère et filiale[2]. Ainsi, une garantie pourra être rétablie lorsqu'un détournement a été effectué par un aménagement conventionnel créant une filialisation par cloisonnement des actifs[3] ou si une réduction de garantie a été renforcée par une filialisation avec effet de levier[4]. L'application de ces sanctions

---

[1] Il peut s'agir également des personnes physiques qui représentent les dirigeants personnes morales.

[2] J.-P. Sortais, *A propos de certaines questions de responsabilité suscitées par les groupes de sociétés*, RJ com. 1977, p. 121.

[3] C'est une organisation qui consiste à cloisonner les biens appartenant à une société. Une telle démarche est très fréquente et en particulier le *"compartimentage"* des immeubles. Ce montage a un intérêt juridique évident pour la société car ''*si les biens restent la propriété de la société exerçant l'activité économique, ils sont alors pleinement exposés aux aléas commerciaux de l'entreprise. Partant, en cas de procédure collective, ces biens font naturellement partie des éléments de l'actif, éventuellement aliénés pour indemniser les créanciers*'' : Voir J.-P. Dom, *Les montages en droit des sociétés, aspects en droit interne*, éd. GLN, Joly, *Pratique des affaires*, 1998, n° 121, p. 81.

[4] Les opérations de filialisation sont les opérations par lesquelles une société décide d'abandonner toute activité opérationnelle et de se cantonner dans le rôle de pure holding. C'est le cas par exemple d'une société éditrice d'ouvrages médicaux et d'ouvrages juridiques ; jusqu'alors, elle exerçait cette double activité ; elle peut se résoudre à confier la poursuite à deux filiales créées pour l'occasion. La société apporteuse contrôlera à 100 % les deux filiales et n'aura plus dans son patrimoine que les actions desdites filiales.

Deux filialisations sont à distinguer bien que toutes deux permettent, à un degré plus ou moins important, d'augmenter la capacité d'emprunt d'une société sans augmenter ses actifs réels : il s'agit d'un accroissement fictif de la garantie.

- la *"filialisation en râteau"* consiste à filialiser les différents actifs d'une société en les intégrant chacun dans des structures juridiques distinctes, toutes détenues à 100 % par la société d'origine qui se transforme en simple holding. L'actif net consolidé de l'ensemble n'a en rien varié. Mais, en apparence, l'actif net initial semble avoir doublé, car seront ajoutés, d'une part, les titres de participation inscrits désormais à l'actif du holding et, d'autre part, des actifs nets filialisés dont ces titres de participation ne sont que la représentation. La société aura grâce à ce procédé, un patrimoine apparent deux fois supérieurs à son patrimoine réel.

- la *"filialisation en chaîne"* permet un accroissement encore plus important des actifs détenus par un ensemble de sociétés. *"Il permet de conférer un pouvoir multiplicateur encore plus grand à des actifs consolidés toujours inchangés"* (Voir J. Peyrelevade, *Contrôler sans surface, emprunter sans argent*, Rev. Banque, 1985, p. 774). Il consiste à apporter tous les actifs du holding sauf un, à une première filiale de rang un. Celle-ci

permettra de restaurer une responsabilité des détenteurs de pouvoirs. Elle s'étend aux personnes physiques, représentants permanents des personnes morales, qui pourront être traités comme des dirigeants[1]. Ces sanctions, au domaine d'application large, ont des effets importants.

Au final, les sanctions du droit des procédures collectives paraissent être des modes efficaces de rétablissement des biens détournés par certains aménagements contractuels[2]. Mais pour préserver la stabilité, voire la pérennité de la société en tant que acteur économique, ces connexions doivent être appliquées en permanence et se voir substituer des sanctions qui répondront à ce souci en cas de dysfonctionnement structurel de la société.

B- les mécanismes visant à assurer la survie de la société

23. Il s'agit des limites apportées dans les sociétés de personnes à *l'intuitus personae* à travers l'existence des clauses de continuation de même que celles relatives au principe de libre cessibilité des titres sociaux (1). Mais au-delà, la nomination d'un administrateur provisoire voire le retrait de l'associé, s'avère être un remède à la dissolution de la société (2).

1. Les limites apportées à *l'intuitus personae* et au principe de libre cessibilité des titres sociaux

24. En plus des règles de dissolution communes à toutes les formes de sociétés, la société en nom collectif a des causes de dissolution particulières liées à l'*intuitus personae*[3]. Pour éviter l'impact des évènements personnels sur une société économiquement florissante, l'on

fait de même vis-à-vis d'une seconde filiale de rang deux et ainsi de suite jusqu'à la filiale en bout de chaîne qui ne contient qu'un seul actif. A partir de trois, l'effet multiplicateur est plus important que pour la *''filialisation en râteau''*. Seule l'information comptable permettra ainsi de décomposer ce montage, principalement grâce à la réglementation de la consolidation des comptes.

[1] Trib. com. Paris, 5 janv. 1994, RJDA 1994, n° 465.

[2] Leurs conditions d'application rendent cependant leur mise en œuvre souvent difficile, ce qui réduit leur efficacité.

[3] Celles-ci s'appliquent également aux commandités de la société en commandite simple. Ainsi, ayant le même statut que les associés en nom, les développements faits dans ce cadre leur sont applicables.

assiste aujourd'hui, à une « *désacralisation* » de l'*intuitus personae*[1]. Ses manifestations sont évidentes tant en cas de révocation du gérant qu'en cas de liquidation des biens, interdiction ou incapacité et de décès d'un associé.

En principe, la révocation d'un gérant statutaire associé entraîne la dissolution de la société (article 279 (2) AUSCG). Cependant, les associés peuvent écarter cet effet légal au moyen d'une clause de continuation prévue par les statuts ou d'une décision prise à l'unanimité au moment de sa révocation. Dans ce cas, la société continue mais l'ancien gérant a le droit de se retirer en obtenant le remboursement de ses parts sociales[2]. Qu'en est-il du cas de l'associé victime d'une sanction personnelle ?

La société en nom collectif est en principe dissoute lorsqu'un associé perd la qualité de commerçant en raison d'une incapacité ou d'une interdiction[3]. Il en est de même lorsqu'un associé fait l'objet d'une liquidation des biens[4] ; ce qui signifie qu'il exerçait personnellement une activité commerciale, indépendante de l'exploitation sociale. Ces causes se justifient dans une société où tous les associés ont nécessairement la qualité de commerçants et doivent être solvables. Cependant, si la

---

[1] M.-A. Njandeu Mouthieu, *L'intuitus personae au regard de l'Acte uniforme relatif au droit des sociétés commerciales et du groupement d'intérêt économique*, Juridis Périodique, n° 41, janv.-févr. 2000, pp. 128 et ss.

[2] Si le prix de celles-ci ne peut être fixé à l'amiable, les intéressés doivent les faire évaluer par un expert désigné par le président de la juridiction compétente statuant à bref délai (article 280 (1) AUSCG). Cette procédure, bien qu'elle soit lourde, longue et coûteuse, s'impose néanmoins car l'évaluation des parts sociales est difficile :

[3] Le principe de la liberté du commerce et de l'industrie connaît des exceptions liées à la personne : tantôt, il s'agit de protéger la personne qui veut entreprendre une activité commerciale en exigeant d'elle des conditions de capacité, tantôt il s'agit de sauvegarder l'intérêt général en écartant des personnes qui, pour les raisons les plus diverses, ne paraissent pas avoir leur place dans de telles professions : c'est le cas des interdictions (Voir Y. Guyon, op. cit., n° 38, p. 40).
L'article 291 AUSOCG prévoit que *" la société prend également fin lorsqu'un jugement de liquidation des biens, de faillite ou des mesures d'incapacité ou d'interdiction d'exercer une activité commerciale sont prononcées à l'égard d'un associé à moins que les statuts de la société ne prévoient la continuation, ou que les autres associés ne le décident à l'unanimité"*.

[4] L'ouverture de la procédure de liquidation des biens est subordonnée à la constatation que le débiteur a la qualité de commerçant, qu'il soit personne physique ou morale : article 2 (4) AUPOPCAP.

continuation de la société est prévue par les statuts ou décidée à l'unanimité par les autres associés, des éventualités peuvent être envisagées[1]. Tant que le choix entre l'une de ces solutions n'a pas été opéré, l'intéressé conserve sa qualité d'associé[2] et la société survit. Le décès d'un associé peut aussi conduire à la même fin.

En cas de décès d'un associé de la société en nom collectif (article 290 (1) AUSCG), la dissolution de la société se produit de plein droit et si elle continue de fonctionner, ce n'est plus qu'en qualité de société de fait. Cet évènement peut survenir lorsque la société est en pleine prospérité. Aussi, la loi autorise-t-elle les clauses statutaires de continuation[3] seulement si elles ont été prévues avant le décès. A notre sens, l'objectif de préservation de la société devrait conduire à assouplir cette rigueur en permettant aux associés imprévoyants de pouvoir prendre leur décision même après le décès d'un des leurs.

En définitive, l'admission des clauses de continuation conduit à rendre la société en nom collectif aussi viable qu'une société de capitaux et partant, à assurer sa pérennité. Il en est de même des limites au principe de libre cessibilité des titres sociaux.

25. L'article 57 AUSCG prévoit la libre cessibilité des parts sociales et des actions. Ce principe, dont les modalités sont généralement prévues dans les statuts, peut connaître des restrictions ; ce qui justifie l'exigence de l'agrément et parfois, celle du rachat par une société de ses propres actions aux fins de gestion financière.

---

[1] Soit la société se transforme en une société dans laquelle aucune capacité spéciale n'est requise des associés, notamment une SARL ; dans ce cas, l'associé qui a perdu la qualité de commerçant ou qui est en liquidation des biens peut continuer à en faire partie (Voir, J. Hémard, F. Terré et P. Mabilat, *Sociétés commerciales,* t. I, *Introduction, généralités*, Dalloz, 1972, n° 308) ; (la société pourra se transformer également en société en commandite simple si au moins l'un des associés devient commanditaire) ; soit l'associé cède ses parts à un co-associé ou à un tiers, dans les conditions de droit commun ; soit la société rembourse à l'associé la valeur de ses parts et en cas de contestation, cette valeur est fixée par un expert.

[2] Cass. civ. 3ème, 9 déc. 1998, Bull. civ. III, n° 243 : il a été retenu par la Cour que la perte de la qualité d'associé ne saurait être préalable au remboursement des droits sociaux.

[3] J. Derrupé, *Un trou législatif, le choix du successeur d'un associé décidé*, Mélanges Breton-Derrida, Paris, 1991, p. 73.

L'agrément participe, selon la forme sociale, soit de l'ordre public sociétaire[1], soit de la liberté contractuelle[2]. Il permet de filtrer l'entrée de nouveaux associés en écartant les associés indésirables ; ce qui assure la stabilité du pouvoir par la maîtrise du capital et préserve par conséquent, la vie de la société. Bien que ces clauses d'agrément semblent parfois concourir à l'intérêt des majoritaires, elles sont justifiées par le souci d'assurer la pérennité de la société. C'est encore cette préoccupation qui fonde le rachat par une société de ses propres actions.

Pendant longtemps, le principe a été l'interdiction pour une société de racheter ses propres actions. Cette mesure était justifiée par plusieurs considérations : l'impossibilité pour une personne d'être créancière et débitrice d'elle-même, l'irréalité d'un capital social souscrit par la société elle-même[3]. Cependant, diverses exceptions avaient été ménagées et une société par actions pouvait exceptionnellement acquérir ses propres actions[4], notamment :

---

[1] Y. Guyon, *Traité des contrats. Les sociétés. Aménagements statutaires et conventions entre associés*, 5ème éd., LGDJ, 2002, avant-propos, p. 9. Le droit des sociétés certes, est dominé par la liberté contractuelle mais les exigences d'ordre public viennent tempérer la volonté individuelle des associés ; c'est le cas de l'agrément dans les cessions de parts ou d'actions.

[2] I. Urbain-Parleani, *La fusion absorption à l'épreuve des clauses d'agrément. Le cas particulier de la transmission des droits sociaux détenus dans le capital d'une société tierce*, Mélanges Y. Guyon, Dalloz 2003, p. 1061 ; S. SCHILLER, op. cit., n° 195, p. 99 : l'agrément est parfois imposé par la loi et la liberté contractuelle ne peut pas alors remettre en cause une telle obligation. Cette règle impérative tient à la nature même de la société.

[3] M. Cozian, A. Viandier et Fl. Deboissy, op. cit., n° 794, p. 355.

[4] La loi française n° 98-546 du 2 juillet 1998 a libéré partiellement le rachat d'actions. Il s'agit du rachat aux fins de gestion financière qui est permis aux sociétés dont les titres sont cotés sur un marché réglementé : Voir, A. Viandier, *Le rachat d'actions après la loi n° 98-546 du 2 juillet 1998,* RJDA 1998, p. 590. Le rachat ne peut porter que sur dix pour cent au plus du capital et il ne peut pas être effectué par un prête-nom. L'opération peut avoir plusieurs objets : débouclage de participations croisées (les participations croisées sont interdites. En effet, une société anonyme ne peut posséder d'actions d'une autre société si celle-ci détient déjà une fraction de son capital supérieure à 10 %. Faute d'accord entre les parties pour régulariser la situation, c'est la société qui détient la fraction la plus faible du capital de l'autre qui doit liquider son investissement. La règle vaut également lorsque l'une des deux sociétés en cause n'est pas une société anonyme. Cette disposition est destinée à assurer la réalité du capital social), utilisation d'un excédent de trésorerie, soutien du cours en période de déprime boursière.

- en cas de refus d'agrément d'un cessionnaire[1] ; et
- de réduction du capital non motivée par les pertes (article 639 (2) AUSCG)[2] ;
- en vue de l'attribution d'actions aux salariés (article 640 AUSCG) ; et
- de la régularisation des cours de la bourse de la société[3].

26. La protection de la société, entité économique, avons-nous vu, fonde les mécanismes juridiques rompant avec les acquis. Il en est ainsi de la " *désacralisation"* de l'*intuitus personae* dans la société en nom collectif à travers les clauses de continuation et du renforcement de la notion notamment dans la société anonyme[4]. Il en est également ainsi dans le cadre du droit comparé, de la possibilité de rachat d'actions aux fins de gestion financière offerte à une société anonyme cotée. Ce même fondement justifie certainement le recours à un mandataire ou à la technique du "*squeeze out*" pour résoudre les conflits d'intérêts entre les associés.

2. La nomination d'un administrateur provisoire et le « *squeeze out* » de l'associé : remède à la dissolution de la société

27. La désignation par le juge d'un administrateur provisoire[5] qui se substituera aux organes légaux, le temps que se dénoue la crise, est une mesure grave et exceptionnelle. Elle n'est ni prévue, ni organisée par la loi. Il s'agit d'une pure construction prétorienne, témoignage du pouvoir du juge de s'immiscer dans la gestion de la société lorsque la survie de

---

[1] AUSCG : articles 319 pour la SARL et 769 pour la société anonyme.

[2] Lorsque la société est prospère, elle en profite pour restituer aux actionnaires une partie de leurs apports. Si cette solution convient à la société, elle ne fait pas nécessairement le bonheur des créanciers sociaux dont le gage se trouvera amputé.

[3] L'obligation de maintien des cours amène l'acquéreur du bloc à s'engager à acheter, pendant au moins dix mois de bourse et au même prix que celui de la cession principale toutes les actions qui lui seront offertes. Elle permet de sauvegarder l'équilibre entre actionnaires.

[4] Voir M.-C. Monsallier, *L'aménagement contractuel du fonctionnement de la société anonyme*, LGDJ, Paris, 1998 ; M.-A. Njandeu Mouthieu, art. précité, pp. 128 et ss.

[5] La désignation d'administrateurs provisoires n'est pas propre au droit des sociétés ; on la rencontre dans toutes les institutions en cas de crise : « *ainsi, le Pape peut en désigner lorsque dans une abbaye en crise les religieux ne parviennent pas à élire un abbé accepté par tous* ».Voir M. Cozian, A. Viandier et Fl. Deboissy, op. cit., n° 367, p. 177.

celle-ci est en cause[1]. Elle ne se conçoit que lorsque le dysfonctionnement structurel met en péril la vie même de la société et relève en cela de l'assistance à personne en danger[2]. Toutefois, le juge ne désignera un administrateur provisoire qu'à la double condition d'une paralysie des organes sociaux et d'un péril imminent.

La paralysie peut provenir d'un blocage des organes de gestion : non seulement ceux-ci ne peuvent plus fonctionner mais surtout, il y a une impossibilité de désigner de nouveaux organes par les procédés normaux. Il peut s'agir tout aussi bien de la disparition des organes concernés que de leur carence. La disparition peut découler de la révocation[3], de la démission, du non renouvellement des fonctions à l'arrivée de leur terme ou même de l'annulation de la nomination[4].

La carence des organes quant à elle, recouvre un nombre important de situations. Elle concerne tant l'incapacité, l'absence ou l'empêchement[5], que l'incarcération[6] ou une condamnation pénale, même si elle n'est pas définitive[7]. Enfin, il a été jugé que l'acceptation de la cessation de l'activité sociale et la prise de contrôle de la société par une autre société, étaient de nature à caractériser une démission de fait, légitimant la désignation d'un administrateur provisoire[8]. Cette décision est particulièrement révélatrice de la volonté jurisprudentielle de prendre en compte le maximum de paramètres de nature à assurer la protection la plus efficace possible de la société.

La paralysie peut également avoir pour origine la mésintelligence régnant entre les composantes des organes de la société : il peut s'agir d'un conflit entre les associés ou entre les dirigeants. Dans ce cas, leur

---

[1] G. Bolard, *Administration provisoire et mandat ad hoc*, JCP 1995, éd. E, I, n° 875.
[2] M. Cozian, A. Viandier et Fl. Deboissy, op. cit., n° 368, p. 177.
[3] Cass. civ. 1ère, 16 janv. 1963, Bull. civ. I, n° 38.
[4] CA Versailles, 15 mars 1990, JCP 1990, éd. E, I, n° 20438.
[5] Trib. com. Rouen, 08 mars 1949, Journ. sociétés 1951, p. 366.
[6] Cass. req., 16 févr. 1942, JCP 1942, II, n° 1861, note D.-B. ; Rev. sociétés 1942, p. 390.
[7] Cass. com., 05 févr. 1985, Bull. civ. IV, n° 44 ; JCP 1985, II, n° 20492, note A. Viandier.
[8] CA Amiens, 11 févr. 1964, RTD com. 1964, p. 797, note R. Houin (remise en fait des pouvoirs aux nouveaux dirigeants).

fonctionnement est bien entravé même si les organes en question sont en place[1].

Il convient de relever que l'immixtion du juge à travers la désignation d'un administrateur provisoire doit en quelque sorte être légitimée par une situation mettant en péril la situation économique de la société ou son crédit moral[2]. Ainsi, dans l'affaire Fruehauf France[3], en l'absence de paralysie des organes sociaux[4], mais en présence d'un conflit entre minoritaires et majoritaires, et d'une grave menace pesant sur l'intérêt social, les magistrats ont accédé à la demande des minoritaires tendant à la désignation d'un administrateur provisoire. Celle-ci n'a eu lieu que pour préserver la société Fruehauf-France, en tant qu'entité économique et non pour la protection des intérêts catégoriels.

Pour éviter un « *gouvernement des juges* », les magistrats doivent souligner avec une acuité particulière le péril encouru par la société. Aussi, lorsque le conflit n'est-il pas additionné à une paralysie des organes sociaux mettant en péril la société, la désignation d'un

---

[1] Néanmoins, il arrive également dans une telle hypothèse de mésintelligence, que les organes de gestion ne soient pas pour autant paralysés, mais qu'en raison d'une atteinte particulièrement grave à l'intérêt de la société, le juge accepte à titre exceptionnel, de substituer un administrateur aux organes normalement compétents pour diriger l'entreprise. Ainsi, le blocage doit alors être considéré comme caractérisé par référence au critère décisif de l'intérêt social.

[2] J. Mestre et D. Velardocchio, *Lamy Sociétés commerciales, L'administrateur provisoire*, op. cit., n°s 695 et ss., pp. 315 et ss.

[3] CA Paris, 22 mai 1965, JCP 1965, II, n° 14274 bis, concl. AV. Gén. Nepveu ; D. 1968, p. 147, note R. Contin ; RTD com. 1965, p. 619, note R. Rodiere et p. 631, note R. Houin.

[4] On relèvera l'absence d'unité dans la jurisprudence en la matière. Ainsi, dans certains arrêts, les magistrats affirment qu'une mésentente grave entre associés n'est recevable que si elle fait obstacle au fonctionnement normal de la société, met en péril la société ou entraîne la paralysie des organes de direction. V. notamment Cass. com., *24 mai 1994*, Bull. Joly 1994, p. 789 ; RJDA 1994, n° 1031 et 1035 ; Dr. sociétés 1995, comm. n° 3, note Th. Bonneau. Dans cet arrêt, suite à l'action d'un gérant associé révoqué de ses fonctions et demandant en justice la désignation d'un administrateur provisoire, la chambre commerciale prenait la peine de préciser que ''*l'arrêt qui ne se borne pas à énoncer que la société était in bonis, retient que ces conditions n'étaient pas réalisées en l'état de la situation de la société (...) qui fonctionnait normalement et sans anomalies ou irrégularités démontrées, ce dont il résultait qu'elle n'était pas en péril*''.

administrateur provisoire ne s'impose pas[1]. La situation est plus embarrassante lorsque le préjudice, sans être actuel, risque de se réaliser si aucune mesure d'urgence n'est prise[2].

Cette rigueur dans l'appréciation par la jurisprudence de la gravité du péril encouru par la société devrait aussi guider l'administrateur provisoire dans l'exercice de sa mission[3]. Celle-ci consiste à résoudre la crise affectant la société et ses fonctions débutent lorsqu'il se rend au siège social de la société où il recueille les pouvoirs légaux des organes sociaux[4]. Il en résulte un dessaisissement des organes sociaux, admis tant en doctrine qu'en jurisprudence[5].

En définitive, le souci du juge d'assurer le bon fonctionnement de la société en dépit de ses difficultés structurelles est réel. Il se matérialise par la désignation d'un administrateur provisoire pour résoudre le blocage dans lequel la société se trouve. Parfois, le juge sera t-il sollicité pour exclure un associé de la société.

28. L'associé a le droit de faire partie de la société. Il ne peut en être exclu sauf dans les cas prévus par la loi[6]. Cette exclusion est d'abord retenue à titre de sanction, lorsque l'associé n'a pas exécuté ses obligations[7]. Elle est ensuite considérée comme un remède à la demande

---

[1] Ce fut notamment le cas dans un arrêt de la chambre commerciale du 25 mars 1974 : Cass. com., *25 mars 1974*, JCP 1974, IV, n° 179.

[2] Certains tribunaux acceptent de désigner un administrateur provisoire à titre préventif pour conjurer un péril futur, par exemple, les graves conséquences que l'annulation prévisible de la désignation des gérants ne manquerait pas d'entraîner pour la société : Voir Cass. com., *17 janv. 1989*, Bull. Joly 1989, p. 321, note J.-J. Daigre.

[3] La mission de l'administrateur provisoire est tout de même bornée par sa responsabilité. Celle-ci peut être engagée sur le plan civil par la société, les associés et même les tiers s'il leur cause un préjudice en raison d'une faute commise dans l'exercice de sa mission.

[4] Cass. com., *06 mai 1986*, Bull. civ. IV, n° 77 ; Rev. sociétés 1987, p. 286, note Y. Guyon ; Defrénois 1987, art. 33950, note J. Honorat.

[5] V. notamment Cass. civ. 2ème, *12 juil. 1976*, Bull. civ. II, n° 851 ; Cass. com., *15 mai 1990*, Bull. civ. IV, n° 148.

[6] L'article 249 (1) AUSCG prévoit que « *la société ou un associé peut soumettre au tribunal saisi (...) toute mesure susceptible de supprimer l'intérêt du demandeur, notamment par le rachat de ses droits sociaux* ».

[7] Mais l'assemblée ne peut pas contraindre un actionnaire à augmenter ses engagements, notamment en décidant qu'il sera exclu s'il ne participe pas à une augmentation de capital : CA Paris, *7 juin 1988*, Rev. sociétés 1989, p. 246, note S. Dana-Demaret.

de dissolution d'une société économiquement saine car comme il a été écrit, "*mieux vaut l'amputation que l'euthanasie*"[1].

Le législateur OHADA n'envisage l'exclusion légale qu'à l'article 249 alinéa 1 AUSCG même si elle a été consacrée en droit français des sociétés[2]. Pourtant, elle constitue un bon compromis entre la garantie de la pérennité de la société et la protection des associés minoritaires[3].

CONCLUSION

29. Si la volonté individuelle présente à l'origine de la constitution de la société peut faire pencher la balance vers une conception contractuelle de la société, les règles de fonctionnement laissent peu de place à la volonté individuelle et invitent à considérer la société davantage comme une institution. Cette dernière définition imprime son caractère à la société perçue dès lors comme une entité économique.

Garant de son bon fonctionnement, le législateur OHADA met en place des mécanismes de prévention de la cessation d'exploitation (la procédure d'alerte) et de prévention des abus dans la gestion par l'information (l'expertise de gestion). Garant de sa pérennité, le législateur OHADA recherche les solutions au maintien de la société en vie : réticence à l'admission de la nullité en cas d'irrégularités dans la constitution de la société, mise en place des procédures de redressement en cas de faillite de la société. Cette nature d'agent économique de la

---

[1] D. Martin, *L'exclusion d'un actionnaire*, RJ com. 1990, pp. 94 et ss.

[2] En droit français des sociétés, le retrait est conféré au minoritaire privé des conditions du marché lui permettant de négocier ses titres dans des conditions normales de délai et de cours, lorsque la société est détenue à plus de 95°/° par un majoritaire ou des associés agissant de concert : article 33 de la loi N° 96-597 du 2 juillet 1996, dite « *loi de modernisation des activités financières* ». Selon C. BAJ, « *Le retrait obligatoire des actionnaires minoritaires des sociétés cotées* », Rev. droit bancaire et bourse, 1994, p. 154, ce droit d'éviction procède d'une logique boursière ; l'examen de la nature particulière des relations que noue le marché entre les actionnaires minoritaires et les sociétés dans lesquelles l'*affectio societatis* ne compte pas, semble seul permettre de trouver à cette disposition extraordinaire, un fondement que les principes généraux du droit des sociétés sont loin de fournir. Le retrait obligatoire des actionnaires minoritaires des sociétés cotées consacre ainsi une victoire du droit boursier sur le droit commun.

[3] Th. Tilquin, *Les conflits dans la société anonyme et l'exclusion d'un associé*, Rev. prat. soc. (belge), 1991, n° 6560, n° 6, p. 8, cité par M.-C. Monsallier, op, cit., n° 643, p. 268 ; Voir également, B. Delecourt, « *L'intérêt social* », mémoire DEA, Lille II, 2001, p. 78.

société fonde également la sauvegarde de la société par le recours aux mécanismes visant à assurer sa survie ; il s'agit notamment de la désignation d'un administrateur provisoire et du retrait forcé de l'associé (lorsqu'elle est économiquement viable) que le législateur OHADA n'envisage malheureusement que de manière implicite. Nous souhaitons qu'il soit plus audacieux et pragmatique à l'avenir

Table des matières

L'HARMATTAN, ITALIA
Via Degli Artisti 15 ; 10124 Torino

L'HARMATTAN HONGRIE
Könyvesbolt ; Kossuth L. u. 14-16
1053 Budapest

L'HARMATTAN BURKINA FASO
Rue 15.167 Route du Pô Patte d'oie
12 BP 226
Ouagadougou 12
(00226) 76 59 79 86

ESPACE L'HARMATTAN KINSHASA
Faculté des Sciences Sociales,
Politiques et Administratives
BP243, KIN XI ; Université de Kinshasa

L'HARMATTAN GUINÉE
Almamya Rue KA 028
En face du restaurant le cèdre
OKB agency BP 3470 Conakry
(00224) 60 20 85 08
harmattanguinee@yahoo.fr

L'HARMATTAN CÔTE D'IVOIRE
M. Etien N'dah Ahmon
Résidence Karl / cité des arts
Abidjan-Cocody 03 BP 1588 Abidjan 03
(00225) 05 77 87 31

L'HARMATTAN MAURITANIE
Espace El Kettab du livre francophone
N° 472 avenue Palais des Congrès
BP 316 Nouakchott
(00222) 63 25 980

L'HARMATTAN CAMEROUN
BP 11486
(00237) 458 67 00
(00237) 976 61 66
harmattancam@yahoo.fr

Achevé d'imprimer par Corlet Numérique - 14110 Condé-sur-Noireau
N° d'Imprimeur : 715487 - Avril 2017 - Imprimé en France

www.ingramcontent.com/pod-product-compliance
Lightning Source LLC
LaVergne TN
LVHW011315061026
849535LV00005B/1570
9782296098763